播音与主持艺术专业『十三五』规划教材

21世纪播音与主持艺术专业核心教材

口语表达基础

常江 杨奇光 ◎著

KOUYU BIAODA JICHU

中国传媒大学出版社·北京

常　江，清华大学新闻与传播学院副教授，日内瓦大学社会学系博士后，从事融媒体新闻生产、媒介文化、视听传播等领域的教学与研究工作。过去五年累计发表中英文学术论文近百篇，其中SSCI索引论文5篇，CSSCI收录论文30余篇。

杨奇光，中国人民大学新闻学院博士生，从事新媒体新闻传播实务、传播技术与社会变迁等领域的研究工作，曾发表学术论文30余篇。

目　录

绪 论

本章要点

1. 口语表达的发展
2. 口语表达的意义
3. 口语表达的挑战

第一节 口语表达的发展——从原始人社会到数字化时代

著名传播学学者施拉姆曾说，如果把人类传播的历史浓缩为一天的话，那么今天我们所使用的大众传播工具只是在这“漫长的一天的最后一秒钟”才产生的。于是我们有了疑问：人类在这“最后一秒钟”之前又是靠什么方式来进行信息传递的呢？

回溯历史，在人类发展前期的很长一段时间里，人类的传播活动主要以口头传播为主。其后，随着科技的发展，人类又先后经历了文字传播、印刷传播、电子传播和网络传播等阶段。但是，不论科学技术以怎样惊人的速度发展，口头传播与口语表达始终贯穿着人类的发展历程。

在人类的幼年时期，茹毛饮血的野蛮状态让人类的生存与其他动物鲜有差异。直到语言形成、文字产生、城市出现，人类才开始拥有属于自己的文明，而文明的形成始终离不开口语表达。

那是美索不达米亚平原上两河流域的远古传说，那是尼罗河畔金字塔下法老的神秘施令，那是黄河流域夏商王朝杀伐征战的号角……不论是传说、施令，还是号角，古老的文明与口语传播都密不可分，语言的交流传递着信息，而信息的交换正依托于口语表达。

英文中的文明(civilization)一词源于拉丁文“civis”，意思是城市的居民，其本质含义为人们和睦地生活于城市和社会集团中的能力。后该词引申为一种先进的社会和文化发展状态，以及达到这一状态的过程，其涉及的领域广泛，包括民族意识、技术水准、礼仪规范、宗教思想、风俗习惯以及科学知识的发展等。上述这些文明的内涵无一不是靠着口语表达而产生发展的。城市的形成为人们的口语交流提供了进一步发展的空间，例如城邦中的人们会就政治问题展开激烈的辩论，在语言的激烈交锋中，口语表达逐步帮助人类完成了民族意识的确立、礼仪教化的传承以及风俗习惯的延续。

图 0.1.1　古希腊哲人通过辩论获得知识

麦克卢汉在《理解媒介》一书中，用“部落化”“脱离部落化”和“重新部落化”形象地说明了人类在早期口头传播时代、印刷媒介时代和电子媒介时代的不同生存状态。

在口头传播时代，人们过的是一种“部落式”的生活，人与人之间的沟通和交流全部依赖口耳相传，这种沟通方式把人们的视听感官最大限度地调动起来。在部落内部，人们凭借嘴巴发出声音，利用耳朵进行信息的收集和筛选，依靠双目分辨对方的体态语言、揣度说话者所要表达的感情倾向等。作为具有悠久历史的大众媒介，口语在一定程度上塑造了部落人民的性格，培养了人类先祖口语表达的基本能力与素质。

在印刷媒介时代，“部落化”的口语传播模式已被印刷文字所取代，人类熟悉的共处式生活状态受到了印刷媒介带来的冲击。原本同样重要的人类器官——眼、耳、口、手、脑，其地位关系产生了微妙的变化。以印刷品形态出现的文字极大地强化了人类对眼睛这一感知器官的使用。在欧洲，古登堡发明了铅活字和印刷机，而正是因为有了活字版印刷术，开阔人们思想的宗教改革才得以推动。印刷术在一定程度上推动了文化的普及，为西方的文艺复兴和科学发明创造了前提条件。中国的活字版印刷术发明早于欧洲数百年,同样推动了历史进程,也使得中国的文化历史能够千年绵延而未中断。

从此,“部落化”的生活方式丧失殆尽,在充斥着印刷媒介的生活中,人类以暂时“失语”的姿态生活着。人们偏安一隅,孤独地沉浸于个人的世界中。而个人的沉浸却催化了文明的演进,正如麦克卢汉所说:“这一切都大大地强化了个人主义和专门化的倾向,这两种倾向是两千多年前的拼音文字产生的。于是,思想和行为的分裂变成了体制。于是,分割的人——首先被拼音文字分割——最后被印刷术剁成了字钉一样的东西。从那时起,西方人就成了古登堡人。”①

图 0.1.2 传播理论家麦克卢汉

其后,伴随着如火如荼的科技革命,人类的生产生活方式开始产生巨变,电子媒介以强大的势头渗透进人类生活的方方面面。电子媒介建构起一个虚拟的世界,处在虚拟空间中的人彼此依赖,互联网通信技术更是搭建起了人与人之间联系的新桥梁,由此,信息的沟通和传递比以往任何时候都更加快捷。有人说,电子媒介时代的人是感知整合的人,的确,得益于电子媒介本身的物理属性,之前一度遁匿踪迹的“眼耳口手脑”配合使用的传播交流方式,在电子媒介社会再度展现出了感官整合所产生的魅力。人类又一次将孤立的个体与无数的其他人建立起了联系,那种被人类所熟悉的“部落化”生存状态借力电子媒介得以重回现实。麦克卢汉认为,这是一种“重新部落化”的过程。

然而,随着电子媒介时代不断向纵深发展,人们在貌似“重新部落化”的过程中其实更加注重个人的兴趣指向:关注感兴趣的人,为感兴趣的事“点赞”“转发”,这一切高度自主化的独立选择实则又将已经被重新整合为集体的群体拆散为一个个个体。所以,电子媒介时代究竟是“重回部落化”还是再度“脱离部落化”,这是一个值得思考的问题。

从原始的洪荒到今天的数字化时代,口语表达更加全面而深刻地渗透到了人们的

① 〔加〕埃里克·麦克卢汉、弗兰克·秦格龙编:《麦克卢汉精粹》,何道宽译,南京大学出版社 2000 年版,第 369 页。

图 0.1.3　微信已经成为日常生活中重要的表达媒介

生活中，网络传播技术的发展也为口语表达的数字化传播增添了双翼。以即时通讯服务“微信”“Whatsapp”为代表的移动应用已经使口语表达的数字化成为现实。朋友联络、群组讨论时，“按住屏幕说话”的方式不但使信息的传递更加及时有效，也在一定程度上节约了因打字而耗费的时间成本。与此同时，移动聊天也不再被烦琐的文字输入掣肘，有了语音的输入，人们终于不必一边走路一边低头打字了。

然而，我们也发现，语音输入在释放了人们双手的同时，其实对口语表达的能力提出了更高的要求。给人最直观的一点感受是，由于“微信”中的语音信息被长时间记录并能够被随时播放，声音的发出者似乎比以往任何时候都更加在意自己的音色，更加在意自己的声音带给对方的感受，也更加在意语言的组织和信息的传达，正是这些“在意”迫使人们更加关注自己的口语表达能力。

撇开数字化交流不谈，在当下现实生活中，从日常交际到专业领域，从公共演说到接待宾客，从求职面试中的自我介绍到会务谈判中的说服论辩，如何把话说清楚，把道理讲明白，成功说服他人，把握说话的场合和分寸，这些问题都指向了一种能力的获得与运用——口语表达。

由此可见，从原始人社会到数字化时代，口语表达一路伴随着文明的演进。可以说，口语表达是人类生存活动的基本能力，而如今数字化时代的到来让口语表达在新的媒介平台上再度崭露头角。

延伸阅读

课堂上不敢说英语，传条微信给老师听——“语音作业”帮学生建立自信

老师布置的当堂诵读作业，常常成为一些内向学生的“心病”。记者昨日在江汉区清芬路小学看到，英语老师黄晖改进了诵读作业的完成方式——学生自己录下朗诵作业，再运用微信、QQ的语音传送功能传给他，羞涩、胆小的学生都顺利交上了自己的作业。

黄晖是该校5年级(1)班的英语老师。课堂上为了鼓励学生开口说英语，黄晖经常布置诵读作业，如听读韵律诗、听唱英语歌曲等，检查方式就是次日在全班同学面前进行表演，做得好的孩子可以得到贴纸奖励。“但我注意到，有些学生站起来犹豫好久不敢开口。”通过与家长沟通，黄晖得知有些学生在家里可以读得非常好。黄晖灵机一动，想到了微信、QQ里的语音传送功能，于是，让学生在家录好作业传给他。

黄晖的这种做法在校园里传播开来，该校语文老师、音乐老师也纷纷模仿，让学生交朗读作业、唱歌作业等。

（摘自2014年5月16日《楚天都市报》）

实战演练：

1. 人类的口语表达活动大致经历了哪几个阶段？人类口语表达在不同发展阶段呈现出怎样的特点？

2. 你如何评价教师让学生利用微信、QQ 等方式完成朗诵作业？

3. 在你看来，数字化时代人类的口语表达还将呈现出怎样的特点？

第二节　口语表达的意义——思维能力与个人魅力的展现

为什么要进行口语表达？这似乎是一个很简单的问题，然而，作为现代社会中的自由个体，口语表达的意义被不断赋予更为深刻的内涵。

如果说日常生活中的口语表达已经暗藏玄机、令人玩味，那么在出镜采访、新闻发布、法庭辩论等专业领域中，口语表达无疑是一场核心技能的大比拼。当口语表达作为一种专业技能出现时，作为口语表达主体的个人就需要掌握更加完备的口语表达基础知识以及相关的能力技巧。

首先，在日常生活中，口语表达与人们的生活密切相关，其千奇百怪的表达内容足以令人玩味。我们说某个人“真会说话”，是对某人说话得体的赞许；我们说某个人要“注意言辞”，则是对他的一种提醒甚至是一种警告。

在家庭生活中，口语表达常常扮演着多面的角色。长辈与晚辈之间，“代沟”常常成为不同代际人之间沟通交流的屏障，因代沟而发生的闹剧甚至悲剧常见诸报端。“代沟”常常被人们解释为“不同代际的人由于年龄、经历不同而产生的价值观冲突”，比如在对待金钱的问题上，许多现代年轻人崇尚自由、追求消费文化，而上一辈人勤俭节约；又如在婚恋观念上，年轻人大多希望自己能够拥有自由浪漫的婚姻生活，而上一辈人的婚姻观则往往相对保守。

但是，如果用“价值观”这个似乎可以解释所有矛盾的“万金油”来为“代沟”的产生作注解，那么我们极有可能忽视“代沟”产生的具体过程，从而导致“代沟”这一复杂现象被简单机械地扣上“价值观不同”的大帽子。实际上，当我们开始关注“代沟”产生的具体过程时便会发现，代际间的矛盾往往源于语言沟通的失效或低效，而语言沟通能力其实正属于我们所谈论的口语表达能力的范畴。

许多家长总是抱怨青春期的子女不听教导、自由散漫，而处在青春期的青少年则认为父母跟不上时代的潮流，对自己的要求过于苛刻。说到父母与子女之间的矛盾，网络上曾流传一个段子，这个段子大概是关于“别人家的孩子”。有人幽默地说，这世上有一种神奇的生物叫“别人家的孩子”，这种生物几乎贯穿一个人的大半辈子：“别人家的孩子”是幼儿园里守纪律、爱吃饭的小朋友，是小学里尊敬师长、乐于助人的“大红花”，是中学时代刻苦学习、成绩优异的学霸，是大学里全面发展、表现突出的“高富帅”“白富美”，是走向工作岗位后享受优厚待遇、拥有幸福婚姻的“人生赢家”。

然而，这个无法验证是否真实存在的“别人家的孩子”，常常导致父母与子女间的隔阂。从口语表达的角度来说，父母通过展示“别人家的孩子”的长处试图为自己的子女树立标杆，说到底这是一种语言的劝服，然而劝服的效果究竟如何呢？不得不说，子女对于父母“别人家的孩子”式的表达方式常存在对抗心理，例如，许多人经常反驳父母说，“那你让他家的孩子当你的儿子/女儿”。其实，不论是父母的劝服还是子女的反驳，这样的表达方式非但没有体现出说话者的应有之义，反倒加剧了矛盾。

为什么会产生沟通的障碍，为什么劝服和辩驳不一定在任何时候都是有效的，这些问题的背后其实直指口语表达的思维方式。按道理来讲，人们所言之物应是所思之物，然而，在真实的口语交际环境中，“所言”与“所思”未必匹配，“所言”和“所思”分属口语表达中口腔输出和大脑思维两个层面，有时“所言”甚至需要回避“所思”，所以，“所言”和“所思”的配合状态关系到口语表达所能达到的实际效果。

口语表达不仅能够反映出一个人的思维能力，还能够反映出一个人的个人魅力，而不论是思维能力还是个人魅力都是现代社会中的个人所不可或缺的。刘禹锡在《陋室铭》中写到：“谈笑有鸿儒，往来无白丁”，虽是陋室，但谈笑间，鸿儒的气质与魅力为陋室平添意蕴。“谈笑”往往被人们视为再普通不过的语言交流行为，即便是对于没有文化知识或文化水平较低的普通人来说，“谈笑”也是件极容易的事。可以说，“谈笑”处在口语表达的较低位列，虽处低位，但不同的人通过“谈笑”所建构的自身形象或者展示出的个人魅力却可高下立判。

在新闻采访、外交斡旋、法庭辩论等专业领域中，口语表达对于个人魅力的展示可谓是全方位的。

在新闻采访中，记者的口语表达能力集中表现为提问的水平和技巧、对答案的追问和验证能力以及对隐藏信息的挖掘能力等。众所周知，采访过程中记者索取答案和被采访对象提供答案是一对潜在的矛盾。在这一过程中，记者只有充分发挥自身的口语表达能力才有可能获得采访的成功。

在外事交往领域，涉及国家间关系的许多事务繁复而敏感，对于国际问题的斡旋考验着外交官的口语表达能力。如何把话说得严丝合缝，如何对复杂问题进行有理有据的申辩，这些都关乎主权国家的切身利益。

在法庭辩论中，律师口语表达能力的重要性更是不言而喻。自古以来，论辩是人们热衷的一项活动，不论是雅典城邦的公民集会，还是先秦诸子的百家争鸣，论辩作为一项技能极大地反映了个人的思想水平，体现了个人的独特魅力。

总而言之，不论是日常交际还是专业领域，口语表达都是一种技能，也是一种需求。然而伴随着人类成长的口语表达，其重要性与意义在不同的历史阶段有着不同的内涵。作为现代社会的公民，口语表达能力对个人的日常生活和职业生涯都具有重要作用。

图 0.2.1 新闻采访是现代社会的重要表达实践

延伸阅读

弗罗斯特:让尼克松道歉

大卫·帕拉丁·弗罗斯特是英国的著名时事评论员、电视节目主持人、作家、记者。1939 年 4 月 7 日出生于英格兰肯特郡,毕业于剑桥大学。弗罗斯特一生中先后访问过从哈罗德·威尔逊到托尼·布莱尔在内的 6 届英国首相,以及自尼克松到乔治·布什在内的 7 任美国总统。近几年的采访名单还包括土耳其总理雷杰普·塔伊普·埃尔多安、好莱坞影星乔治·克鲁尼以及网球明星玛蒂娜·纳芙拉蒂诺娃等。

对尼克松进行的访谈是弗罗斯特最重要的一场对话,也在新闻史上留下了浓墨重彩的一笔。即使在弗罗斯特逝世后的今天,这场与尼克松的对话与其他许许多多"弗罗斯特式"的谈话节目一样,仍然焕发着光彩。

弗罗斯特与尼克松在 1968 年的时候就有过一次对话。那次采访中弗罗斯特对总统非常宽容,这让尼克松很舒服,以至于在 1970 年的时候,尼克松还特地邀请弗罗斯特到白宫来,指定这个"英国佬"为圣诞庆典制作一场秀。

在尼克松和他的公关智囊团队看来,弗罗斯特就是个娱乐节目的小丑。当然,弗罗斯特有一定的政治头脑,也善于玩弄辞令,但政治对他来说,只是一种表演的素材。从本质上来说,弗罗斯特和华莱士[①]是不一样的。这是促成 1977 年的那场对话的一个首要原因。此时距离尼克松的"水门事件"已经 3 年。作为美国历史上最不光彩的政治丑闻事件之一,下台后的尼克松一直没有在媒体上公开表露过自己对"水门事件"的看法,也没有真正承认过自己的错误。

---

① 华莱士,即麦克·华莱士(Mike Wallace,1918 年 5 月 9 日—2012 年 4 月 7 日),美国 CBS 访谈节目《60 分钟》的主持人,曾采访过多位政治人物,于 2006 年退休,是美国电视界的"教父级"人物,以辛辣、强硬的主持风格和近乎于"审讯"的采访方式为全世界观众所熟知。

而38岁的弗罗斯特刚刚失去了在纽约的脱口秀节目，也正处于职业生涯的瓶颈期。弗罗斯特想谋求一次真正意义上的具有震撼性的电视访谈。"让尼克松面对电视观众道歉是个不错的点子"，弗罗斯特盘算着，怀着极大的热情，他亲自与前总统的助理进行了谈判。

在采访之前，弗罗斯特特地找来同行詹姆斯·莱斯顿以及美国广播公司制作人鲍勃·泽尼克，做了大量案头工作，希望能挖掘到关键信息，一招制敌。而尼克松则安排了幕僚杰克·布伦南设法应对。

两个人都知道，在电视上的每一个细微失误，都足以让自己被舆论的谴责之声淹没。而弗罗斯特还背负着更大的精神负担，就像《弗罗斯特对话尼克松》的话剧和电影编剧皮特·摩根所指出的那样："如果若干年后当人们回望这段历史，发现就是在这次访谈中，尼克松成功地让自己脱罪洗白，这才是最大的犯罪。"

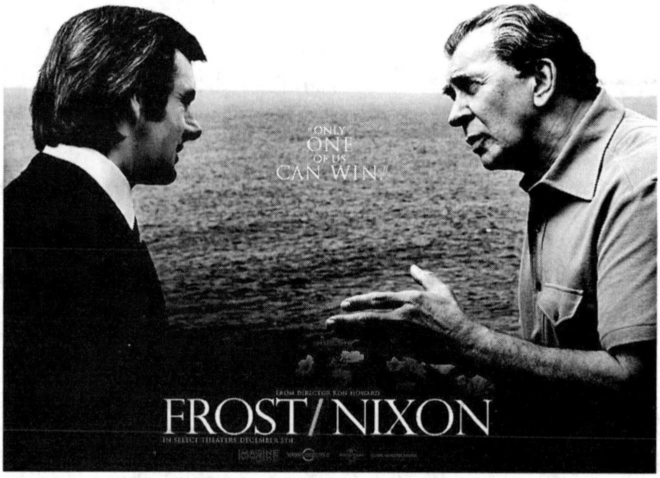

图 0.2.2　美国电影《对话尼克松》

而为期4周的采访似乎正朝着这个方向进行。从1977年3月23日开始，弗罗斯特对尼克松做了12段采访，选择在美国加利福尼亚州君主湾一处海边私人宅邸进行（为期4周，每周3次，每次录2个小时）。

尼克松很快主导了话语权，他像只狡猾的狐狸一样，不放过任何一个可以表现自我主张的机会。他抓住一个话语的缝隙，便紧紧围绕那些安全而又富有感染力的议题，延绵不断地谈论开来，他谈及他与周恩来跨越时代的握手，美国人终于代表人类登上月球，还有他如何结束了越战……所有这些几乎制造出一种"尼克松的下台是民主的一次巨大失误"的错觉。

而弗罗斯特则如坐针毡，脸上挂着客气微笑的表情，生硬地试图扭转话题，反倒显得采访者的提问有些不合时宜。

在做完前几期访问之后，尼克松的自我感觉渐趋良好，他泰然自若地出门，与守候在门外的市民、媒体记者热情地打招呼。他不无挖苦地告诉弗罗斯特，这是场出色的访谈,他感到很放松,完全打开了话匣子。

尼克松甚至在有次采访的间隙,粗鲁地问弗罗斯特“这个周末有没有和谁上床(Did you do any fornicating this weekend)”。尴尬的弗罗斯特惊呆了一会儿,随即回答说:“无可奉告,我从来不讨论我的私人生活。”

在公之于众的访谈录像中,弗罗斯特终于忍不住要将话题引向“水门事件”的真相,但步步为营的尼克松均将弗罗斯特的提问转化成为自我辩护的机会,避实就虚。

比如,当弗罗斯特问尼克松政府阻挠《华盛顿邮报》和国家安全部门对“水门事件”进行调查,是否侵害了司法独立时,尼克松搬出了林肯在南北内战期间的讲话,“在国家安全受到威胁的时候,总统的命令具有法律效益”。

弗罗斯特并不打算放过这么好的机会,他再次发起了追问,“也就是说,在某些情况下,总统可以为了国家的最大利益,做一些违法的事吗?”这是一段很巧妙的提问,它并未更改原意,只是改变了尼克松原话的措辞方式,但这种方式显然更加露骨。而且弗罗斯特强调了“国家的最大利益”,这个前提也很大程度上模糊了提问本身的攻击性。

尼克松瞬间陷入其中,逻辑上的不确定使他犹犹豫豫地使用了多重否定的句式,他说:“总统做了原本不合法的事之后,这件事就不再不合法了。”

“当我听到他说出那句话时,我简直不敢相信自己的耳朵。”在2007年出版的书中,弗罗斯特回忆起这一幕,“我接下来的任务就是让他尽可能长时间地谈论这个话题。”

在访谈的结尾,弗罗斯特已经是完全即兴发挥,“事实上,我扔掉了提示用的笔记板,我知道那时的尼克松比他以往经历过的任何时刻都要脆弱,都要易受攻击。但我知道我必须完成它。”弗罗斯特向尼克松提出了“道歉”的要求,“你让美国人民在不必要的烦扰中度过了两年,你要为此道歉。我认为,除非你亲口将这些话说出来,否则你将在阴影中度过余生。”

这是新闻史上最经典的一段对话之一。面对弗罗斯特,尼克松和他的团队从未把他当作一个难缠的对手,但现在,尼克松已经退无可退,他承认自己曾因“水门事件”而崩溃哭泣,“我让我的朋友失望了……我让美国人民失望了,我将背负这个包袱度过我的余生。”

这次专访成为美国政治采访历史上空前的一次专访:采访对象事先不看采访提纲,结束后没有要求最后剪辑权。

这段录像最终吸引了全球4500万观众收看,创造了政治访谈类节目的收视纪录,这一纪录至今仍无人打破。在2007年《卫报》和《观察家报》评选的“20世纪最伟大的访谈录”中,弗罗斯特对话尼克松位列前五。

“(弗罗斯特)既是可亲的朋友,也是令人畏惧的采访者。”2013年8月31日,74岁的弗罗斯特突发心脏病逝世,9月1日,英国首相卡梅伦在一份悼词中如此形容这位风云人物。

（节选自《南都周刊》2013年第35期）

实战演练：

1. 生活中有哪些矛盾或问题的产生与口语表达有关？对于这些矛盾或问题，是否能通过改进口语表达方式来解决？

2. 口语表达是如何建构个人形象、展示个人魅力的？

3. 通过阅读弗罗斯特采访尼克松的故事，你认为新闻记者的口语表达能力在新闻采访中发挥着怎样的作用？

第三节　口语表达的挑战——去中心化对专业主义的呼唤

从原始社会到数字化时代，人类的口语表达经历了不同的历史阶段。在“部落化”的早期口头传播时代、“脱离部落化”的印刷媒介时代和“重新部落化”的电子媒介时代，随着人类成长的社会环境和生存状态的不断变化，口语表达也一直面临着不同的挑战。

在人类的幼年时期，“巴别塔”①曾成为人们沟通交流的阻隔。囿于语言的差异，不同地域的人们难以进行有效的沟通。终于，“巴别塔”崩颓，人类通过翻译实现了与异域“他者”的对话。但是，问题并未因此全部解决。当人类活动的地理范围不断扩大，口语表达这项人类的本能行为又面临着新的问题和挑战。这些问题和挑战包括文化差异导致的误解、涉及国家利益的争端与分歧以及话语权的控制与权力的施加等。

图 0.3.1　巴别塔成为人类交流障碍的象征

数字化时代的今天，人类社会生活的领域充斥着诸多数字化的存在。我们熟悉的朋友，他们的名字被改成二进制的编码存储于手机内，他们的照片以像素点的组合表现为社交网络上的一个个头像，他们的声音在各种即时通讯平台上以电波的形式彼此

① 巴别塔：或称巴贝塔、巴比伦塔、通天塔。见节后“延伸阅读”。

传递。数字化极大地消弭了时空的阻隔，远隔重洋的人们不会再因未能“此时此地”相聚而遗憾，沟通变得简单到只需动动拇指，那些对“此时此地”般时间和空间“同一化”的渴望变得奢侈而滑稽。

人类幼年时期茹毛饮血的嘶吼已成为影视作品中的声音特效，印刷时代人们手举报纸的街谈巷议淹没在车水马龙的轰鸣之中。数字化时代的今天，以音频、视频形式出现的话语信息让人们所处的时代显得更加喧嚣，却也更加沉寂。

说喧嚣，是因为在这个人人都可以举起麦克风的时代，发声者众多，杂音也众多；说沉寂，是因为每个人都在发声，然而，一方面发声的渠道更多地依赖于电子媒介，而人与人面对面互相接触的交往变得稀缺而珍贵，另一方面，嘈杂的声音充斥着人们生活中的每一个细节，真正能够发人深省、震撼人心、具备力度的声音却被喧嚣的声音所淹没。世界的声音变得多元化，每个人都仿佛处在世界的中心，但这却正使世界呈现出去中心化的样态。吊诡的是，在这个由去中心化带来的前所未有的自由时代里，人们在内心深处却比以往任何时候都更加强烈地呼唤专业化、中心化的声音。某种程度上来说，去中心化不啻是一种对“中心”的缅怀和崇拜。

去中心化的现代社会赋予了每一个人发声的权利，借助电子信息技术，个体可以在任何时间、任何地点向这个陌生的世界发出声音。随着电子移动终端的普及，基于语音功能的移动应用程序正在被越来越多的人使用。有关人士表示，“网络音频将是未来的一个发展重点”。用户界面的发展目标是实现自然用户界面，而目前的技术已经发展至触摸、语音和体感控制。传统社交网络目前正积极试水语音应用，一些主打语音社交功能的应用程序如雨后春笋般出现。正如前文提到的那样，基于语音功能的移动应用在降低使用门槛的同时也对使用者口语表达的能力提出了潜在的要求。

图 0.3.2　国际著名语音服务公司 Nuance 的标识

2013 年《北京商报》的一则消息称，苹果 Siri 背后的技术提供者、国际知名语音服务公司 Nuance 正与国内知名社交网站开心网密切接触，双方将联手打造语音社交产品。在 Nuance 图谋全球语音霸主的战役中，开心网或许将成为其在社交领域中的探路者。据悉，开心网客户端或将融入 Nuance 智能语音技术，社交用户的基本操作如“照片”“记录”“转帖”等均将可通过语音指令来实现，这一客户端将成为用户在社交网络中的“语音助手”。

有关专家认为，将语音技术添加到社交网络中是社交领域的“下一个大事件”，而这个时代将会马上到来。但单纯的语音记录并不能为语音社交带来颠覆性的革新，如果能够将语音搜索与语义识别技术结合起来，则将可能实现语音社交的完整交互，只有实现拥有更多智能功能的语音社交才能保证应用软件具有持续的生命力。

语音技术的应用极大地方便了新闻生产和传播的过程，只要有人在现场，在不违反公序良俗的情况下，民众可以在新闻第一现场拿起手机拍摄。一类人由此诞生，即“公民记者”。“公民记者”的出现是新闻生产领域“去中心化”的表现，文字、图片、视频或是三者的组合是由“公民记者”所生产出的“公民新闻”的基本形态。关于公民新闻的概念，有学者指出，公民新闻是指公民作为新闻事件的目击者，将所闻、所见、所感，通过博客、微博、微信等自媒体平台传送给大众，在一定范围内完成新闻的生产和传播。①

相对于传统媒体从业者而言，尽管公民记者生产新闻的途径越来越广泛，速度也更快，但是公民新闻的质量常常受到民众的质疑。公民记者拍摄的视频有时候的确能为观众呈现珍贵的现场资料，但因拍摄条件和技术所限，或因公民记者缺乏专业知识，使得许多新闻所呈现的内容逻辑混乱，对新闻现场的解说描述混乱，甚至在一定程度上误导了公众，并导致谣言的产生和传播。

这里，我们主要关注公民新闻中的语音内容。目前来看，在现有的公民新闻中，绝大多数以文字和图片的形式出现，一些包含视频内容的报道多为对新闻现场的直接拍摄。如 2014 年 5 月 28 日发生在山东招远的“麦当劳血案”，事件发生后，一段由现场目击者拍摄的视频在网上广为传播，视频内容主要是对案发过程的记录以及被拍摄者的女友哭泣、惊慌逃跑的镜头。在这段视频中，拍摄者没有对现场进行描述、解说或评论，只是客观记录了事情经过（当然，我们不能要求普通民众像专业记者那样在现场进行新闻报道）。招远血案的视频风格代表了大多数公民新闻视频的风格，口语表达的缺位是当下多数公民新闻的主要特点。

如果新闻现场的构成要素较为简单，那么即便一则报道缺少通过口语表达对新闻内容进行的解释说明也不至于引起观众的误解，然而，对于那些复杂的新闻现场来说，口语表达对于新闻报道而言就显得尤为重要了。特别是在如今的数字化时代，在人人都有拍摄工具的条件下，专业的公民新闻报道呼唤着具备一定专业水准的口语表达。

当然，对于专业的新闻记者而言，口语表达的重要意义自然不必赘述。当我们聚焦数字化时代，去中心化的时代特点在给予每个个体更多权利自由的同时，也比以往任何时候都更加呼唤专业精神。

延伸阅读

巴别塔

巴别塔，又称巴比伦塔，与诺亚方舟一样出自《圣经》。《圣经·旧约·创世记》第十一章宣称，当时人类联合起来兴建希望能通往天堂的高塔。为了阻止人类的计划，

---

① 黄作敏：《从“我报道”看公民新闻专业化传播》，《中国报业》2014 年第 1 期。

上帝让人类说不同的语言,使人类相互之间不能沟通,计划因此失败,人类自此各散东西。

根据犹太人的《圣经·旧约》记载:大洪水劫后,天下人都讲一样的语言,都有一样的口音。他们向东迁移的时候,在示拿地(古巴比伦附近)遇见了一片平原,于是决定定居下来。由于平原上用作建筑的石料很不易得到,他们彼此商量说:"来吧,我们要做砖,把砖烧透了。"他们又说:"来吧,我们要建造一座城和一座塔,塔顶通天,为要传扬我们的名,免得我们分散在全地上。"由于大家语言相通,同心协力,建成的巴比伦城繁华而美丽,高塔直插云霄,似乎要与天公一比高低。此举很快惊动了上帝,上帝为人类的虚荣和傲慢而震怒,不能容忍人类冒犯他的尊严,他决定惩罚狂妄的人类。于是他悄悄地离开天国来到人间,变乱了人类的语言,使他们分散在各处,巴别塔也因此半途而废。高塔中途停工的画面在宗教艺术中有象征意义,表示人类狂妄自大最终只会落得混乱的结局。

而在历史上,巴比伦王国的第二任国王纳布库都乌塞尔王,修建了世界古代七大奇迹之一的空中花园和神殿巴贝尔塔。该塔高90米,又名"通天塔",共有7层。可惜该塔在亚历山大抵达之前就崩颓了,否则它比空中花园更有资格入选七大奇迹。有一说法,该塔就是《圣经》中所说的巴别塔。

(节选自《中国民族报》)

实战演练:

1. 当今社会里还存在"巴别塔"吗?如果存在,那么"巴别塔"具体表现为什么?如果不存在,原因是什么?

2. 口语表达对于公民新闻而言有哪些作用和意义?口语表达为公民新闻提出了怎样的要求?

3. 日常生活中还有哪些领域呼唤专业化的口语表达?

第一章 口语语音基础知识

本章要点

1. 语音的概念与性质
2. 汉语普通话
3. 声母与韵母
4. 声调与音变
5. 方言辨音

普通话语音
教学资源

第一节 语音的概念与性质

核心提示

语音的概念主要涉及音节、音素、元音、辅音、声调以及语流音变等内容。语音的产生离不开人体的三大类发音器官，分别是动力的产生器官、声源的制造器官和调音的功能器官。语音的性质包括物理属性、表义属性以及社会属性。

一、语音的概念

语音是表义的声音，语音产生的生理基础是人体的发声器官。具体来说，我们可以从以下几个方面来理解语音的概念。

(一)音节与音素

音节是听觉可以区分的语音结构的基本单位。在汉语普通话中，一般一个汉字的读音即为一个音节。汉语普通话中，常用的基本无调音节有400个，有调音节(不包括轻声)则有1300多个。

音素是语音的最小单位，也是音节的构成单位。一个音素可以构成一个音节，若干音素也可以构成一个音节。汉语普通话中，共有32个音素，其中元音音素10个，辅音音素22个。

(二)元音与辅音

元音是音素的一种,其发音特点是:发音时,气流在口腔中不受明显阻碍,呼出气流比较弱,发音器官肌肉均衡紧张。在发元音时,声带产生颤动,声音响亮而清晰。在分类上,元音可以分为单纯元音[a、o、e、i、u、ü、ê、-i(前)、-i(后)、er]和复合元音(ai、ei、……)。

辅音也是音素的一种,亦称子音,其发音特点是:发音时,气流在口腔中受到明显的阻碍,呼出气流较强,发音器官对气流构成阻碍的部分肌肉紧张,大部分辅音发音时声带不颤动。

按照发音部位(发辅音时口腔对呼出气流构成阻碍的部位)的不同来划分,汉语普通话中的辅音可以被进一步划分为7种辅音,它们分别是:双唇阻辅音、唇齿阻辅音、舌尖前阻辅音、舌尖中阻辅音、舌尖后阻辅音、舌面阻辅音和舌根阻辅音。

按照发音时声带振动与否来划分,辅音可分为清辅音和浊辅音。清辅音是指发音时声带不震动,浊辅音是指发音时声带震动。在普通话22个辅音音素中,只有鼻音m、n、ng,边音l和擦音r为浊音,其他都是清音。

不同类型的辅音有各自不同的发音方法。按照发音方法(发辅音时呼出气流破除发音部位所构成阻碍的方法)的不同来划分,汉语普通话中共有5种发音方法,分别是塞音(爆破音)、擦音(摩擦音)、塞擦音(破擦音)、鼻音和边音。

(三)声调

声调是指汉语音节所固有的、可以区别意义的声音的高低和升降。根据声音的高低和升降不同,汉语普通话可分为四个调类,分别是阴平、阳平、上声和去声。声调还可以用数值来表示,即调值。(关于"声调"的介绍详见本章第四节"声调与音变")

(四)语流音变

由于受到相邻音节因素的影响,一些音节中的声母、韵母和声调会发生语音的变化,我们称之为语流音变。普通话的语流音变主要包括变调、轻声、儿化以及"啊""一""不"等的变调等。(关于"语流音变"的介绍详见本章第四节"声调与音变")

二、语音的原理

语音的产生离不开人体的发音器官,人体的发音器官主要可以分为三大类,分别是动力的产生器官、声源的制造器官以及调音的功能器官。

(一)动力的产生器官——肺、横膈膜、气管

肺是呼吸器官,肺和横膈膜的运动导致气息的流动,气流的产生是语音得以产生的原动力。具体来说,肺吸入空气后又呼出气流,呼出的气流通过支气管到达喉头部

位，随后作用于声带、咽腔、鼻腔、口腔等发音器官。

(二)声源的制造器官——声带

声带的位置在喉头的中间，由两片富有弹性的带状薄膜构成。两侧声带及杓状软骨底之间的裂隙称为声门裂，声门裂是喉腔最狭窄的部位。

在具体的发声过程中，首先，两侧声带拉紧、声门裂变窄甚至几乎关闭，气流从气管和肺冲出不断向声带冲击，引起声带振动而发声。随后，在喉内肌肉协调作用的支配下，声门裂受到有规律性的控制。了解了发声过程中声带产生变化的原理后，我们便可以进一步理解为什么声带的长短、松紧和声门裂的大小均能影响声调的高低。

众所周知，女子的声调比男子高，这是由于成年男子声带长而宽，女子声带短而狭。我们在成长过程中会经历变声这一阶段，正常情况下，青少年从 14 岁开始变音，变音过程一般要持续半年左右。

(三)调音的功能器官——口腔、鼻腔、咽腔

肺、横膈膜、气管利用气息的变化制造了动力，声带的存在使声源得以产生，但是至此，声音并未完全被制造出来。事实上，声音的最终发出还离不开口腔、鼻腔和咽腔对声音的调控作用。

由唇、齿和舌头构成的口腔后面是咽腔，咽头上通口腔、鼻腔，下接喉头，软腭和小舌又将口腔和鼻腔分开。正是通过上述人体部位的配合，口音、鼻音和鼻化音被制造出来。

口音是声音在口腔中的共鸣，软腭和小舌上升时鼻腔关闭，口腔畅通，这为共鸣的产生创造了空间。当软腭和小舌下垂，口腔闭塞阻隔，导致气流只能从鼻腔中发出，此时的声音在鼻腔中产生共鸣，这种声音叫鼻音。如果气流从口腔和鼻腔同时呼出，那么声音则在口腔和鼻腔同时产生共鸣，此时发出的声音被称为鼻化音。

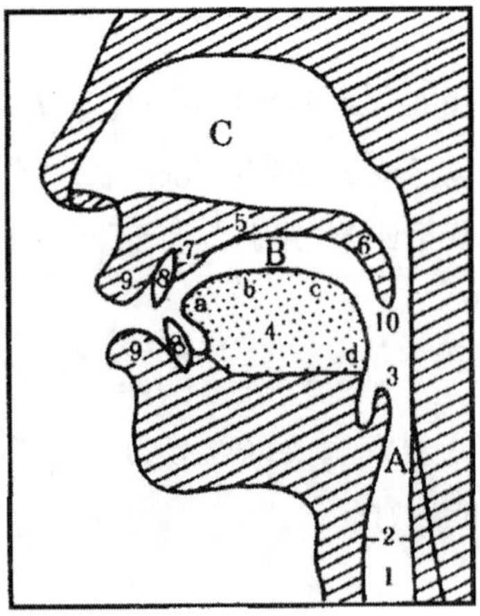

A. 喉部的发音器官

1. 气管；2. 声带(包括声门)；3. 会厌软骨

B. 口腔的发音器官

4. 舌(a. 舌端；b. 舌前部；c. 舌后部；d. 舌根)；5. 硬腭；6. 软腭；7. 上齿龈；8. 牙齿；9. 唇；10. 小舌

C. 鼻腔

图 1.1.1　发音器官示意图

延伸阅读

如何保护声带？

1.大量喝水，避免饮用酒精和咖啡。保持体内水分的平衡可以充分地滋润声带。

2.不要吸烟，即使是被动吸烟也应该尽量避免，因为吸烟能够明显增加患喉癌的风险。

3.不要过度用嗓。不要尖叫，不要在嘈杂的区域高声讲话。如果感觉嗓子发干或者声音嘶哑，那就停止讲话。讲话的声音要保持正常，不要过高或过低，低声讲话对于嗓音的保护来说也是不利的。

4.不要过多地清嗓子。因为当做这种动作的时候，气流就会猛烈地振动声带，从而损伤声带。如果觉得喉咙难受，可以尝试小口地饮水或是做吞咽动作。如果必须不停地清嗓子，那么则应该去医院进行检查，以防流行性疾病、过敏症等疾病。

5.因为感冒或者感染而嗓音嘶哑的时候，尽量不要讲话。

（节选自新华网“新华健康”）

延伸阅读

这些食物最护嗓

梨

梨是被人广泛熟知的润喉食物。梨的果肉有生津、润燥、清热、化痰等功效，适用于热病、伤津烦渴、热咳、痰热惊狂、噎膈、口渴失音、眼赤肿痛、消化不良等症状。梨的果皮有清心、润肺、降火、生津、滋肾、补阴等功效。

枸杞子

枸杞子具有滋阴润喉的功效，适用于慢性喉炎、咽喉干燥者。将枸杞子以文火加米煮制成粥食用即可，每天服用一碗有利于护嗓。

银耳

银耳又称白木耳，具有一定的药用价值，被人们当成“山珍”之一，具有生津、润肺、清热、止咳、补脑、提神的功效。作为营养滋补品，适用于老弱妇孺和体虚患者，常用于辅助治疗老年慢性气管炎等病症。

罗汉果

罗汉果是一种名贵药材，性凉味甘，清肺润肠。主治百日咳、痰火咳嗽、血燥便秘等症；对于急性气管炎、急性扁桃体炎、咽喉炎、急性胃炎都有很好的疗效。用罗汉果少许，冲入开水浸泡，是一种极好的清凉饮料，既可提神生津，又可预防呼吸道感染。

蜂蜜

蜂蜜是一种天然食品，味道甜蜜，所含的单糖不需要经过消化就可以被人体吸收。蜂蜜非常滋润，对于咽喉、肠道都有润滑、保护的作用。

百合

百合除含淀粉、蛋白质、脂肪、钙、磷、铁、维生素 B1、维生素 B2、维生素 C、胡萝卜素等营养素外，还含有一些特殊的生物碱营养成分，这些成分作用于人体，不仅具有良好的滋补效用，而且对虚弱、慢性支气管炎、结核病、神经官能症等患者有很大的帮助。

白萝卜

白萝卜素有“小人参”之称。中医认为，生吃萝卜可以清热生津，补水利尿，化痰止咳；而煮熟之后食用偏于益脾和胃，消食下气。入秋的萝卜肉质肥厚丰润、清甜爽口，生吃对于咳嗽痰多、咽喉炎、声音嘶哑的人有一定帮助。需要注意的是，萝卜虽好，但非人人适合吃。气虚、阳虚型便秘的人吃了，可能会加重症状。

荸荠

荸荠又叫马蹄，有“地下雪梨”的美誉。荸荠性味甘寒，有清肺利咽、化湿祛痰等功效，对预防秋燥咳嗽、咽喉不适、口干欲饮等症有一定效果。除了生吃外，也可煮、炒、烧、煨。但荸荠不易消化，脾胃虚寒、消化功能较差者及儿童、老人不宜多吃。生吃前一定要去皮或洗净。因为荸荠生长于水田，皮上会聚集有毒的生物排泄物和化学物质，还可能有寄生虫。

（综合整理自《生命时报》、人民网食品频道）

三、语音的性质

世间万物皆有其声音，按照发声体有无生命划分，一些声音是由生命体发出的，如狼嚎、犬吠、鹤唳等；还有的声音来自于非生命体，如风声、雨声、雷鸣等。区别于自然界的其他声音，我们所谈论的“语音”特指经由人体发音器官发出的声音。作为载体存在的语音是语言符号系统得以发挥作用的外在体，语音虽作为一种声音而存在，但与其他声音有着本质的区别，这主要是因为语音有其独特的属性。

（一）语音的物理属性

语音的物理属性主要指音高、音强、音长、音色。

音高是声音的高低，决定音高的要素是音波的频率。一般而言，声带每秒钟振动的次数越多，声音就越高；每秒钟振动的次数越少，声音就越低。不同性别和年龄的人所发出的音高是不同的，一般而言，成年男子的声带每秒可振动 60 次至 200 次，女人和儿童的声带每秒可振动 150 次至 300 次。此外，音高还与人体声带的长短、厚薄和松紧有关。

音强是声音的强弱，决定音强的要素是音波的振幅。一般而言，声带振幅越大，声

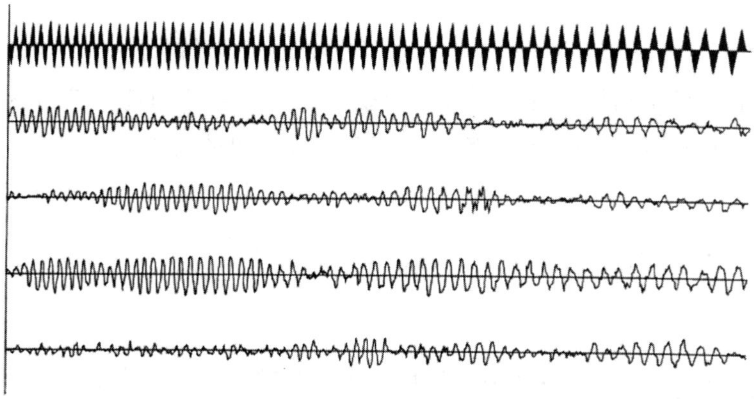

图 1.1.2 声波的不同导致了音色的不同

音就越强；声带振幅越小，声音就越弱。在日常生活中，人们说话时用力越大，则音强越强，用力越小，则音强越弱。

音长是声音的长短，决定音长的要素是声带振动时间的长短。一般而言，声带振动时间越长，声音就越长；声带振动时间越短，声音就越短。

除了音高、音强、音长外，音色也是语音的物理属性之一。一般而言，音色与音波波纹的曲折形式有关，人与人之间的音色有着较为显著的不同，例如，我们经常能够通过声音就辨认出某人，正是利用了人们语音音色的差异性。不同人声带的长短、厚薄和松紧不同，共鸣器官如口腔、鼻腔的大小形状也不同，加之各人发出语音时用力大小不同、发音方法不同，这些因素均使得人与人之间的音色产生了差异。

（二）语音的表义属性

经由人类发音器官发出的语音是具有意义的声音，语音具有表义属性。

语音能够表明人的情绪。通常，通过对语音音高的判断可以获知语音发出者的情绪状况。情绪高涨时，人所发出的语音音高较高；相反，当人的情绪低落时，语音音高较低。

不同音强的语音也能够表示出不同的意义，特别是在汉语中有许多同音词语，通过对不同的字进行重读或弱读处理，可以对同音词语的意义进行区别。

此外，不同的音长也会导致语音表义的不同，例如“啊”这个字，不同音长的“啊”所体现的含义是不同的。

（三）语音的社会属性

代表着不同意义的语音在人们的社会交往中发挥着独特的作用，社会交际的语音使用反映出了语音的社会属性。语音的使用与人们的思维方式相关，在不同的社会交往场合以及在不同文化背景的国度中，人们对语音的使用都各自形成了一套特有的社会规范。语音的社会属性在某种程度上也表现为语音的社会功能，语音在人类的代际教育、文化传承等方面发挥着潜移默化的作用。

实战演练

1. 语音音高的情绪模拟练习。练习者模拟在情绪高涨和情绪低落两种状态下朗诵同一段文字材料，体会在不同状态下语音音高表现出的差别。

2. 朗读下列同音词语，感受不同音强的字对整个词语表义产生的影响。

大意——大意　招呼——招呼　报仇——报酬　练习——练习

报告——报告　莲子——帘子　地道——地道

3. 朗读下列句子，注意体会不同加点字重读对句子表义产生的影响。

(1) A. 我想念家乡。

B. 我想念家乡。

C. 我想念家乡。

(2) A. 他去西安旅游了。

B. 他去西安旅游了。

C. 他去西安旅游了。

D. 他去西安旅游了。

(3) A. 这栋楼建于上世纪六十年代。

B. 这栋楼建于上世纪六十年代。

C. 这栋楼建于上世纪六十年代。

D. 这栋楼建于上世纪六十年代。

E. 这栋楼建于上世纪六十年代。

第二节　汉语普通话

核心提示

一般而言，我们所说的普通话是指以北京语音为标准音，以北方话为基础方言，以典范的现代白话文著作为语法规范的现代汉民族共同语。普通话标准读音有两个依据，一是以 1985 年公布的《普通话异读词审音表》为标准，二是以《现代汉语词典》为规范。普通话语音的特点主要表现在语音结构、语音听觉以及表义功能上。

一、汉语普通话的产生与推广

1923 年，中华民国教育部“国语统一筹备会第五次会议”决定基于现代中国北方官话的白话文语法和北京话语音制定普通话，1932 年经中华民国教育部颁布《国音常用字汇》后，“国语”被采纳为中国的官方语言。

1955 年，中华人民共和国“全国文字改革会议”把“国语”改称“普通话”。从 1956 年开始，国家对北京方言进行了多次审核和修订，一般认为，目前普通话标准读音有两个依据，一是以 1985 年公布的《普通话异读词审音表》为标准，二是以《现代汉语词典》为规范。普通话在大众传播领域的地位由《中华人民共和国宪法》第十九条和《中华人民共和国广播电视管理条例》所确立。

汉语普通话之所以以北方话为基础，是因为在我国说北方话的人在总人口中占有数量上的优势。在发音规则上，虽然北方话也是由不同方言构成的，但总体上北方话的发音规则相似，语法使用规律相近。因此，将北方话作为汉语普通话的标准音有着现实的便捷性和可能性。

二、汉语普通话语音的特点

不同于形色各异的方言，汉语普通话有以下几大特点：

第一，在语音结构上，由于汉语普通话的音节结构形式比较少，因而汉语普通话表现出了更为简单清晰的特点，音节与音节之间区分鲜明，这使得汉语普通话节奏感较强。

第二，在语音听觉上，元音在汉语普通话中占据优势地位，汉语普通话中的轻声母相对较多，这使汉语普通话在听觉上显得更加清脆、响亮。汉语普通话仅有四个声调，声调调值高音成分多、低音成分少，变化鲜明的音调也使汉语普通话听起来更为清亮和高扬。

第三，在表义功能上，汉语普通话中的声调和音变现象使汉语普通话的表达更加准确而丰富。

三、为什么要能说标准普通话?

我国是一个幅员辽阔、人口众多、方言种类多样的多民族国家，历史上发生过多次的民族融合都将语言作为改革的重要对象。

秦始皇推行的“书同文”“车同轨”为中华文化的大一统奠定了基础，北魏孝文帝改革从姓氏入手加快了少数民族的汉化。即便是由少数民族统治的王朝，如元朝和清朝，出于集权的需要，当权者也特别注重统一语言的使用。尽管历史上各王朝所采用的通用语还不是完全意义上的普通话，但历史的经验告诉人们，统一规范的语言对国家发展和民族团结意义重大。

时至今日，能够说好普通话是人们进行日常交流的基本需要，对于那些从事与口语表达直接相关的工作的群体来说，如媒体工作者、政府新闻发言人、教师……能否说好普通话决定了其能否胜任本职工作。

更为重要的是，与口语表达相关的工作大多是面向社会大众的，说话者肩负着信息传达、文化传承的重要使命，流利的普通话的使用关系到信息传播的准确与效率，进而影响到一个国家文化的横向传播和代际传承。比如，在媒体行业中，特别是广播电视行业对播音员、主持人的普通话水平有较高的要求，如果一位播音员、主持人不能运用标准流利的普通话，那么极有可能导致信息传播的失误或传播效率的低下，其后果不堪设想。又如，政府新闻发言人能否流利使用普通话有时决定着政令能否准确发布，有时甚至会影响国家间的交往对话，关乎国际局势中的国家利益。

不论是作为个人在日常生活中的口语交际，还是作为主权国家在世界舞台上的形象展示，汉语普通话的使用都具有基础性的作用。

那么，如何衡量一个人普通话的水平呢？目前，我国推行普通话水平测试，其对应试人掌握和运用普通话所达到的规范程度的测试和评定，是应试人的汉语标准语测试。应试人在运用普通话口语进行表达过程中所表现的语音、词汇、语法的规范程度，是评定其所达到的水平等级的重要依据（关于普通话水平测试的有关介绍详见本书附录部分）。

延伸阅读

各地方言争当“普通话”？民国时期的“国语”之争

说起“国语”，人们一般会立刻联想到字正腔圆的北京话。实际上，所谓“国语”只是以北京语音为“基础”，与正宗的北京话还有很大差别。而且，据说在民国初年，至少有包括粤语、洛阳话、陕西话三种在内的方言作为“国语”的备选语言。

粤语、洛阳话、陕西话，都曾备选“国语”？

坊间一直流传着这样一种说法，当年辛亥革命成功、民国建立之初，粤语以一票之差落选国语（普通话）。而且有人曾说，当时在国会内订立国语时，要求粤语成为中国国语的呼声相当高。当时广东籍议员掌握了过半数议席，粤语成为国语理应不成问题，唯孙中山虑及中国之统一问题，逐一向议员游说以汉语北方话作为国语。最终，粤语以一票之差（一说为三票）败北，汉语北方话成为中华民国国语。

但是，著名作家王蒙则提出了另外两种说法：“我去洛阳，洛阳人跟我说，当时讨论这个国语的时候，选的一个是北京话，一个是洛阳话，我们洛阳话就差一票……然后我又到了陕西，陕西又有人跟我说，当时确定国语的时候，候选两个话一个是北京话，一个是陕西话，说我们就差一票。”

国家图书馆珍藏的《国语周刊》第 133、134 期（1934 年 4 月 14 日、21 日）连载了语言学家黎锦熙的文章《民二读音统一大会始末记》，详细介绍了民国二年制定国音和注音字母的过程。

1912 年（民国元年）12 月由蔡元培任总长的教育部成立读音统一会筹备处，由吴敔恒(稚晖)任主任,并制定读音统一会章程八条。规定读音统一会的职责是审定每一个字的标准读音,称为“国音”。每个字的音素定下来之后,还要制定相应的字母来代表每一个音素。读音统一会员,由教育部延聘若干人;各省推举2人,由行政长官推举;蒙藏各1人,由在京蒙藏机关选派。此外,华侨代表1人。最后确定下来的成员一共80人,其中由教育部任命的有50人左右,其余为各省推举。虽然说各省最多推举2人,但是在教育部任命的会员以江浙人士为主,结果来自江苏的会员有17人,浙江9人,直隶7人,福建、广东、湖南各4人。

从这个组成名单来看,来自广东的会员只有4人而已,根本不可能左右会议结果。当时来自北方直隶省的著名语言学家王照对会员构成非常不满,指出江浙人占25人之多,其中来自无锡的就有5人。经过激烈争论,最后决定会议实行一省一票制度,而不是每个会员一票。

对有争议的字音,会员投票决定

读音统一大会在1913年2月15日开幕,实到44人,来自江苏的吴敔恒以29票当选议长,王照仅得5票,任副议长。会议逐一审定了6500个字的“国音”。当时为了记录定下来的“国音”,会议临时采用了一套注音符号系统。字音确定以后,下一个任务是核定音素,并且确定一套字母系统来表示音素。按照黎锦熙先生的记述,会议进行到这个地步,出席者日渐稀少,但是对于“字母”问题几乎打起架来。

当时字母提案颇多,但总结起来主要有3个方案:1.偏旁派,主张仿照日本片假名,用音近之汉字,取其偏旁为字母;2.符号派,主张另外制定一套符号系统;3.罗马字母派。与会者多日争论僵持不下,结果浙江代表许寿裳等人以及与会的教育部职员周树人(鲁迅)提议,就使用在审定“国音”期间使用的“临时符号”为注音符号(《国语周刊》刊头上的符号就是这种“注音符号”)。这套“注音字母”在内地被一直用到1958年《汉语拼音方案》正式公布时,至今台湾和部分海外华人依然在使用这套“注音字母”。

国音统一会议由于争吵激烈,会议的议长吴敔恒在4月22日辞职,接任的王照也请了病假,临时由直隶的王璞主持会议。会议过程中,对有争议的字音,以多数票决定“国音”,所以说在审定的这么多汉字中,也许有一些是因“差一票”未通过的,但不存在某一种方言因整体差一票未被定为“国语”的情形。整体来说,最后的结果还是以北京语音为“基础”。

(引自文化中国,http://www.culture.china.com.cn)

第三节　声母与韵母

核心提示

按照汉语语音学的传统分析方法,我们可以把一个音节分为声和韵两部分。在普通话约400个无调音节中,声韵配合的占90%,只有不到10%的音节由单元音或复合音独立承担,没有辅音声母的音节叫零声母音节。

一、声母

依据汉语拼音的标音系统,其声韵系统共有 23 个声母(计入 y、w 两个半元音)、39 个韵母(略同于注音符号中所有独用与结合韵母)和不含轻声的 4 个声调。

汉语拼音中的声母可按以下标准进行分类:

表 1.3.1　　汉语拼音声母列表

声母 发音部位 / 发音方法			唇音		舌尖前音	舌尖中音	舌尖后音	舌尖音	舌根音
			双唇音	唇齿音					
塞音	清音	不送气音	b[p]			b[t]			g[k]
		送气音	p[p‘]			t[t‘]			k[k‘]
塞擦音	清音	不送气音			z[ts]		zh[tʂ]	j[tɕ]	
		送气音			c[ts‘]		ch[tʂ‘]	q[tɕ‘]	
擦音	清音			f[f]	s[s]		sh[ʂ]	x[ɕ]	h[x]
	浊音						r[ʂ]		
鼻音	浊音		m[m]			n[n]			
边音	浊音					l[l]			

实战演练

表 1.3.2　　声母绕口令练习

声母辨音	
声母	绕口令
b—p	补破皮褥子不如不补破皮褥子。(《补皮褥子》)
	吃葡萄不吐葡萄皮儿,不吃葡萄倒吐葡萄皮儿。(《葡萄皮儿》)
d	会炖我的炖冻豆腐,来炖我的炖冻豆腐,不会炖我的炖冻豆腐,就别炖我的炖冻豆腐。要是混充会炖我的炖冻豆腐,炖坏了我的炖冻豆腐,那就吃不成我的炖冻豆腐。(《炖冻豆腐》)
l	六十六岁刘老六,修了六十六座走马楼,楼上摆了六十六瓶苏合油,门前栽了六十六棵垂杨柳,柳上拴了六十六个大马猴。忽然一阵狂风起,吹倒了六十六座走马楼,打翻了六十六瓶苏合油,压倒了六十六棵垂杨柳,吓跑了六十六个大马猴,气死了六十六岁刘老六。(《六十六岁刘老六》)
d—t	大兔子,大肚子,大肚子的大兔子,要咬大兔子的大肚子。(《大兔子和大肚子》)
n—l	门口有四辆四轮大马车,你爱拉哪两辆来拉哪两辆。(《四辆四轮大马车》)
h	华华有两朵黄花,红红有两朵红花。华华要红花,红红要黄花。华华送给红红一朵黄花,红红送给华华一朵红花。(《华华和红红》)
j、q、x	七巷一个漆匠,西巷一个锡匠,七巷漆匠偷了西巷锡匠的锡,西巷锡匠偷了七巷漆匠的漆。(《漆匠和锡匠》)

续表

声母辨音	
声母	绕口令
g—k	哥挎瓜筐过宽沟，赶快过沟看怪狗。光看怪狗瓜筐扣，瓜滚筐空哥怪狗。（《哥挎瓜筐过宽沟》）
h—f	一堆粪，一堆灰，灰混粪，粪混灰。（《一堆粪》）
z—zh	隔着窗户撕字纸，一次撕下横字纸，一次撕下竖字纸，是字纸撕字纸，不是字纸，不要胡乱撕一地纸。（《撕字纸》）
s—sh	三山撑四水，四水绕三山，三山四水春常在，四水三山四时春。（《三山撑四水》）
z、c、s—j、x	司机买雌鸡，仔细看雌鸡，四只小雌鸡，叽叽好欢喜，司机笑嘻嘻。（《司机买雌鸡》）
zh、ch、sh	大车拉小车，小车拉小石头，石头掉下来，砸了小脚指头。（《大车拉小车》）
r	夏日无日日亦热，冬日有日日亦寒，春日日出天渐暖，晒衣晒被晒褥单，秋日天高复云淡，遥看红日迫西山。（《说日》）
sh	石室诗士施氏，嗜狮，誓食十狮。施氏时时适市视狮。十时，适十狮适市。是时，适施氏适市。氏视十狮，恃矢势，使是十狮逝世。氏拾是十狮尸，适石室。石室湿，氏使侍拭石室。石室拭，氏始试食是十狮尸。食时，始识十狮尸，实十石狮尸。试释是事。（《施氏食狮史》）

二、韵母

韵母是汉语音节中声母之后的部分。汉语普通话共 39 个韵母，包括 10 个单韵母、13 个复韵母和 16 个鼻韵母。

按照组成结构划分，韵母可分为三个部分，分别是韵头、韵腹和韵尾。

韵母是单元音的，这个元音就是韵腹。韵母是两个或三个元音的，其中口腔开度最大、声音最响的那个是韵腹。韵腹前面的部分为韵头，后面的部分为韵尾。

由一个元音构成的韵母叫单韵母，又叫单元音韵母。单元音韵母发音的特点是自始至终口形不变，舌位不移动。普通话中单元音韵母共有 10 个：ɑ、o、e、ê、i、u、ü、-i（前）、-i（后）、er。

由两个或三个元音结合而成的韵母叫复韵母。普通话共有 13 个复韵母：ɑi、ei、ɑo、ou、iɑ、ie、uɑ、uo、üe、iɑo、iou、uɑi、uei。根据主要元音所处的位置，复韵母又可分为前响复韵母、中响复韵母和后响复韵母。

由一个或两个元音后面带上鼻辅音构成的韵母叫鼻韵母。鼻韵母共有 16 个：ɑn、iɑn、uɑn、üɑn、en、in、uen、ün、ɑng、iɑng、uɑng、eng、ing、ueng、ong、iong。

实战演练

表 1.3.3 韵母绕口令

韵母辨音	
韵母	绕口令
a	门前有八匹大伊犁马,你爱拉哪匹马拉哪匹马。(《伊犁马》)
e	坡上立着一只鹅,坡下就是一条河。宽宽的河,肥肥的鹅,鹅要过河,河要渡鹅。不知是鹅过河,还是河渡鹅。(《鹅》)
i	一二三,三二一,一二三四五六七。七个阿姨来摘果,七个花篮儿手中提。七棵树上结七样儿,苹果、桃儿、石榴、柿子、李子、栗子、梨。(《七棵树上结七样儿》)
u	鼓上画只虎,破了拿布补。不知布补鼓,还是布补虎。(《鼓上画只虎》)
i—ü	这天天下雨,体育局穿绿雨衣的女小吕,去找穿绿运动衣的女老李。穿绿雨衣的女小吕,没找到穿绿运动衣的女老李,穿绿运动衣的女老李,也没见着穿绿雨衣的女小吕。(《女小吕和女老李》)
er	要说“尔”专说“尔”,马尔代夫、喀布尔、阿尔巴尼亚、扎伊尔、卡塔尔、尼泊尔、贝尔格莱德、安道尔、萨尔瓦多、伯尔尼、利伯维尔、班珠尔、厄瓜多尔、塞舌尔、哈密尔顿、尼日尔、圣彼埃尔、巴斯特尔、塞内加尔的达喀尔、阿尔及利亚的阿尔及尔。(《说尔》)
-i(前)	一个大嫂子,一个大小子。大嫂子跟大小子比包饺子,看是大嫂子包的饺子好,还是大小子包的饺子好,再看大嫂子包的饺子少,还是大小子包的饺子少。大嫂子包的饺子又小又好又不少,大小子包的饺子又小又少又不好。(《大嫂子和大小子》)
-i(后)	知之为知之,不知为不知,不以不知为知之,不以知之为不知,唯此才能求真知。(《知之为知之》)
ai	买白菜,搭海带,不买海带就别买大白菜。买卖改,不搭卖,不买海带也能买到大白菜。(《白菜和海带》)
ei	贝贝飞纸飞机,菲菲要贝贝的纸飞机,贝贝不给菲菲自己的纸飞机,贝贝教菲菲自己做能飞的纸飞机。(《贝贝和菲菲》)
ai—ei	大妹和小妹,一起去收麦。大妹割大麦,小妹割小麦。大妹帮小妹挑小麦,小妹帮大妹挑大麦。大妹小妹收完麦,噼噼啪啪齐打麦。(《大妹和小妹》)
ao	隔着墙头扔草帽,也不知草帽套老头儿,还是老头儿套草帽。(《扔草帽》)
au	忽听门外人咬狗,拿起门来开开手;拾起狗来打砖头,又被砖头咬了手;从来不说颠倒话,口袋驮着骡子走。(《忽听门外人咬狗》)
an	出前门,往正南,有个面铺面冲南,门口挂着蓝布棉门帘。摘了它的蓝布棉门帘,棉铺面冲南,给它挂上蓝布棉门帘,面铺还是面冲南。(《蓝布棉门帘》)
en	小陈去卖针,小沈去卖盆。俩人挑着担,一起出了门。小陈喊卖针,小沈喊卖盆。也不知是谁卖针,也不知是谁卖盆。(《小陈和小沈》)
ang	海水长,长长长,长长长消。(《海水长》)
eng	郑政捧着盏台灯,彭澎扛着架屏风,彭澎让郑政扛屏风,郑政让彭澎捧台灯。(《台灯和屏风》)
ang—an	张康当董事长,詹丹当厂长,张康帮助詹丹,詹丹帮助张康。(《张康和詹丹》)

续表

韵母辨音	
韵母	绕口令
eng—en	陈庄程庄都有城，陈庄城通程庄城。陈庄城和程庄城，两庄城墙都有门。陈庄城进程庄人，陈庄人进程庄城。请问陈程两庄城，两庄城门都进人，哪个城进陈庄人，程庄人进哪个城？（《陈庄城和程庄城》）
ang—eng	长城长，城墙长，长长长城长城墙，城墙长长城长长。（《长城长》）
ia	天上飘着一片霞，水上飘着一群鸭。霞是五彩霞，鸭是麻花鸭。麻花鸭游进五彩霞，五彩霞挽住麻花鸭。乐坏了鸭，拍碎了霞，分不清是鸭还是霞。（《鸭和霞》）
ie	姐姐借刀切茄子，去把儿去叶儿斜切丝，切好茄子烧茄子，炒茄子、蒸茄子，还有一碗焖茄子。（《茄子》）
iao	水上漂着一只表，表上落着一只鸟。鸟看表，表瞪鸟，鸟不认识表，表也不认识鸟。（《鸟看表》）
iu	一葫芦酒，九两六。一葫芦油，六两九。六两九的油，要换九两六的酒，九两六的酒，不换六两九的油。（《酒换油》）
ian	半边莲，莲半边，半边莲长在山涧边。半边天路过山涧边，发现这片半边莲。半边天拿来一把镰，割了半筐半边莲。半筐半边莲，送给边防连。（《半边莲》）
in	你也勤来我也勤，生产同心土变金。工人农民亲兄弟，心心相印团结紧。（《土变金》）
iang	杨家养了一只羊，蒋家修了一道墙。杨家的羊撞倒了蒋家的墙，蒋家的墙压死了杨家的羊。杨家要蒋家赔杨家的羊，蒋家要杨家赔蒋家的墙。（《杨家养了一只羊》）
ing	天上七颗星，树上七只鹰，梁上七个钉，台上七盏灯。拿扇扇了灯，用手拔了钉，举枪打了鹰，乌云盖了星。（《天上七颗星》）
ua	一个胖娃娃，画了三个大花活蛤蟆；三个胖娃娃，画不出一个大花活蛤蟆。画不出一个大花活蛤蟆的三个胖娃娃，真不如画了三个大花活蛤蟆的一个胖娃娃。（《画蛤蟆》）
uo(o)	狼打柴，狗烧火，猫儿上炕捏窝窝，雀儿飞来蒸饽饽。（《狼打柴狗烧火》）
uai	槐树槐，槐树槐，槐树底下搭戏台，人家的姑娘都来了，我家的姑娘还不来。说着说着就来了，骑着驴，打着伞，歪着脑袋上戏台。（《槐树槐》）
ui	威威、伟伟和卫卫，拿着水杯去接水。威威让伟伟，伟伟让卫卫，卫卫让威威，没人先接水。一二三，排好队，一个一个来接水。（《接水》）
uang	王庄卖筐，匡庄卖网，王庄卖筐不卖网，匡庄卖网不卖筐，你要买筐别去匡庄去王庄，你要买网别去王庄去匡庄。（《王庄和匡庄》）
ong	冲冲栽了十畦葱，松松栽了十棵松。冲冲说栽松不如栽葱，松松说栽葱不如栽松。是栽松不如栽葱，还是栽葱不如栽松？（《栽葱和栽松》）
uan—uang	那边划来一艘船，这边漂去一张床，船床河中互相撞，不知船撞床，还是床撞船。（《船和床》）
uan—an	大帆船，小帆船，竖起桅杆撑起船。风吹帆，帆引船，帆船顺风转海湾。（《帆船》）
un—en	孙伦打靶真叫准，半蹲射击特别神，本是半路出家人，摸爬滚打练成神。（《孙伦打靶》）
üe	真绝，真绝，真叫绝，皓月当空下大雪，麻雀游泳不飞跃，鹊巢鸠占鹊喜悦。（《真绝》）
ün	军车运来一堆裙，一色军用绿色裙。军训女生一大群，换下花裙换绿裙。（《换裙子》）
üan	圆圈圆，圈圆圈，圆圆娟娟画圆圈。娟娟画的圈连圈，圆圆画的圈套圈。娟娟圆圆比圆圈，看看谁的圆圈圆。（《画圆圈》）
iong	小涌勇敢学游泳，勇敢游泳是英雄。（《学游泳》）

第四节 声调与音变

核心提示

声调在区别词语意义和词性方面非常重要，汉语普通话有四个调类，阴平、阳平、上声和去声。汉语普通话中的音变主要包括变调、轻声、儿化以及一些特殊变调。

一、声调的概念

（一）声调

同声母、韵母一样，声调也是汉语音节的重要组成部分。声调指声音的音高变化，声调在音节中具有区别意义的作用，体现为：当一个音节中的声母和韵母相同，但声调不同时，则不同声调的语音可以表示不同的意思。

普通话的声韵母组合成的音节有400个左右，因此，声调在区别意义、词性方面非常重要。此外，不同的声调会给人带来不同的听觉感受，抑扬顿挫的声调具有节律感，可以说，声调的使用表现出了汉语所独具的韵律美感。

（二）调类与调值

汉语普通话有四个调类，阴平、阳平、上声和去声，又称为第一声、第二声、第三声和第四声。

普通话四声的特点可以概括为“一平、二升、三曲、四降”，也有人用“一声平、二声扬、三声拐弯、四声降”来描述汉语普通话四个声调的特点。总体来说，不论是从读法上还是从听觉上来说，汉语普通话的四声都具有明显的差别。

在对声调进行分类的基础上，人们还引入调值的概念以明确声调的具体读法。调值指音节的高低升降变化，也就是声调的实际读法。调值所指的仅是一个相对的音高，而非绝对的音高。普通话有高平调(55)、高升调(35)、降升调(214)和全降调(51)四种调值。值得注意的是，声调在实际发声过程中的读音是连续的，中间没有停顿和跳跃。

发声练习

阅读下列古诗，体会声调的变化，感受不同调类的调值。

1. 黄鹤楼（崔颢）

昔人已乘黄鹤去，此地空余黄鹤楼。

黄鹤一去不复返，白云千载空悠悠。

晴川历历汉阳树，芳草萋萋鹦鹉洲。
日暮乡关何处是？烟波江上使人愁。

2．登金陵凤凰台（李白）

凤凰台上凤凰游，凤去台空江自流。
吴宫花草埋幽径，晋代衣冠成古丘。
三山半落青天外，二水中分白鹭洲。
总为浮云能蔽日，长安不见使人愁。

3．蜀相（杜甫）

丞相祠堂何处寻？锦官城外柏森森。
映阶碧草自春色，隔叶黄鹂空好音。
三顾频烦天下计，两朝开济老臣心。
出师未捷身先死，长使英雄泪满襟。

4．闻官军收河南河北（杜甫）

剑外忽传收蓟北，初闻涕泪满衣裳。
却看妻子愁何在？漫卷诗书喜欲狂！
白日放歌须纵酒，青春作伴好还乡。
即从巴峡穿巫峡，便下襄阳向洛阳。

5．咏怀古迹其三（杜甫）

群山万壑赴荆门，生长明妃尚有村。
一去紫台连朔漠，独留青冢向黄昏。
画图省识春风面，环佩空归月夜魂。
千载琵琶作胡语，分明怨恨曲中论。

6．锦瑟（李商隐）

锦瑟无端五十弦，一弦一柱思华年。
庄生晓梦迷蝴蝶，望帝春心托杜鹃。
沧海月明珠有泪，蓝田日暖玉生烟。
此情可待成追忆？只是当时已惘然。

7．无题（李商隐）

相见时难别亦难，东风无力百花残。
春蚕到死丝方尽，蜡炬成灰泪始干。
晓镜但愁云鬓改，夜吟应觉月光寒。
蓬山此去无多路，青鸟殷勤为探看。

8．无题(李商隐)

来是空言去绝踪，月斜楼上五更钟。
梦为远别啼难唤，书被催成墨未浓。
蜡照半笼金翡翠，麝熏微度绣芙蓉。
刘郎已恨蓬山远，更隔蓬山一万重。

9．无题(李商隐)

昨夜星辰昨夜风，画楼西畔桂堂东。
身无彩凤双飞翼，心有灵犀一点通。
隔座送钩春酒暖，分曹射覆蜡灯红。
嗟余听鼓应官去，走马兰台类转蓬。

10．钱塘湖春行(白居易)

孤山寺北贾亭西，水面初平云脚低。
几处早莺争暖树，谁家新燕啄春泥。
乱花渐欲迷人眼，浅草才能没马蹄。
最爱湖东行不足，绿杨阴里白沙堤。

11．芙蓉楼送辛渐(王昌龄)

寒雨连江夜入吴，平明送客楚山孤。
洛阳亲友如相问，一片冰心在玉壶。

12．闺怨(王昌龄)

闺中少妇不知愁，春日凝妆上翠楼。
忽见陌头杨柳色，悔教夫婿觅封侯。

13．凉州词(王翰)

葡萄美酒夜光杯，欲饮琵琶马上催。
醉卧沙场君莫笑，古来征战几人回。

14．客中作(李白)

兰陵美酒郁金香，玉碗盛来琥珀光。
但使主人能醉客，不知何处是他乡。

15．滁州西涧(韦应物)

独怜幽草涧边生，上有黄鹂深树鸣。
春潮带雨晚来急，野渡无人舟自横。

16．枫桥夜泊(张继)

月落乌啼霜满天，江枫渔火对愁眠。

姑苏城外寒山寺，夜半钟声到客船。

17. 渭城曲（王维）

渭城朝雨浥轻尘，客舍青青柳色新。
劝君更尽一杯酒，西出阳关无故人。

18. 出塞（王之涣）

黄河远上白云间，一片孤城万仞山。
羌笛何须怨杨柳，春风不度玉门关。

19. 嫦娥（李商隐）

云母屏风烛影深，长河渐落晓星沉。
嫦娥应悔偷灵药，碧海青天夜夜心。

20. 秋夕（杜牧）

银烛秋光冷画屏，轻罗小扇扑流萤。
天阶夜色凉如水，坐看牵牛织女星。

21. 过零丁洋（文天祥）

辛苦遭逢起一经，干戈寥落四周星。
山河破碎风飘絮，身世浮沉雨打萍。
惶恐滩头说惶恐，零丁洋里叹零丁。
人生自古谁无死，留取丹心照汗青。

22. 示儿（陆游）

死去元知万事空，但悲不见九州同。
王师北定中原日，家祭无忘告乃翁。

23. 十一月四日风雨大作（陆游）

僵卧孤村不自哀，尚思为国戍轮台。
夜阑卧听风吹雨，铁马冰河入梦来。

24. 己亥杂诗之一（龚自珍）

九州生气恃风雷，万马齐喑究可哀。
我劝天公重抖擞，不拘一格降人才。

25. 己亥杂诗之二（龚自珍）

浩荡离愁白日斜，吟鞭东指即天涯。
落红不是无情物，化作春泥更护花。

26. 桃花庵歌（唐寅）

桃花坞里桃花庵，桃花庵下桃花仙。
桃花仙人种桃树，又摘桃花换酒钱。
酒醒只在花前坐，酒醉还来花下眠。
半醉半醒日复日，花落花开年复年。
但愿老死花酒间，不愿鞠躬车马前。
车尘马足显者事，酒盏花枝隐士缘。
若将显者比隐士，一在平地一在天。
若将花酒比车马，彼何碌碌我何闲。
世人笑我太疯癫，我笑他人看不穿。
不见五陵豪杰墓，无花无酒锄作田。

27. 行路难其一（李白）

金樽清酒斗十千，玉盘珍馐直万钱。
停杯投箸不能食，拔剑四顾心茫然。
欲渡黄河冰塞川，将登太行雪满山。
闲来垂钓碧溪上，忽复乘舟梦日边。
行路难，行路难，多歧路，今安在。
长风破浪会有时，直挂云帆济沧海。

二、音变

语流音变是语言流动的结果。人们平时在进行说话、朗诵、播音等言语活动时，语音并不是一个个孤立发出的，而是连续发出的。在这连续的语流中，一连串音紧密连接，发音部位和发音方法不断改变，有时难免相互影响，产生明显的变化。这种变化即所谓的“语流音变”。

（一）变调

在语流中，音节连续发音时，由于邻近音节声调的相互影响，有些音节的声调起了一定的变化，而与单字调值不同，这种变化就叫作“变调”。

在汉语普通话中，上声变调是最为常见的音变现象。除却上声字单独出现或出现在词尾、句尾时的情况，当上声字处在词语或句子中的其他位置时均需要变调。相较于其他声调，上声字声调的变化可谓是最大的，也是最多的。上声字的变调常表现为下降部分音调的失去或上升部分音调的失去。

上声字变调的规律常与词语的音节数相关，具体情况如下：

(1)上声字在双音节词中的变调规律

表 1.4.1　　双音节词变调规律表

<table>
<tr><th colspan="2">变调条件</th><th>变调结果</th><th>示例</th></tr>
<tr><td colspan="2">两个上声字连读</td><td>前一个上声字读为阳平</td><td>野草、了解、演讲、友好、领导、奖赏、首长、反省、美好、小姐、许久、口语、旅馆、粉笔、舞蹈、冷饮、举止、采访、保险、雨伞、捆绑、打鼓</td></tr>
<tr><td colspan="2">上声字与非上升字连读</td><td>上声读为半上(只读上声的前一个阶段)</td><td>首都、祖国、海报、解放</td></tr>
<tr><td rowspan="2">上声字与轻声字连读</td><td>上声在非上声转化来的轻声前</td><td>上声字读为半上</td><td>里头、怎么、仿佛、我的、两个、尾巴</td></tr>
<tr><td>上声在上声转化来的轻声前</td><td>上声字读为阳平或半上</td><td>可以、老子、耳朵、椅子、嫂嫂、马虎</td></tr>
</table>

(2)上声字在多音节词中的变调规律

表 1.4.2　　多音节词变调规律表

变调条件	变调结果	示例
词语首二字是双音节,第三字是单音节	阳平、阳平、上声	展览馆、选举法、跑马场、保管好
词语首字是单音节,尾二字是双音节时	半上、阳平、上声	纸老虎、老古董、小老虎、老酒鬼

(二)轻声

轻声是指某些音节失去了原有的声调而被念成较轻、较短的声调。现代汉语中的结构助词,如“的”“得”;动态助词,如“了”“着”;语气词,如“吗”“呢”,这些词语一般读轻声。此外,汉语普通话中名词和代词的后缀,如“子、头、上、们”读作轻声;某些双音词的末字读作轻声,如“多么”“萝卜”“模糊”。

有些词语,可以读为轻声也可以不读为轻声,但两种情况下词义却不相同,如“大意”“地道”;也有些词语可以读为轻声也可以不读为轻声,且二者词义没有区别,如“起来”“机器”。

(三)儿化

儿化又称儿化韵,是普通话和某些汉语方言中的一种语音现象,即词的后缀“儿”字不自成音节,而同前面的音节合在一起,使前一音节的韵母成为卷舌韵母,例如“吃桃儿”“瓜子儿”。

(四)特殊变调——“一”和“不”的变调

在去声音节之前,“一”读为阳平,如“一定”;在非去声音节之前,“一”读为去声,如“一起”“一年”;在词语之间,“一”读轻声;但当“一”表示序数或在其他情况下时,“一”都读为阴平。

“不”的变调有两种情况，一种是，“不”只有在去声音节前变调为阳平，如“不去”；另一种是，在词语之间出现时，“不”读轻声，如“好不好”。

第五节 方言辨音

核心提示

我国有为数众多的方言，作为各地人们进行日常沟通工具的方言，其存在历史时间长、影响人口多。本节主要对北方方言区、吴方言区、湘方言区、赣方言区、客家方言区、闽方言区以及粤方言区的方言进行大致的辨音介绍。

根据地理位置和文化习惯的不同，汉语普通话共可分为七大方言区，分别是：

北方方言区：以黄河流域为中心，分布于东北和长江流域中部以及西南各省。

吴方言区：分布于上海、江苏省东南部以及浙江省大部分地区。

湘方言区：湖南省大部分地区。

赣方言区：江西省大部分地区及湖北省东南部地区。

客家方言区：广东、广西、福建和江西部分地区。

闽方言区：福建、台湾、广东潮汕一带及海南省部分地区。

粤方言区：广东中部及西南部地区、广西东南部地区，以及香港和澳门地区。

前文提到过，我国现行推广的普通话是指以北京语音为标准音，以北方话为基础方言，以典范的现代白话文著作为语法规范的现代汉民族共同语。由于不同方言区语言习惯的不同，在实际推行和使用普通话的过程中，相较于北方方言区的人来说，吴方言区、湘方言区、赣方言区、客家方言区、闽方言区和粤方言区的人表现出了一些困难。

各方言区的发声习惯、语法结构不同，这些天然的方言差异导致大部分人所说的普通话在某种程度上是一种带有方言口音的普通话，即我们平常所说的“川普”“闽普”“陕普”等。为了使普通话的发音标准和规则相统一，对各地方言的特点及其与普通话之间的差异进行研究和辨音是十分必要的。通过对比分析普通话与方言的实际差异，我们可以对普通话语音中的易读错音进行整理和归纳。

一、北方方言区辨音

北方方言区覆盖地域面积广阔、使用人口众多，与其他方言区相比，整个北方方言区是与汉语普通话发音规则最为接近的方言片区。下面主要对北方方言区中几个特殊的小方言区进行介绍，这些小方言区普遍存在着较为显著的发音特点。四川和云南虽然在地理位置划分上不属于北方，但其方言因与北方话有相似处而被纳入北方方言区。

(一)东北话辨音

在东北方言中,平舌音较多,翘舌音较少。东北方言还喜欢在零声母音节前多加声母 n,如恶(è)劣,东北方言多读成恶(nè)劣,又如俺(ǎn)们,东北方言易读成俺(nǎn)们,等等。在韵母方面,东北方言中易将韵母 e 和 o 混淆,甚至直接将 o 音取消,如将“微博(bó)”读成“微博(bé)”,将“破(pò)烂”读成“破(pè)烂”,将“摩(mó)擦”读成“摩(mé)擦”等。

此外,在声调调值上,东北方言与普通话的声调调值也有一定的偏差,东北方言的声调高低、升降变化不如普通话显著。最显著的特点是,普通话的阴平是“55”调值,而东北方言的阴平调值一般只有“44”调值,东北方言易将以阴平结尾的双音节词声调降低,如东北话将“长春”的“春”字读得较低。

(二)陕西话辨音

陕西方言与普通话的区别主要在于声调的差异。一般情况下,普通话发阴平的,陕西方言念轻声;普通话发阳平的,陕西话仍读阳平;普通话发上声的,陕西方言发去声;普通话发去声的,陕西方言发阴平。

(三)四川话辨音

四川方言与普通话的差异主要表现在:第一,四川方言的声母无卷舌音,即 zh、ch、sh、r 不卷舌;第二,n 和 l 易混淆;第三,四川方言的韵母中无后鼻音韵母 eng、ing 等音。

(四)云南话辨音

云南方言一个显著的特点是结尾的字几乎全是入声,而在普通话中入声早已消失。此外,云南方言前后鼻音不分、平翘舌不分。

二、吴方言区辨音

吴方言主要分布在上海、江苏省东南部以及浙江省的大部分地区。吴方言与普通话在韵母、声母和声调上都存在差异。

吴方言是以单元音为主体的方言,普通话中 ai、ei、ao、ou 等都是双元音韵母,发音的时候声音拖得很长,而且口部很松,而吴方言恰好相反,一般来说,对应普通话 ai、ei、ao、ou 的音,在吴方言中都是单元音,并且发音的时候口形是比较紧的。在声母方面,由于浙江的吴方言中没有普通话的 zh、ch、sh,因此温州及金华一带将其归入 j、q、x 声母,而宁波、嘉兴等地则读为平舌音。[①] 在声调方面,普通话有四个声调,吴方言一般保留七八个声调。

---

① 张继娅:《吴语人群学习普通话语音存在的问题及解决途径》,《广西民族大学学报》(哲学社会科学版)2009 年第 1 期。

三、湘方言区辨音

湘方言主要的特点是 ch/q 不分、h/f 不分、sh/x 不分、ong/eng 不分等。

四、赣方言区辨音

在赣方言中，各声调的清声母字为阴调，浊声母字为阳调。赣方言各方言区有的平声不分阴阳；上声则多数不分阴阳；有的去声不分阴阳，有的没有去声；有的只有一个入声调，有的没有入声。

五、客家方言区辨音

客家方言的语音特点有如下三点：第一，普遍没有发翘舌音（zh、ch、sh、r）的习惯，只有平舌音（z、c、s）；第二，鼻音（n）、边音（l）不分；第三，声母 h 和 f 相混淆。

六、闽方言区辨音

闽方言与普通话的差别主要在于，闽方言缺少撮口呼，而常用齐齿呼代替。例如，把"遇（yù）见"读成"遇（yì）见"，"一月（yuè）"读成"一月（yè）"，"院（yuàn）子"读成"院（yàn）子"，"平均（jūn）"读成"平均（jīn）"。此外，福建方言除闽南话、部分闽北话有以 n 结尾的前鼻韵母外，大多数闽方言区都只有以 ng 结尾的后鼻韵母。如把"木盆（pén）"读作"木盆（péng）"，"陈（chén）旧"读成"陈（chéng）就"，"大船（chuán）"读成"大船（chuáng）"。[①]

七、粤方言区辨音

粤方言的一个显著特点是声调多，不同于汉语普通话的四个声调，粤方言的声调多达 9 个，连读变调不明显，但有丰富的语义变调。此外，粤方言的单音节古词较多。

延伸阅读

主持人要讲普通话　不得模仿方言

近日，国家新闻出版广电总局发出通知，要求广播电视节目规范使用通用语言文字，在推广普及普通话方面起到带头示范作用。

通知指出，规范使用、推广普及国家通用语言文字是贯彻落实《国家通用语言文字法》的基本要求，是树立文化自信、提高文化软实力、增强中华民族凝聚力的重要内容。

---

① 梁玉璋、李延瑞：《试谈福建方言区普通话语音教学的重点》，《福建师大学报》（哲学社会科学版）1978 年第 1 期。

广播电视作为大众媒体和主流媒体，播音员主持人和嘉宾作为公众人物，必须在推广普及普通话、规范使用通用语言文字方面发挥积极的示范和表率作用。

通知要求播音员主持人除节目特殊需要外，一律使用标准普通话。不得模仿地域特点突出的发音和表达方式，不使用对规范语言有损害的俚语俗词等；用词造句要遵守现代汉语的语法规则，避免滥用生造词语和不规范网络用语；要规范使用外国语言文字，不在普通话中夹杂不必要的外文。此外，对节目嘉宾也要规范使用语言的提醒和引导。播出机构邀请嘉宾参与节目时，事先对其规范使用语言做出提示，对于嘉宾刻意模仿地域特点突出的发音和表达方式、随意使用方言、夹杂外语等情况及时提醒纠正。

通知发出后，像《新老娘舅》这类使用方言的节目是否会受影响？节目负责人尹先生表示目前还没有收到通知，但一定会按照规定来。他还指出，节目主持人杨蕾、海燕说的基本都是普通话。而至于目前沪上《大家帮侬忙》这样的沪语节目，主持人说沪语是出于节目需要。

图 1.5.2 使用方言进行表演的小品

众所周知，不规范用语等现象主要集中在选秀等综艺娱乐节目中。尤其像东北三卫视、湖南、广东等地的卫视综艺节目中，都不同程度有使用方言的倾向。对此，各大卫视纷纷表态，湖南卫视负责人表示，已把有关要求传达到所有主持人，尤其是《快乐大本营》《天天向上》等在青少年中影响较大的品牌节目，要为形成良好的语言环境积极承担应尽的社会责任。不过，对于总局这一通知，有观众表示支持这一举措，但希望能够保留部分地方电视台的方言节目，不要让它们渐渐消失。

（节选自 2014 年 1 月 5 日《新闻晨报》）

第二章 口语表达发声技巧

本章要点

1. 口语表达发声概说
2. 吐字与气息
3. 重音与停顿
4. 连接与表现

第一节 口语表达发声概说

核心提示

声音是人除却容貌外的另一张脸,从“声音”到“好声音”的转变其实给人们提出了更高的要求。针对不同声音的不足之处,我们可以对症下药、有的放矢,进行有目的的训练。声音影响着他人对自己的第一印象,“好声音”的获得需要人们勤奋的修炼。对声音的“修炼”可以从吐字与气息、重音与停顿以及连接与表现三方面进行训练。

一、从“声音”到“好声音”

我国有句古话叫“闻声识人”,是说在日常生活中人们可以通过声音来识别其人是谁,四大名著之一的《红楼梦》中即有对于闻声识人的描述。王熙凤的出场便是“未见其人先闻其声”:“我来迟了,不曾迎接远客!”然后才见“一群媳妇丫鬟围拥着一个人从后房门进来”。还未见到人的真实面貌就已然听到了人物的声音,这一方面说明了王熙凤泼辣豪放的性格,另一方面也说明了人的声音是具有辨识度的。正是从这个意义上说,声音是人的另一张脸。

当然,“闻声识人”一词还演化出了其他深层的意思。除了利用音色来辨人外,我们还可以通过人的说话方式来识人,此处所说的说话方式可以通俗地理解为一个人的谈吐。本章主要是针对说话发声进行讨论。

在信息时代的今天，借力于电子技术的发展，作为人除却容貌外另一张脸的声音在多种场合和平台上传播扩散，声音的重要性更不言而喻。从修炼声音的“专业户”——播音员、歌手，到通过传播声音完成工作任务的学校教师，再到销售员、服务员等，可以说很少有哪种职业是不需要人声参与的。

说一声问候、打一个电话、发一条语音微信、自制一个小视频，随着人际交往频繁程度的逐渐加深，声音不再只是传情达意的工具，它也开始成为可供人们审美的对象。从“声音”到“好声音”的转变其实给人们提出了更高的要求，当我们通过手机听筒听到他者的声音时，我们也开始自觉不自觉地对声音的好坏进行评判。特别是当我们在与陌生人仅通过声音进行交流时，声音无异于一张真实的名片，向我们呈现着一个人的特点。

吐字是否清晰、气息是否流畅、重音是否合适、停顿是否得当、连接是否自如、表现是否得体……这些早已成为人们潜意识里对他人声音的评判标准。伴随我们生活每一天的声音，其学问还有很多，人们应不仅满足于“声音”层面的要求，还应追求真正的“好声音”。

二、“问诊”声音

究竟什么样的声音才是好声音？为什么有的人天生就是一副金嗓而有的人却似乎天生一副烂嗓？其实，声音也像人体一样是可以根据检测来确定病因，并通过对症下药恢复到健康状态的。下表是针对不同声音症状开具的“处方”，供大家参考。

表 2.1.1 **“问诊”声音“处方”**

序号	症状	病因及处方
1	说话声音嘶哑	1.首先排除疾病原因。如感冒发烧引起的嗓子发炎、说话过多导致的声带磨损、声带炎症或声带结节，以及其他有待检查的病因。 2.其次应判断是否是由先天因素或历史因素导致的声音嘶哑。如男性在青春期变声时而导致的声音嘶哑。 3.再者应判断是否是因情绪导致的，当人处于紧张或恐惧的状况下可能会出现暂时的声音嘶哑。 4.声音嘶哑还有可能是缺少发音控制造成的，这可以通过具体的练习来改善声音的品质。
2	说话声音过于纤细	1.可能是性格内向或容易紧张造成的，口语表达时应放松心情，大胆发声。 2.发音缺少共鸣。可经常做发声共鸣训练，充分利用胸腔、腹腔和头腔的共鸣，以使声音更加饱满。
3	说话声音非常平淡	主要原因是音调缺乏变化，说话时可注意依据不同内容投入不同的感情，以使音调富于变化和表现力。
4	发音含糊	主要原因是唇舌在发音过程中运动不到位，平常应注意锻炼唇舌的力度。

续表

序号	症状	病因及处方
5	发音混杂	主要原因是重音处理不合适，通常是没有明确地体现出重音，应练习语流停连，加强重音辨别与发声。
6	……	……

（注：与声音相关的具体练习方法将在本章第二、三、四节进行详细介绍。）

三、"修炼"声音

日常生活中，我们会对他人的整体形象产生第一印象，比如有的人衣着得体、风度翩翩，而有的人却是不修边幅、邋里邋遢，其实声音也是一样，特别是人们在各种社交场合中进行口语表达时，声音的好坏在某种程度上会影响他人对自己的第一印象。正如人们可以通过读书学习陶冶情操来改变自身气质一样，声音也是可以通过"修炼"来改善的。

《黄帝阴符经》有云："知之修炼，谓之圣人。"具体到"修炼"声音来说，练习者可以通过多种途径进行声音的训练，在宏观层面上说，修炼声音可以从心理、情感和语感三方面着手；在微观层面上，则需要对吐字与气息、重音与停顿以及连接与表现等进行训练。

在心理层面上，口语表达者要具备正常的心理状态。有的人天生嗓音好，因而在口语表达时往往会表现得更为自信；有的人觉得自身嗓音条件不好而在口语表达时表现出紧张、不自信的状态。在心理层面对声音进行"修炼"就是要克服紧张的心理状态，只要准备开口说话就应该有底气、有信心，以积极的状态和饱满的精神进行口语表达。

在情感层面上，口语表达者要注意说话的情景和场合，注意情感的投入和调整。声音具有传情达意的功能，说话人要能根据不同的场合进行情感的选择，把握好声音的分寸。在说话的过程中，特别需要注意说话人和听话人的身份，因为不同的身份有着不同的社会意义。

在语感层面上，"修炼"声音就是对语感的获得和对语感的掌控与延续。尽管语感二字听起来十分玄妙，但其背后是有特定的规律和技巧的。语感的修炼需要长期的话语实践，可能有人会有疑问：一个人从会说话那一刻开始，基本上每天都在进行着话语实践，可为什么还是觉得缺乏语感，话说不到一起去？一个原因是，说话者在话语的实践过程中缺少倾听和比照。语感可以通过关注别人说话的方式来获得，在倾听的过程中应注意分析和思考对方口语表达的成功或失败之处，做到"见贤思齐，见不贤而内自省也"。在倾听的基础上还可进行情景模拟练习，比如模拟不同身份的人在不同场合的说话方式。

实战演练

1. 尝试朗读下列歌词或台词，让你的声音好听悦耳，同时注意感情的把握。

我爱你中国

作词：瞿琮　作曲：郑秋枫

百灵鸟从蓝天飞过，我爱你中国
我爱你中国，我爱你中国
我爱你春天蓬勃的秧苗，我爱你秋日金黄的硕果
我爱你青松气质，我爱你红梅品格
我爱你家乡的甜蔗，好像乳汁滋润着我的心窝
我爱你中国，我爱你中国
我要把最美的歌儿献给你，我的母亲我的祖国
我爱你中国，我爱你中国
我爱你碧波滚滚的南海，我爱你白雪飘飘的北国
我爱你森林无边，我爱你群山巍峨
我爱你淙淙的小河，荡着清波从我的梦中流过
我爱你中国，我爱你中国
我要把美好的青春献给你，我的母亲我的祖国
啊……
我要把美好的青春献给你，我的母亲我的祖国

北京欢迎你

作词：林夕　作曲：小柯

迎接另一个晨曦，带来全新空气，气息改变情味不变，茶香飘满情谊
我家大门常打开，开放怀抱等你，拥抱过就有了默契，你会爱上这里
不管远近都是客人请不用客气，相约好了在一起，我们欢迎你
我家种着万年青，开放每段传奇，为传统的土壤播种，为你留下回忆
陌生熟悉都是客人请不用拘礼，第几次来没关系，有太多话题
北京欢迎你，为你开天辟地，流动中的魅力充满着朝气
北京欢迎你，在太阳下分享呼吸，在黄土地刷新成绩
我家大门常打开，开怀容纳天地，岁月绽放青春笑容，迎接这个日期
天大地大都是朋友请不用客气，画意诗情带笑意，只为等待你
北京欢迎你，像音乐感动你，让我们都加油去超越自己
北京欢迎你，有梦想谁都了不起，有勇气就会有奇迹

精忠报国

作词：陈涛　作曲：张宏光

狼烟起，江山北望
龙起卷，马长嘶，剑气如霜
心似黄河水茫茫
二十年，纵横间，谁能相抗
恨欲狂，长刀所向
多少手足忠魂埋骨他乡
何惜百死报家国
忍叹惜，更无语，血泪满眶
马蹄南去，人北望
人北望，草青黄，尘飞扬
我愿守土复开疆
堂堂中国要让四方
来贺

电视剧《大明宫词》台词节选

生活，这就是我的生活！我第一次自觉地对命运发出如此任性的旨意，这一次的任性是由于我早已钦定的爱人失而复得，如同正午的阳光那样热烈充实，并且势不可当。我还揣着飞蛾扑火一般的莽撞坠入爱情。薛绍等于快乐，等于我的生活，在重逢后的日子里，我动用全部的智慧和想象在脑中反复演绎着这个迷人的公式，直到那一天，我确认这就是关于大唐公主的命运的真理。那曾经漫无目的的浮艳生活从此将具有沉实的走向，从而真正与我的幸福发生情感上的联系。

电影《阿甘正传》台词节选

别以为我什么也不记得，我仍旧跟大家一样有梦想，偶尔我也会想，换一个人生会是什么样。眨眼我就四十、五十、六十岁了。我或许是个白痴，但是，我多半岁月都在努力做对的事——梦想终究只是梦想，不说别的，我认为，我永远都可以回顾过去，然后跟自己说，起码我的人生过得并不乏味。

2. 情景模拟练习，请想象以下情景并模仿人物的说话方式。

情景 1. 小学老师批评班上一位成绩好但爱迟到的女班干部

老师："要是你上课不迟到，也像学习上一样给其他同学带好头，那同学们会更钦佩你的！相信你一定能做到！"

情景 2. 家长看到孩子取得进步时

家长:"孩子啊,你真的长大了,你进步时,我高兴的心情无法说出口,不过,你可不要太骄傲哦。"

情景 3. 母亲给孩子讲睡前故事

象鼻子桥

森林中有一条小小的河。河不宽,小猴子、小狗熊一跃就过去了,可小白兔、小老鼠就不行,他们太小了,跳不过河去,常待在河边发愁。

大象看见了,心想,"我该帮帮他们呀"。他住到小河边上。小动物要过河,他就用长长的鼻子把他们卷起来,送到河对岸。

小白兔、小老鼠可高兴了。"让大象的鼻子卷着,就像坐飞机一样,飞到河对岸了。"他们常这么对小猴子、小狗熊说。

小猴子、小狗熊听了好羡慕,他们来到河边,装出生病的样子。大象看见了,赶紧把他们送到河对岸,让他们去医院看病。

"真的很舒服,很好玩。"小猴子、小狗熊悄悄地商量,"以后,咱们也让大象送过河。"

大象心肠好,不计较。可小狗熊太重了,大象用长鼻子卷起他,觉得很吃力。没几天,大象就觉得长鼻子酸酸的,很难受。他到医院去看病了。

呀,这下糟了,没人送大家过河了。

"都是你们,自己会过河,还要大象送,把大象累病了。"小白兔一埋怨,小狗熊和小猴子的脸红了。

"咱们不能老是让大象送,咱们该在河上架桥。"小猴子想了个主意。

"对！对！我这就去砍树!"小狗熊说着跑了。

"咱们把桥做成象鼻子的样子,这样,从桥上走过,就会觉得还像坐在象鼻子上。"小白兔说。

于是,小老鼠在小狗熊砍来的树干上啃呀啃,啃成个象鼻子的样子,真有趣。然后,大家齐心协力,把桥架上小河。现在过河真方便。

大象看完病,急急忙忙赶回来,他惦记着小动物呢。远远地,他看见小河上有个弯弯的东西,那是什么?大象走近一看,啊,原来是座象鼻子桥!

"现在不需要你送我们过河了。"小动物们笑盈盈地对大象说,"不过,我们希望你还和我们住在一起,我们需要你这个热心的大朋友!"

大象卷起长鼻子,高兴地点点头说:"好！好！我一定还和你们住在一起。"

情景 4. 模仿你所在城市的火车站、飞机场、地铁列车或公交车的报站语音。以下内容供参考。

(1)旅客们,你们好。由西安北开往北京西的 G666 次列车已经开始检票了,有乘坐 G666 次列车的旅客,请整理好自己的行李物品,到 A5、B5 检票口检票进站。持有蓝色磁质车票的旅客，请通过闸机通道检票进站，进站时，请车票票面向上插入投票口，从闸机上方出票口拿起车票，待闸机门开启后通过；持有红色普通车票的旅客，请通过人工检票通道验票进站。（西安北客站语音广播）

(2)去往海口的旅客请注意，您乘坐的 HU7382 航班，现在开始登机了，请带好您的随身物品，出示登机牌，由 A07 号登机口上飞机，谢谢，祝您旅途愉快。（北京首都国际机场语音广播）

(3)列车运行前方是崇文门站，下车的乘客请提前做好准备。崇文门站是换乘车站，换乘地铁 5 号线的乘客，请从崇文门站下车。（北京地铁 2 号线报站）

(4)车辆起步请扶稳坐好！刚上车的乘客请往里走，没卡乘客请投币（请买票），前方到站是：颐和园北宫门。颐和园北宫门到了，请您从后门下车（下车请刷卡）。（北京公交车报站语音）

第二节 吐字与气息

核心提示

吐字要做到出字如弹簧、立字如圆珠、归音如快刀，整个过程中都应该控制好力度。日常的呼吸是一种自发的无意识生理行为，而口语表达中的气息控制则需要有意识的调整。气息控制得好可以对音色进行美化，也可使说话较为省力，因此，要尽量做到“吸气一大片，呼气一条线；气断情不断，声断意不断”。

一、吐字

吐字在口语表达的过程中占有十分重要的地位，如果吐字含混、不够清晰往往会给听众造成听觉上的困难，影响口语表达信息传递功能的发挥。练习吐字，我们可以借鉴播音员的训练方法。通常来说，吐字的过程可以分三个部分，分别是出字、立字和归音，或者称为字头、字腹和字尾三个阶段的发音。字头、字腹、字尾三部分构成了一个音节，一般来说，声母和韵头的发音就是字头，韵腹的发音是字腹，韵尾的发音是字尾。

力度是吐字中重要的因素，力度的大小及集中程度都影响着字头、字腹和字尾的发音。有人做过这样一个形象的比喻，咬字就像母老虎叼着小老虎，叼的力度要适中，如果力度过大，小老虎会被咬伤甚至被咬死，如果力度过小，则很有可能叼不住小老虎。

笔者将清晰吐字的步骤总结为三步：

第一步：出字如弹簧。

所谓出字是指在吐字过程中对字头的发音处理。对字头的处理直接影响到听众的第一听觉印象，同时也决定着吐字的质量。一般而言，有力的出字要做到一“紧”一“松”。

“紧”是指字头要能够蓄住气，通过积蓄一定的气为后面的发声提供动力，字头的声母蓄气要确保肌肉处于紧张状态。“松”是指气息的释放，要求出字的气息释放要轻巧，不优柔寡断。一“松”一“紧”的出字给人的感觉像是伸缩的弹簧，张弛有度，伸缩自如。

出字的过程关系到声音的响亮程度，有的人说话让人感觉“软绵绵”的，听久了会觉得十分乏味，而有的人说话咬牙切齿，让人觉得说话特别冲，这些情况的出现在很大程度上是由出字的过程决定的。我们所说的吐字，其重点在“吐”，而吐字的过程其实就是口腔先收紧后放松的过程。如果收得不够紧又松得较为缓慢，那么吐出的字会让人觉得纤细无力；如果收得过于紧，也放得不够松，那么吐字给人的感觉就非常生硬。

第二步：立字如圆珠。

出字的过程强调松紧的关系，而立字则需要注意吐字的饱满度。立字的过程直接决定着吐字的响亮程度，立字要真正能够使字“立”起来，像圆珠一样给人以饱满的感觉。立字应像“嘈嘈切切错杂弹，大珠小珠落玉盘”那样，每一个字都掷地有声，字音立体圆润。

字腹通常是指韵腹，韵腹一般要求口腔打开。特别需要强调的是，立字时的口腔动作不应只是大张着，而应有一种“竖”的姿态以使声音凸显出立体感。立字还应有一种滑动意识，以体现出发音的灵活，切不可只是一味地张大嘴，这将导致立字的死板僵化。

第三步：归音如快刀。

归音的过程是针对字尾而言的，字尾处在音节的末端，是吐字过程中的收束过程。经历出字的气息迸发和立字的圆润挺立，归音的力度是一个逐渐放松的过程，直至声音的终止。

归音应像快刀斩乱麻那样到位而果断，但应优先确保吐字过程的完整性。在发音实践中，人们最容易犯的错误是“不归音”，尽管说话者的出字、立字环节都做得恰到好处，而归音环节的遗漏或失当，却会导致整个发音过程的失败，出现虎头蛇尾的感觉。

整体而言，吐字要做到出字如弹簧、立字如圆珠、归音如快刀，整个过程中都应该控制好力度。

延伸阅读

练习唇舌力度的口部操

表 2.2.1　　口部操

节数	名称	动作要领
第一节	打响	紧闭双唇，力量集中在唇中央三分之一处，唇齿相依不裹唇，然后发爆破声，如“b”“p”音。练习发音：ba，pa，bo，po，bi，pi，bu，pu，bao，pao，bai，pai，bei，pei，pou。
第二节	噘展	向前噘起双唇，向嘴角两边展开双唇。
第三节	噘包	向前噘起双唇，然后分别向左右歪，向上下抬压。

续表

节数	名称	动作要领
第四节	噘绕	噘起双唇，然后向左向右分别做 360°的旋绕运动。
第五节	伸舌	张开嘴巴，尽可能将舌头向前伸，反复多次。
第六节	顶舌	紧闭嘴巴，用舌头顶左右脸颊。
第七节	绕舌	舌头在唇齿之间顺时针、逆时针旋绕。
第八节	立舌	舌头上翘立起，重复多次。
第九节	弹舌	舌尖轻触上齿根部。练习发音：d，t，n，l，da，ta，na，la，de，te，ne，le，di，ti，ni，li，du，tu，nu，lu，nü，lü，dao，tao，nao，lao，dai，tai，nai，lai，dei，tei，nei，lei，dou，tou，nou，lou。

实战演练

朗读下列各组汉字，做到吐字清晰。

第一组

黑　陈　绒　免　抓　黯　肿　厩　出　轮　尊　辞　旷　之　告　捆　司　岛　伸
密　否　发　鸣　拽　拒　抹　儿　透　藏　爹　凉　踹　趣　德　骇　着　琼　快
绢　符　灾　版　横　搅　泳　瑞　玄　瑟　哀　谈　牛　铺　髓　群　饿　备　干
脓　柳　服　灌　寻　自　肥　仁　敌　评　托　黄　乃　叩　封　戒　巷　桂　薛
乐　同　嗜　抄　纲　瞎　饼　挫　屡　薄　日　缫　尚　齿　召　胖　骑　拎　挪

第二组

捺　卡　擦　波　佛　涡　割　赦　惹　测　紫　刺　丝　翅　拾　尔　派　改　崽
美　非　贼　昭　拢　凿　否　扣　抽　凑　氮　蘸　燃　苯　愤　刃　棒　党　涨
耕　呈　圣　憎　统　供　融　戚　当　什　夹　下　瞥　选　列　漂　鞘　扭　六
修　免　扒　波　刹　芽　舌　息　泼　扯　而　胎　微　参　喝　概　迟　保　乃
飞　呆　拭　蹈　扣　揍　尊　潘　彭　凿　丛　供　垦　充　加　横　仁　叠　当

第三组

霸　内　构　陈　尚　开　脾　滋　别　则　察　颇　发　然　忙　蹬　割　贾　踏
铁　交　硫　往　采　辞　肾　织　匠　墨　缝　得　横　闷　晒　丝　遮　贯　费
绕　云　散　密　票　恋　翁　替　碟　薪　评　巨　琼　桦　衰　锁　婴　窘　脆
幸　谎　选　峦　劝　略　堆　旷　轮　桂　灌　宾　草　祥　读　掘　却　取　吃
溶　北　胆　敲　救　拈　总　式　峡　抓　洛　踹　夹　帛　调　默　兰　资　德

二、气息

做到吐字清晰后，下一步就是将单独的字串联成一句完整的话，气息在此过程中正如一根链条串联起每一个单字。俗话说，“气者，音之帅也”，口语表达的过程可以说是气息主导下的发声。第一章曾介绍过人体的主要发声器官，这些器官基本上也是气息流经的地方，气息在整个发音系统中往来穿梭。

在说话的过程中，有些人会觉得气不够用，即俗称的“上气不接下气”，这其实就是气息不畅。为了使说话时的气息保持通畅，可以通过练习来改善个人使用气息的习惯。日常的呼吸是一种自发的无意识生理行为，而口语表达中的气息控制则需要有意识的调整。气息控制得好可以对音色进行美化，也可使说话较为省力。

具体的呼吸过程主要有胸式呼吸、腹式呼吸和胸腹联合式呼吸。胸式呼气，气息较浅，不易控制，说话时如果长时间使用胸部呼吸会使声带疲劳。腹式呼气，气息较深，吸气时腹部会向外凸起，然而腹式呼吸会导致音色显得较闷。胸腹联合式呼吸是将气息吸进肺部底端，随着气息量的增大，腰腹部的肌肉收紧，便使得力量集中在丹田位置（脐下三指），进而使呼出的气息平稳均衡，即俗话所说的“吸气一大片，呼气一条线；气断情不断，声断意不断”。

此外，气息也有节奏，气息的节奏有平稳或急促的差别，在不同的情境中应采用不同的气息节奏。

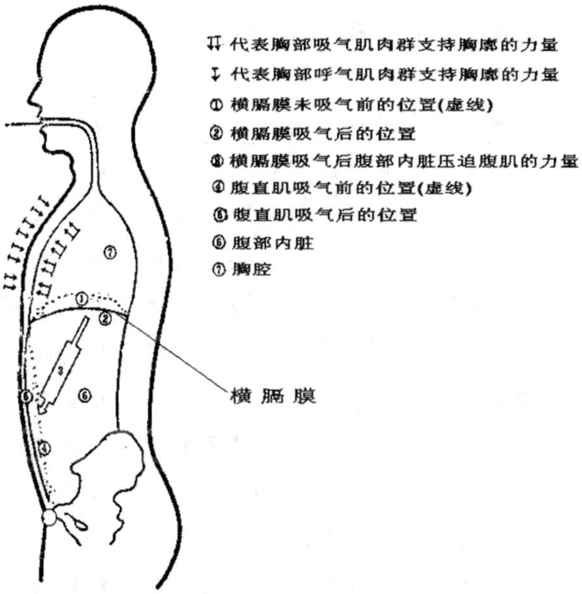

图 2.2.2　胸腹联合式呼吸示意图

实战演练

1. 吸气呼气练习。

(1)吸气发“ɑ”声，注意控制时长，可改变节奏进行练习。

(2)闻花香，可以想象面前有一朵鲜花，对着花猛地吸气再缓慢吐出。

(3)练习胸腹联合式呼吸，感受丹田对气息的控制力量。

2. 深吸一口气，朗读百家姓，开始的时候可以多换气，随后加快速度，减少换气次数，但要一直确保气息流畅。

百家姓

赵钱孙李 周吴郑王 冯陈褚卫 蒋沈韩杨
朱秦尤许 何吕施张 孔曹严华 金魏陶姜
戚谢邹喻 柏水窦章 云苏潘葛 奚范彭郎
鲁韦昌马 苗凤花方 俞任袁柳 丰鲍史唐
费廉岑薛 雷贺倪汤 滕殷罗毕 郝邬安常
乐于时傅 皮卞齐康 伍余元卜 顾孟平黄
和穆萧尹 姚邵湛汪 祁毛禹狄 米贝明臧
计伏成戴 谈宋茅庞 熊纪舒屈 项祝董梁
杜阮蓝闵 席季麻强 贾路娄危 江童颜郭
梅盛林刁 钟徐邱骆 高夏蔡田 樊胡凌霍
虞万支柯 昝管卢莫 经房裘缪 干解应宗
丁宣贲邓 郁单杭洪 包诸左石 崔吉钮龚
程嵇邢滑 裴陆荣翁 荀羊於惠 甄曲家封
芮羿储靳 汲邴糜松 井段富巫 乌焦巴弓
牧隗山谷 车侯宓蓬 全郗班仰 秋仲伊宫
宁仇栾暴 甘钭厉戎 祖武符刘 景詹束龙
叶幸司韶 郜黎蓟薄 印宿白怀 蒲邰从鄂
索咸籍赖 卓蔺屠蒙 池乔阴郁 胥能苍双
闻莘党翟 谭贡劳逢 姬申扶堵 冉宰郦雍
郤璩桑桂 濮牛寿通 边扈燕冀 郏浦尚农
温别庄晏 柴瞿阎充 慕连茹习 宦艾鱼容
向古易慎 戈廖庾终 暨居衡步 都耿满弘
匡国文寇 广禄阙东 欧殳沃利 蔚越夔隆
师巩厍聂 晁勾敖融 冷訾辛阚 那简饶空
曾毋沙乜 养鞠须丰 巢关蒯相 查后荆红
游竺权逯 盖益桓公 万俟司马 上官欧阳
夏侯诸葛 闻人东方 赫连皇甫 尉迟公羊
澹台公冶 宗政濮阳 淳于单于 太叔申屠
公孙仲孙 轩辕令狐 钟离宇文 长孙慕容
司徒司空 百家姓终

第三节　重音与停顿

核心提示

重音的使用往往也是说话者主观感情意志表达的需要，说话者可以通过突出句子中的重音使听话者感受到特别的含义。对说话者来说，停顿是说话者换气的需要，是说话者意义转换的需要；对于听话者来说，停顿是消化信息的需要，也是心理接受的需要。

一、重音

在长期的历史发展演变中，人们对声音的轻重形成了约定俗成的规范。重音的存在使得口语表达的声音在听觉上更富变化，重点词语以重音的形式突出强调能够引起人们的注意。除了在听觉上的作用外，重音的使用往往也是说话者主观感情意志表达的需要，说话者可以通过突出句子中的重音以使听话者感受到特别的含义。

这里我们还要区分词语本身的轻重以及语句中不同词语的轻重。词语的音节并非具有相同的音量，那些较轻的音称为轻音，较重的音称为重音，处于轻音与重音之间的音叫作中音，双音节词、三音节词和四音节词分别有约定俗成的轻重读法。如“阅读”一词，“阅”字为中音，“读”字为重音；又如“小姑娘”一词，“小”字为中音，“姑”字为重音，“娘”字为轻音；再如“耳濡目染”一词，“耳”字为中音，“濡”字为重音，“目”字为中音、“染”字为重音。

以上词语的轻、重、中音的读法是由读音习惯决定的，为了确保发音的准确，说话者应该注意这些词语读法的细微差异。在普通话词语中，有些词语字形完全一样，但由于轻重音的处理不同会产生完全不同的意思。在本书第一章第一节的“实战演练”中，笔者曾列出了几组字形一样，但因音强不同而含义不同的词语。

例如“大意—大意”，重读“大”，则该词的意思是粗心马虎；而如果重读“意”，则该词的意思是主要内容、核心思想。“报告—报告”，“报”“告”二字均重读是指下级对上级说话的请求；而重读“告”字则是指一种书面文体，一般是在相对正式的场合用来说明某种情况。“地道—地道”，重读“道”字是指某种地下设施，如车流量大的市区道路修建地道供行人穿行，战争年代修建地道以作防御需要；重读“地”字，“地道”一词的含义是味道正宗或某人的语音像当地人，如“这家餐馆做的烤鸭非常地道”，“他英文说得非常地道”。

以上是对词语本身的轻重读法的阐述。在实际语言实践中，我们常常会遇到在一句话中因表情达意的需要而特意重读某一词语的情况，这就是我们所说的句中词语重读。第一章第一节的实战演练也涉及了句中词语重读的案例：

A. 这栋楼建于上世纪六十年代。

B. 这栋楼建于上世纪六十年代。

C. 这栋楼建于上世纪六十年代。

D. 这栋楼建于上世纪六十年代。

E. 这栋楼建于上世纪六十年代。

同样的一句话因为重读的词语不同可以表现出截然不同的含义。A句重读的是“这栋”二字，强调到底是哪座楼建于上世纪六十年代，强调的结果是这栋楼，而不是那栋楼，也不是其他的什么楼。B句重读“楼”字，说明说话者强调的是这栋“楼”本身这样一个物理存在，强调是为了对比和突出，可以大胆推测的是，说话者在说完“这栋楼建于上世纪六十年代”这句话后，很可能会提到与楼相对应的其他事物或人物，如楼前面新修的马路或者这栋楼里现在住着的人。C句强调“建于”二字，这是突出表现楼的建筑过程，同样可以大胆推测，说话人可能会在接下来的话语中提到“拆除”等与“建于”相对的字眼。D句强调的是“上”字，说话者的意图是告诉听话者，这栋楼是上世纪建造的，而不是本世纪或上上世纪。E句突出强调的是“六十”二字，对年代时间的强调旨在告诉听话者这栋楼建造的时代背景，“六十”年代有六十年代的社会背景，不同于四十年代、五十年代、七十年代、八十年代等。

二、停顿

如同在写文章时需要使用逗号、分号或句号来表明一句话暂时或永久的终止一样，口语表达中也需要有“标点符号”来对一个整体的句子进行分割。人们的语言输出受大脑思维的影响，没有人能够毫无间歇地无休止说话，也就是说，在话语表达中需要适当的停顿以总结上一段意义的表述并开启下一段意义的表达。

对说话者来说，停顿是说话者换气的需要，是说话者意义转换的需要；对于听话者来说，停顿是消化信息的需要，也是心理接受的需要。掌握口语表达中停顿的方式和技巧有利于调节话语输出的节奏，能够营造话语输出时所需要的特定氛围并产生造势的效果。如：

其实人的一辈子都有某些东西束缚着我们，不管是贫困生活还是社会地位，不管是传统习俗还是法律条文。生命的抗争就是在束缚中跳出美丽舞蹈的过程。没有束缚的生命反而显得轻浮而没有分量，生命的束缚和挣脱束缚的努力，使我们的生命变得厚重而美丽。

上面这段话出自新东方创始人之一俞敏洪的演讲《挣脱生命的束缚》，尽管文字稿中已有明确的标点符号，但在实际的口语输出过程中，说话人还需要结合现场的气氛、自身的体会等实际情况做出适当的停顿。比如，“其实人的一辈子都有某些东西束缚着我们”，该句中可在“其实”二字后面进行停顿以引起听众的注意，这样做同时也可为自己之后更加强烈的感情投入寻找一个契机。“人”字后也可做一停顿，这是为了突出句子强调的主体是人，而非除人以外的其他动物。“不管是贫困生活还是社会地位，不管是传统习俗还是法律条文”，该句中“不管”以及“还是”之后做停顿能够完成感情色彩上的起承转合。“没有束缚的生命反而显得轻浮而没有分量”，对这一句的处理可以选择在“反而”前后停顿以突出强调“反而”前后的意义转折。“生命的束缚和挣脱束缚的努力，使我们的生命变得厚重而美丽”，在这一句中，尽管“和”字能够起到并列连接的作用，但出于表达强调的需要，还是应该在“和”字前后做出语气上的停顿。此外“厚重而美丽”之前也可适当停顿，停顿的目的是更加突出强调应该追求“厚重而美丽”的生命。

参照以上的停顿处理方式可以继续对这篇演讲稿进行口语表达上停顿的处理，下面是对《挣脱生命的束缚》一文中另一段文字的停顿处理，其中符号“/”表示声音的停顿。

当/有了一定的社会地位之后，人们/就开始要求/精神的解放、心灵的自由，希望/摆脱社会/对于自己心灵和精神的/限制，这是/更高层面的生命抗争(当然有些伟人可以越过贫困和社会地位的障碍直接进入追求精神解放的境界)。人/生而平等这句话表达的/不仅仅是一个社会地位问题，也是/一个精神自由问题，民主诉求的实质/是摆脱思想束缚，获得精神平等。当/我们发现现实世界的很多束缚/不可挣脱时，我们希望/自己的心灵得到/解放，而这一挣脱心灵中各种束缚的过程/正是/伟大文学和哲学思想产生的过程。人们/进行文学和哲学思考的主要目的/就是为了解放自己的情感，同时获得/通向幸福和自由的/路径。

图 2.3.1　新东方创始人俞敏洪

实战演练

1. 朗读下列写景抒情类的古诗词，注意诗词中词语本身的重音以及语句中词语的重音。

岳阳楼记

范仲淹

庆历四年春，滕子京谪守巴陵郡。越明年，政通人和，百废俱兴，乃重修岳阳楼，增其旧制，刻唐贤今人诗赋于其上。属予作文以记之。

予观夫巴陵胜状，在洞庭一湖。衔远山，吞长江，浩浩汤汤，横无际涯；朝晖夕阴，气象万千。此则岳阳楼之大观也，前人之述备矣。然则北通巫峡，南极潇湘，迁客骚人，多会于此，览物之情，得无异乎？

若夫霪雨霏霏，连月不开，阴风怒号，浊浪排空；日星隐曜，山岳潜形；商旅不行，樯倾楫摧；薄暮冥冥，虎啸猿啼。登斯楼也，则有去国怀乡，忧谗畏讥，满目萧然，感极而悲者矣。

至若春和景明，波澜不惊，上下天光，一碧万顷；沙鸥翔集，锦鳞游泳；岸芷汀兰，郁郁青青。而或长烟一空，皓月千里，浮光跃金，静影沉璧，渔歌互答，此乐何极！登斯楼也，则有心旷神怡，宠辱偕忘，把酒临风，其喜洋洋者矣。

嗟夫！予尝求古仁人之心，或异二者之为，何哉？不以物喜，不以己悲；居庙堂之高则忧其民；处江湖之远则忧其君。是进亦忧，退亦忧。然则何时而乐耶？其必曰“先天下之忧而忧，后天下之乐而乐”乎？噫！微斯人，吾谁与归？

时六年九月十五日。

与朱元思书

吴均

风烟俱净，天山共色。从流飘荡，任意东西。自富阳至桐庐一百许里，奇山异水，天下独绝。

水皆缥碧，千丈见底。游鱼细石，直视无碍。急湍甚箭，猛浪若奔。

夹岸高山，皆生寒树，负势竞上，互相轩邈，争高直指，千百成峰。泉水激石，泠泠作响；好鸟相鸣，嘤嘤成韵。蝉则千转不穷，猿则百叫无绝。鸢飞戾天者，望峰息心；经纶世务者，窥谷忘反。横柯上蔽，在昼犹昏；疏条交映，有时见日。

兰亭集序

王羲之

永和九年，岁在癸丑，暮春之初，会于会稽山阴之兰亭，修禊事也。群贤毕至，少长咸集。此地有崇山峻岭，茂林修竹；又有清流激湍，映带左右，引以为流觞曲水，列坐其次。虽无丝竹管弦之盛，一觞一咏，亦足以畅叙幽情。是日也，天朗气清，惠风和畅，仰观宇宙之大，俯察品类之盛，所以游目骋怀，足以极视听之娱，信可乐也。

夫人之相与，俯仰一世，或取诸怀抱，悟言一室之内；或因寄所托，放浪形骸之外。虽趣舍万殊，静躁不同，当其欣于所遇，暂得于己，快然自足，不知老之将至。及其所之既倦，情随事迁，感慨系之矣。向之所欣，俯仰之间，已为陈迹，犹不能不以之兴怀。况修短随化，终期于尽。古人云："死生亦大矣。"岂不痛哉！（"不知老之将至"一作"曾不知老之将至"）

每览昔人兴感之由，若合一契，未尝不临文嗟悼，不能喻之于怀。固知一死生为虚诞，齐彭殇为妄作。后之视今，亦犹今之视昔。悲夫！故列叙时人，录其所述，虽世殊事异，所以兴怀，其致一也。后之览者，亦将有感于斯文。

2. 重读句中不同的加着重号的词语，分析讨论不同的重读对句子的意思表达有什么不同影响。

(1)A **中国人**每秒钟花 3 万元出境旅游。

B 中国人**每秒钟**花 3 万元出境旅游。

C 中国人每秒钟**花** 3 万元出境旅游。

D 中国人每秒钟花**3 万元**出境旅游。

E 中国人每秒钟花 3 万元**出境**旅游。

F 中国人每秒钟花 3 万元出境**旅游**。

(2)A"**黄金周**"前三天北京抓获 48 名票贩子。

B"黄金周"**前三天**北京抓获 48 名票贩子。

C"黄金周"前三天**北京**抓获 48 名票贩子。

D"黄金周"前三天北京抓获**48 名**票贩子。

E"黄金周"前三天北京抓获 48 名**票贩子**。

(3)A **这**是中国的观测者今年能观察到的唯一一次月食现象。

B 这是**中国**的观测者今年能观察到的唯一一次月食现象。

C 这是中国的**观测者**今年能观察到的唯一一次月食现象。

D 这是中国的观测者**今年**能观察到的唯一一次月食现象。

E 这是中国的观测者今年**能**观察到的唯一一次月食现象。

F 这是中国的观测者今年能**观**察到的唯一一次月食现象。

G 这是中国的观测者今年能观察到的**唯一一次**月食现象。

H 这是中国的观测者今年能观察到的唯一一次**月食现象**。

(4)A **兵马俑**游客带对讲机联络,怕手机没信号失联。

B 兵马俑**游客**带对讲机联络,怕手机没信号失联。

C 兵马俑游客**带**对讲机联络,怕手机没信号失联。

D 兵马俑游客带**对讲机**联络,怕手机没信号失联。

E 兵马俑游客带对讲机**联络**,怕手机没信号失联。

F 兵马俑游客带对讲机联络,**怕**手机没信号失联。

G 兵马俑游客带对讲机联络,怕手机**没信号**失联。

H 兵马俑游客带对讲机联络,怕手机没信号**失联**。

(5)A **我**没说他反对你对这篇文章作者态度的理解。

B 我**没说**他反对你对这篇文章作者态度的理解。

C 我没说**他**反对你对这篇文章作者态度的理解。

D 我没说他**反对**你对这篇文章作者态度的理解。

E 我没说他反对**你**对这篇文章作者态度的理解。

F 我没说他反对你对**这篇文章**作者态度的理解。

G 我没说他反对你对这篇文章**作者态度**的理解。

H 我没说他反对你对这篇文章作者态度的**理解**。

3. 以下三条是中央电视台新闻节目的开场白文稿,请模拟播音员对之进行播报,可在文稿中用标记符号“/”表示声音的停顿以提醒自己做适当的停顿处理。

(1)观众朋友,晚上好,欢迎走进正在直播的《新闻 1+1》。在节目的开始,先让大家看两个词:“有偿新闻”和“有偿不闻”。“有偿新闻”好理解,就是有一些企业愿意花钱让媒体给自己做一些有利于自己的新闻,让自己有曝光率。“有偿不闻”,望文生义可以理解为企业花钱让媒体保持沉默。说得更直白一点,当媒体握有企业负面新闻的时候,如果企业肯花点钱,那么媒体就可以让这些负面新闻消失,让自己保持沉默。有道是沉默是金,而这金还不少。我相信卡莱尔当时说“沉默是金”的谚语的时候,一定没有想到有一天这个词会如此解读。

(节选自 2014 年 9 月 11 日中央电视台《新闻 1+1・21 世纪网的“沉默是金”!》)

(2)人们生活在社会中难免会发生这样那样的矛盾冲突。处理好了,冰雪可以化作春水,干戈可以化成玉帛;要是处理不好呢?小事能变成大事,大事甚至还能变成大祸。前不久一则“峨眉山观光车司机超车 眼珠被打爆”的帖子在网上热传。其中的一些帖子爆料称:9 月 14 日下午 6 时 35 分,峨眉山景区龙门洞路段一辆北京牌照的路虎车与一辆四川牌照的观光大巴车发生剐蹭之后,路虎车上 10 多个人围殴大巴车司机,“眼珠被打爆”“北京牌照的豪车”成了这起事件中的关键词。

(节选自 2014 年 9 月 26 日中央电视台《焦点访谈・峨眉山打人事件始末》)

(3)晚上好，欢迎您收看正在直播的《新闻 1+1》。动批也就是北京市动物园服装批发市场，对于很多北京人来说真是一个好去处，因为它既时尚又便利而且还便宜。它在北京市的市中心，这个市场成型于上个世纪的 80 年代，到现在已经有 30 多年的历史了，我们不妨看一看它到底有多大。首先占地面积不大，0.8 平方公里，总建筑面积 30 万平方米，它有摊位，大概是 1.3 万个，涉及从业人员 3 万人，而日均的客流量是很大的，超过 10 万，物流的企业有 20 余家。从这些数字可以看到，它地方不大但是它的容量很大，客流量大，而且商铺众多。可以想象，涉及这样的一个地方，如果它搬迁的话会牵涉到方方面面的利益，而且会非常的复杂。

从去年开始就有传言说这个地方要搬迁了，我们不妨看一下从去年到现在的一些媒体的标题，你看，“北京动物园批发市场外迁，或分流 10 万”，“动批外迁计划怎么搬，何时搬”，“动批搬迁尚无具体时间表”，“天津加入承接北京，竞争外迁批发市场”等等等等，你可以看到，很多事情是不能肯定的，比如说什么时候搬，往哪儿搬，但是有一点是可以肯定的，那就是肯定会搬，因为动物园批发市场目前的功能跟北京市中心发展的功能定位明显不相符，它不具有可持续发展的这种可能性。那么接下来的问题是涉及千千万万商户利益的这么一个市场的搬迁，它同时又在落实国家京津冀一体化的这么一个宏大的战略方针，这两者之间到底应该怎么协调？

(节选自 2014 年 9 月 16 日中央电视台《新闻 1+1 · 北京“动批”：搬迁？转移？还是升级？》)

第四节　连接与表现

核心提示

声音的节奏随各类因素变化的关系，我们称为口语表达发声的连接。连接意识的树立需要说话者能够做到“气随情动，声随情变”。声音的表现力是指说话者通过发声传情达意的能力，也可以理解为声音的感染力或声音的魅力。声音表现力的提升可通过共鸣发声、语调升降以及词语变化的方式来实现。

一、连接

受说话内容要义、思想情感、现场环境和人物身份等实际因素的影响，口语表达者的发声会产生节奏的变化。声音的节奏大致可以分为几组关系，包括高与低、强与弱、粗与细、实与虚等。也有学者将声音的这种变化称为声音的弹性。

声音的节奏是一个因变量，导致声音节奏变化的因素(自变量)众多，在这些众多因素与声音的节奏变化之间有类似于函数关系的关联，这种声音节奏随各类因素变化的关系，即称为口语表达发声的连接。

在口语表达的实践过程中，并不是所有说话者都具有连接的意识，连接意识的树立需要说话者能够做到“气随情动，声随情变”。可见，发声的连接需要说话者驾驭好气与情的关系。有时，我们会觉得某人说话总在一个频率上，其声音听来容易让人觉得厌倦，或者让人觉得说话者没有感情，这类问题都是源于说话者对气与情的连接处理不当或是对上一情绪和下一情绪的连接处理不当。“气情关系”是声音可变性的逻辑基础，对“气情关系”的处理和运用能够增强声音的对比性和层次性。

如果说在日常生活的对话中，气情的连接是一种不自觉的表现，那么在正式场合的演讲则需要讲话者能够妥善处理好气与情之间的连接，而这种连接最终表现为声音节奏的变化。下文摘自2013年韩国总统朴槿惠在清华大学的演讲稿，作为一国总统在异国的高等学府进行的发言，朴槿惠首先表达了自己对中国的亲近之情，正是这种对中国亲近的“情”与她在演讲中声音的气息变化产生了连接。

很多韩国国民自小就接触了《三国志》《水浒传》《楚汉志》等古典书籍和漫画书。因此，韩国人来中国观光的话，就像来到熟悉的地方一样具有一种亲近感。我以前也去过苏州，切身感受到了“上有天堂，下有苏杭”，我确有同感，而且在各处都有一种亲切的感觉。如易地思之、管鲍之交、三顾茅庐等中国成语，韩国人在日常生活中都有广泛使用。

两国在建交短短20多年之后，就如此迅速亲近，我想，其原因也在于文化缘分的根深蒂固，这种共识才是真正可贵的，不是吗？昨晚我出席了在北京召开的中韩友谊音乐会。韩国的K-POP歌手和中国的流行歌手同台演出，看到两国的青年人在文化上融为一体的现场，真让人感到开心。我个人也读了很多中国先贤的书籍和文章，我也很喜欢唱中国歌，我认为，这样通过文化的共识，才会真正使心灵变得亲近，并成为朋友。

在第一段的发言中，朴槿惠的感情抒发主要是通过叙述中国的史书典籍和风景名胜来完成的，整体的声音节奏是平缓的娓娓道来。而在第二段的开头，朴槿惠的声音节奏有了改变，这种转变是通过“其原因也在于文化缘分的根深蒂固，这种共识才是真正可贵的，不是吗？”这样一句反义疑问句来完成的。反义疑问句的使用使得此时的朴槿惠发言的声音节奏变得高亢，突出强调了“亲近”是由于两国文化缘分的根深蒂固。在后续的演讲中，她再次用平缓的语气介绍了自己出席中韩友谊音乐会的经历，随后再一次直抒胸臆，以“我认为”的方式结尾，强调中韩文化共识对两国关系的重要影响。

简短的两段话中出现了多次声音节奏的变化，每一次节奏的变化都是演讲者对思想感情与声音输出进行的一次连接，这样的连接能够使演讲者的声音富于变化和感染力，也能够更好地帮助演讲者传情达意。

二、表现

在对气与情进行恰当的连接后，下一步，口语表达者还应该追求声音表现力的提升。那么，何为声音的表现力呢？

声音的表现力是指说话者通过发声传情达意的能力，也可以理解为声音的感染力或声音的魅力。说话者如能按照一定规律对口语表达中的语素进行组接，则可以使话语产生独特的语音效果，这样不仅能够使声音顺畅且富于美感，更能够增强声音的表现力。正如英国著名作家萧伯纳所说，一个“是”字有 50 种说法，“不是”一词则有 500 种说法。这正是在强调不同的声音处理对说话内容的不同表现功能。

那么，怎样才能提高声音的表现力呢？

第一，声音表现力的提升可通过发声共鸣来实现。共鸣是通过对声音本身品质的改变来实现声音表现力的提升。科学家的研究数据显示，说话过程中声带产生的音量只占全部音量的 5%，剩余 95%的音量是通过人体腔体的共鸣进行声音放大而实现的。人体一共有三个共鸣区，分别是胸腔共鸣区、口腔共鸣区和头腔共鸣区，为了获得较好的共鸣效果，说话者应当注意打通三个共鸣区，因为这样能够获得优质的声音并提升声音的表现力。

图 2.4.1 出镜记者通过声音来增强报道的现场感

第二，声音表现力的提升可通过语调升降来实现。为了增强口语表达声音的表现力，说话者也可在语调上下一番功夫。不同于播音发声的严格要求，口语表达的发声相对灵活，这种灵活性为说话者语调的变化提供了空间。例如，在新闻报道活动中，出镜记者可以通过变换说话的语调来增强播报的现场感，展示声音对新闻现场的表现力，而不必像播音员那样字正腔圆地念稿件。在与采访对象进行问答交流时，也可通过语调的转化以增强自己声音的表现力。

第三，声音表现力的提升还可通过用词的变化来实现。口语表达对声音的表现能力要求可具体化为通俗、易懂、有趣，这就要求说话者在词语选择时注意选取那些通俗生动的词语，避免使用那些过于晦涩生僻的书面语。例如，电视美食节目的主持人在教大家做菜时通常会这样说：“水 300 毫升，糖 2.5 克，盐 2.5 克”，许多电视观众对于这样量化的说法常会觉得抽象难懂。如果主持人换一种说法，比如：一小杯矿泉水的量、半勺糖、半勺盐，这样的表述就能够让观众更加清楚明白。

案例分析

2014年，“山东招远‘5·28’全能神邪教成员杀人案”发生后，中央电视台《新闻1+1》栏目曾做了一期报道，新闻节目中，主持人董倩围绕法院庭审的内容与场外嘉宾进行了连线，下面是当期节目的内容。主持人的话语表达中即有语调的改变，可以看出，根据问题设计的不同转换语调一方面能够吸引观众和评论嘉宾的注意力，另一方面也能够增强主持人的话语表现力。

通过阅读下面主持人董倩与评论嘉宾的问答对话，我们来体会一下主持人在不同情境下话语语调的转变并分析这种转变所产生的表达效果。

董　倩：在今天的庭审中人们普遍关注两个焦点，一个是她就是不认罪，她认为她杀的不是一个人，她认为是一个恶魔。第二，被害人的家属主动撤回了民事赔偿，这是为什么？

刚才通过短片，律师表达了之所以这样做，就是希望这样的案件能够刑事审理，不受民事的拖累，希望更快、更重地对加害者有一个惩罚。但是为什么在表达出这样的一种希望能尽快地处理加害者之后，却又表达出一种担忧呢？因为这个被害人的亲属也说，我们要钱是为了保命，不要钱也是为了保命，为什么会有这样的担忧？

接下来，我们连线中国反邪教协会的副理事长兼秘书长王渝生。

（现场连线）

董　倩：王先生，我们来看被害人家属的一种矛盾心理。一方面他们希望能够严惩犯罪分子，另外一方面能够感觉到他们的忧虑和担心。如果严惩之后，他们邪教的其他成员会反过头再报复我，怎么看这种矛盾心理？

王渝生：这就体现了邪教的破坏力和影响力，不仅在邪教内部对这些邪教练习者有一种威慑的力量，而且它还影响到邪教外的人群，所以邪教的本质就是它的邪，就是它的恶，我们要认识到这一点。

点评：在这一组问答中，主持人首先叙述了被害人家属的矛盾心理，语调平稳，主持人还模拟受害人家属的心理活动——“如果严惩之后，他们邪教的其他成员会反过头再报复我”，以此将问题抛给评论嘉宾。

董　倩：王先生，被告张帆说的很多话让人很不理解。我们都知道国家在1995年的时候已经把全能神认定为邪教。但是张帆认为自己这是邪教，我还能帮助你达到你要的和谐，怎么理解她的这种认识？

王渝生：她就是受到邪教的歪理邪说的毒害，对她进行了精神控制，邪教的精神控制有软的一面和硬的一面，有的是威胁和利诱，相夫教子，这样使得邪教练习者失去了正常人的思维，而走上了邪路。

点评：在第一次提问的基础上，主持人此次通过升高语调的方式来表达自己对被告张帆的不理解。主持人还特别提出了全能神在 1995 年就被认定为邪教，语气再一次升高，从而将自己的困惑不解抛给了嘉宾。

……

董　倩：我们来看一下涉案的六名被告他们的一些关系。在六个人里面，女儿张帆，还有张帆的朋友吕迎春是属于邪教组织的上级，其余的四个人是下级。这六个人里面除了吕迎春、张巧联之外，这四个人是一家。我们看到这个家庭明显呈现出来的是缺失的，缺少她的母亲，为什么她们的母亲没有出现？记者调查到，她母亲和其他四个家庭成员信的邪教不是一路，是两个。大女儿张帆曾经威胁过她的母亲说，如果我再看见你，我就杀害你，这是她们的关系。

另外一方面，这个家庭本身是相对比较富裕的家庭，但是他们宁愿省吃俭用过日子，过着很局促的日子，却把一千万块钱都给了邪教组织。很多在我们常人无法理解的事情，就在这个家庭发生。接下来继续连线王先生。

（现场连线）

董　倩：您看我们分析了这个家庭，比如说捐一千万给邪教组织，自己过着省吃俭用的生活，很多人不能理解，为什么这种情况在她家能够发生？

王渝生：邪教组织采取了一些逻辑的怪圈，给你灌输你们要成神，给你一些小恩小惠，相信天上能掉下馅饼，而且给你塑造了一些假想敌，所以你要圆满升天，必须要反对你的敌人。所以他们把一些正常的人视为恶魔、恶灵，这完全是长期以来受到精神控制的结果，让你的思想集中在一个固定的点，其他的就不管不顾了，所以他们和正常人的思维是完全不一样的。

董　倩：王先生，我们在分析这一个小小的家庭的时候发现，本来在这个家庭里面父亲应该是说话算数的人，他似乎应该处在这个位置。但现在的架构是，大女儿是家里说了算的人，而且大女儿信了邪教之后，逐渐地把邪教灌输给其他的家庭成员，包括父亲。问题就来了，核心家庭里面往往是父亲说话算数的，为什么在这个家庭里面，家庭的道德、伦理没有阻止住邪教在这个家庭里面的传播？

王渝生：因为邪教，特别是全能神，它是一种活的教主崇拜，然后它就像经济上的邪教传销一样，有一个严密的等级制度。因为这个女儿是先加入全能神的，她把她的父亲发展成全能神成员，所以她就成了这个家庭里面四五个人的领袖，所以连她爸爸都要听她的话。

董　倩：这个家庭里面，似乎像道德和伦理这样正常的东西，并没有阻止住这种邪恶的势力，您怎么看待这个现象？

王渝生：要讲社会主义核心价值观，讲家庭伦理，讲家庭反邪。

点评：这一组问答主持人围绕信教家庭的伦理问题展开。主持人首先以平缓的语气提问，为什么无法理解的事情在这个家庭发生。在问答结束后，主持人以相对较快的语速说明了一般家庭中父亲扮演权威角色这一普遍情况，然后接着以较快的节奏抛出对该案这个家庭中的伦理关系的质疑。语速节奏的加快突出表现了主持人对伦理问题的不解。在本组问答的最后一个环节，主持人再次回归相对平缓的节奏，让嘉宾对这一特殊现象再作评论。

……

董　倩：全能神这个邪教为什么它可以拉你入教，有人就去信。它说，我可以保你永远不死，能治病，要什么有什么，向善，行好，为什么有人信？这些人都是个什么特点？大概生活在农村的中老年妇女比较多，由于她们生活困难、家庭不和睦或者遭遇波折等等，有这些特征的人，往往会更容易信教。

接下来继续连线王先生。

（现场连线）

董　倩：我们之所以总结“为什么会信”，其实想说的是为什么会有这样的土壤？因为如果你说了我不信，也就不会去传播，但是却传播开了，那么土壤的因素在这里面是怎么表现的？

王渝生：第一，从社会历史上看，中国除了有优良的文化，也有迷信巫术的文化传统。第二，改革开放以后，国外的洋邪教也乘虚而入。第三，所有的邪教，包括全能神，它都伪造出一个神在说话，这个活的教主是代表神在说话，所以具有很强的威慑力和欺骗性。人们的这种精神上的土壤比较贫乏，就是产生邪教的原因。

点评：主持人的提问语气语调非常坚定，通过摆出“如果我不信，就不会传播”的逻辑去质疑全能神的传播，这样坚定的语气语调能够充分带动观众去思考这样一个难以理解的问题；当观众同主持人一样有了相同的困惑时再请出专家来作答，更加体现出专家观点的解释力。主持人正是通过语气语调的处理增强了自我语言的表现力，同时也增强了收视效果。

董　倩：最后一个问题，希望您简短一些回答，用什么去抵御它？用什么方式让它说了没有人信？

王渝生：那就是系统工程，整个全社会要弘扬科学精神、弘扬人文精神，要有社会主义核心价值观，要在文化方面、法律方面、科学方面、社区和家庭方面对邪教的本质介入，厚积反邪教的土壤。让不仅是弱势群体，还包括一些有学问的人，一些大学教师、研究生也擦亮双眼来认识到邪教的危害，这样整个社会才会安定团结。

董　倩：非常感谢王先生加入我们的节目，也感谢您收看今天的节目，再见。[①]

点评：在节目结尾的时候因为时间关系，主持人用温和又坚定的语气语调要求嘉宾简短回答，这体现出了主持人较好的控场能力，避免了因嘉宾回答拖沓而可能导致的节目不完整。另一方面，主持人连用两个“用……”的问句表达了强烈的语气要求，表现出对专家提出解决方案的迫切心情，这样的处理也符合观众的心理预期和思维逻辑。

实战演练

1. 朗读下列叙事说理类古诗词，注音声音的变化以更好地连接“气情关系”。

伤仲永

王安石

金溪民方仲永，世隶耕。仲永生五年，未尝识书具，忽啼求之。父异焉，借旁近与之，即书诗四句，并自为其名。其诗以养父母、收族为意，传一乡秀才观之。自是指物作诗立就，其文理皆有可观者。邑人奇之，稍稍宾客其父，或以钱币乞之。父利其然也，日扳仲永环谒于邑人，不使学。

余闻之也久。明道中，从先人还家，于舅家见之，十二三矣。令作诗，不能称前时之闻。又七年，还自扬州，复到舅家问焉，曰“泯然众人矣。”

王子曰：仲永之通悟，受之天也。其受之天也，贤于材人远矣。卒之为众人，则其受于人者不至也。彼其受之天也，如此其贤也，不受之人，且为众人；今夫不受之天，固众人，又不受之人，得为众人而已耶？

送东阳马生序（节选）

宋濂

余幼时即嗜学。家贫，无从致书以观，每假借于藏书之家，手自笔录，计日以还。天大寒，砚冰坚，手指不可屈伸，弗之怠。录毕，走送之，不敢稍逾约。以是人多以书假余，余因得遍观群书。既加冠，益慕圣贤之道，又患无硕师、名人与游，尝趋百里外，从乡之先达执经叩问。先达德隆望尊，门人弟子填其室，未尝稍降辞色。余立侍左右，援疑质理，俯身倾耳以请；或遇其叱咄，色愈恭，礼愈至，不敢出一言以复；俟其欣悦，则又请焉。故余虽愚，卒获有所闻。

---

① 以上视频文字内容节选自2014年8月21日中央电视台《新闻1+1·全能神教“神”在何处?》。

当余之从师也，负箧曳屣，行深山巨谷中，穷冬烈风，大雪深数尺，足肤皲裂而不知。至舍，四支僵劲不能动，媵人持汤沃灌，以衾拥覆，久而乃和。寓逆旅，主人日再食，无鲜肥滋味之享。同舍生皆被绮绣，戴朱缨宝饰之帽，腰白玉之环，左佩刀，右备容臭，烨然若神人；余则缊袍敝衣处其间，略无慕艳意。以中有足乐者，不知口体之奉不若人也。盖余之勤且艰若此。

师 说

韩愈

古之学者必有师。师者，所以传道授业解惑也。人非生而知之者，孰能无惑？惑而不从师，其为惑也，终不解矣。生乎吾前，其闻道也固先乎吾，吾从而师之；生乎吾后，其闻道也亦先乎吾，吾从而师之。吾师道也，夫庸知其年之先后生于吾乎？是故无贵无贱，无长无少，道之所存，师之所存也。

嗟乎！师道之不传也久矣！欲人之无惑也难矣！古之圣人，其出人也远矣，犹且从师而问焉；今之众人，其下圣人也亦远矣，而耻学于师。是故圣益圣，愚益愚。圣人之所以为圣，愚人之所以为愚，其皆出于此乎？爱其子，择师而教之；于其身也，则耻师焉，惑矣。彼童子之师，授之书而习其句读者，非吾所谓传其道解其惑者也。句读之不知，惑之不解，或师焉，或不焉，小学而大遗，吾未见其明也。巫医乐师百工之人，不耻相师。士大夫之族，曰师曰弟子云者，则群聚而笑之。问之，则曰："彼与彼年相若也，道相似也。位卑则足羞，官盛则近谀。"呜呼！师道之不复可知矣。巫医乐师百工之人，君子不齿，今其智乃反不能及，其可怪也欤！

圣人无常师。孔子师郯子、苌弘、师襄、老聃。郯子之徒，其贤不及孔子。孔子曰：三人行，则必有我师。是故弟子不必不如师，师不必贤于弟子，闻道有先后，术业有专攻，如是而已。

李氏子蟠，年十七，好古文，六艺经传皆通习之，不拘于时，学于余。余嘉其能行古道，作师说以贻之。

2.朗读下列诗歌或散文，注意声音的连接与表现。

致橡树

舒婷

我如果爱你——
绝不像攀援的凌霄花，
借你的高枝炫耀自己；
我如果爱你——
绝不学痴情的鸟儿，

为绿荫重复单调的歌曲；
也不止像泉源，
常年送来清凉的慰藉；
也不止像险峰，
增加你的高度，衬托你的威仪。
甚至日光，
甚至春雨。

不，这些都还不够！
我必须是你近旁的一株木棉，
作为树的形象和你站在一起。
根，紧握在地下；
叶，相触在云里。
每一阵风过，
我们都互相致意，
但没有人，
听懂我们的言语。
你有你的铜枝铁干，
像刀，像剑，
也像戟；
我有我红硕的花朵，
像沉重的叹息，
又像英勇的火炬。

我们分担寒潮、风雷、霹雳；
我们共享雾霭、流岚、虹霓。
仿佛永远分离，
却又终身相依。
这才是伟大的爱情，
坚贞就在这里：
爱——
不仅爱你伟岸的身躯，
也爱你坚持的位置，
足下的土地。

五月的麦地

海子

全世界的兄弟们
要在麦地里拥抱
东方 南方 北方和西方
麦地里的四兄弟 好兄弟
回顾往昔
背诵各自的诗歌
要在麦地里拥抱
有时我孤独一人坐下
在五月的麦地　梦想众兄弟
看到家乡的卵石滚满了河滩
黄昏常存弧形的天空
让大地上布满哀伤的村庄
有时我孤独一人坐在麦地为众兄弟背诵中国诗歌
没有了眼睛也没有了嘴唇

假如生活欺骗了你

普希金

假如生活欺骗了你，
不要悲伤，不要心急！
忧郁的日子里需要镇静：
相信吧，快乐的日子将会来临。

心儿永远向往着未来；
现在却常是忧郁，
一切都是瞬息，
一切都将会过去；
而那过去了的，
就会成为亲切的怀恋。

3.有感情地朗读2014年感动中国颁奖词，体会连接与表现对声音变化的影响，思考连接与表现对表达感情的作用。

(1)黄旭华

【简　　历】隐姓埋名30年的中国核潜艇之父

【获奖名片】誓言无声

【颁 奖 词】时代到处是惊涛骇浪，你埋下头，甘心做沉默的砥柱；一穷二白的年代，你挺起胸，成为国家最大的财富。你的人生，正如深海中的潜艇，无声，但有无穷的力量。

(2)刘盛兰

【简　　历】年届90仍然坚持拾荒助学的山东老人

【获奖名片】崇仁厚德

【颁 奖 词】风烛残年，发出微弱的光，苍老的手，在人间写下大爱。病弱的身躯，高贵的心灵，她在九旬的高龄俯视生命。一沓沓汇款，是寄给我们的问卷，所有人都应该思考的答案。

(3)陈俊贵

【简　　历】为报答战友深情，几十年守护天山筑路士兵墓园的老兵

【获奖名片】心比金坚

【颁 奖 词】只为风雪之夜一次生死相托，你守住誓言，为我们守住心灵的最后阵地。洒一碗酒，那碗里是岁月峥嵘；敬一个礼，那是士兵最真的情义。雪下了又融，草黄了又青，你种在山顶的松，岿然不动。

(4)段爱平

【简　　历】努力改变乡村面貌的基层好干部山西村官段爱平

【获奖名片】一秉至公

【颁 奖 词】山梁挡住了阳光，你用肩膀扛起乡亲的盼望。村庄在渐渐丰满，你的身体却慢慢柔弱。庄稼，总要把一切还给泥土。你贴工、贴钱、贴命，你还贴近百姓的心。

(5)沈克泉、沈昌健

【简　　历】35年前仆后继、追逐科技梦想的“油菜花父子”

【获奖名片】梦想天开

【颁 奖 词】父亲留恋那油菜花开的芬芳，儿子就把他葬在不远的山上。三十年花开花谢，两代人春来秋往，一家人不分昼夜，守护最微弱的希望。一粒种子，蕴含着世代相传的梦想。

(6)格桑德吉

【简　　历】悬崖边上的护梦人，西藏墨脱山区教师

【获奖名片】格桑花开

【颁 奖 词】不想让乡亲的梦，跌落于悬崖。门巴的女儿执意要回到家乡，坚守在雪山、河流之间。她用一颗心，脉动一群人的心，用一点光，点亮山间更多的灯火。

(7)胡佩兰

【简　　历】退休后20年坚持每天出诊的仁医

【获奖名片】秋兰为佩

【颁 奖 词】技不在高，而在德；术不在巧，而在仁。医者，看的是病，救的是心，开的是药，给的是情。扈江离与辟芷兮，纫秋兰以为佩。你是仁医，是济世良药。

(8)姚厚芝

【简　　历】为子女筹学费，耗时3年绣出《清明上河图》的重病母亲

【颁 奖 词】病压垮了身体，但不能摧毁母爱。草根母亲呕心沥血，为孩子缝补梦想，而深厚的爱，更铺就孩子精神的未来。请上天给你多一些时间，让你把美好的愿望，织进这春天的图景。

(9)方俊明

【简　　历】荣誉迟到28年而一生不悔的湖北见义勇为好市民

【获奖名片】克明俊德

【颁 奖 词】纵身一跃，却被命运撞得头破血流。在轮椅上度过青春，但你却固执地相信善良，丝毫不悔。今天你不能起身，但我们知道，你早已站立在所有人的面前。

(10)龚全珍

【简　　历】守护开国将军梦想，全心全意为群众服务的革命老人

【获奖名片】松筠之节

【颁 奖 词】少年时寻见光，青年时寻见爱，暮年到来的时候，你的心依然辽阔。一生追随革命、爱情和信仰，辗转于战场、田野、课堂。人民的敬意，是你一生最美的勋章。

第三章　表达现场的信息捕捉——听辨

本章要点

1. 实时语境中的倾听
2. 信息的筛选与整合

表达训练
教学资源

第一节　实时语境中的倾听

核心提示

口语表达的独特之处在于其所处的实时语境，表达者在完成最终话语输出之前不能忽视实时语境中的倾听环节。实时语境中的各类信息稍纵即逝，表达者需要练习在实时语境中通过听辨来获取信息的能力。

从本章开始，将依次进入口语表达训练最重要的四个环节：听辨、描述、叙述和评论。为了更好地完成口语表达的四项进阶，在此需要再一次明晰口语表达不同于书面表达和有稿播音。

不同于书面表达和有稿播音，口语表达的独特之处在于其所处的实时语境。这种实时语境所具有的特点主要体现在以下四个方面：

第一，现想现说。

虽然同样是将抽象文字有声化的过程，但口语表达与朗读以及有稿播音是完全不同的过程。朗读与有稿播音通常有可供参阅的文本内容，然而，口语表达却是一个“现想现说”的过程，说话者完全没有办法进行长时间的准备。

如在新闻生产领域，特定的新闻事件发生的场所具有不可移动性和不可复制性，因而现场记者的表达受时间和环境的严格限制，例如，对于突发灾难的现场报道来说，出镜记者就必须现想现说，向公众介绍相关情况。

第二，稍纵即逝。

口语表达是一个稍纵即逝的过程，表达者没有办法字斟句酌，即使说错了一个词也没有办法再做更改。口语表达的稍纵即逝要求表达者一定要有机敏的思维，与此同时，还要保持情绪的稳定和克制，切不可信口开河。

正是口语表达的稍纵即逝性使得新闻直播特别容易出现问题，直播中记者的话语一旦经由声音信号传播出去便覆水难收，因此一些基本的表达禁区需要提前注意，比如对于“残疾人”，不能将其称为“残废”，对于“盲人”，不能称其为“瞎子”。

第三，灵活多变。

口语表达具有较强的灵活性，说话者可以在表达过程中不断产生新的想法，甚至制造出新的话题。这也意味着不用苛求口语表达的内容像书面语一样严谨，不必过于追求语法规范和逻辑严密，口语表达中的主体应将思考的过程与语言的输出相统一。

优秀的口语表达者并不一定要出口成章，但却应该能够在较短的时间内通过即兴表达展现出智慧碰撞的火花。口语表达的多样灵活性要求表达者多用短句、自然句以及省略句，尽可能呈现出生活化的内容。面对信息量大、当事主体交流速度快的现场，口语表达者更应多用短句，从而做到即时有效地传递信息，切忌掉书袋。

第四，形式丰富。

口语表达为语言的输出提供了丰富的表现形式，表达者可以通过改变不同的语音和语气来进行辅助性表达，进而丰富表达形式，突出表达效果。但是，口语表达的形式必须符合具体的情境，要根据表达发生的时间和地点做具体分析，不合时宜的表情、语音及语调应尽量避免。例如，出镜记者在地震灾难现场就不能面带微笑，否则是对死伤者的不敬。又如，在大年三十的晚上报道节庆新闻，出镜记者就不能拉长脸，表现出不悦，而应以喜悦的心情完成现场报道。

一、倾听是获取信息的重要途径

口语表达的整个过程体现了动态性的特点，听辨是整个口语表达活动的第一步，理论上讲，听辨过程一般先于描述、叙述和评论等环节出现。但在实际交流中，由于谈话的交互性和发声的间隔性，为了满足表达者与听众交流沟通的需要，听辨总会在描述、叙述和评论的过程中间断性出现，起到信息获取和收集的作用。

（一）声音与听觉

古人曾在诗歌中对自然界和人类社会的各种声音进行描述。比如，唐代诗人李白的《春夜洛城闻笛》中就有关于声音的描写，“谁家玉笛暗飞声，散入春风满洛城”就是对笛声的描绘。“两个黄鹂鸣翠柳，一行白鹭上青天”是杜甫《绝句》中的名句。又如诗人白居易曾用“大弦嘈嘈如急雨，小弦切切如私语。嘈嘈切切错杂弹，大珠小珠落玉盘”来描写琵琶的声响。

人类通过倾听来获取信息是依靠听觉。听觉的产生遵循一定的机制，首先，声波作用于听觉器官，使其感受细胞兴奋并引起听神经的冲动，听神经发放传入信息，然后经各级听觉中枢分析后引起感觉。

听觉的产生离不开人体一个重要的听觉器官，那就是耳朵。耳可以分为外耳、中耳和内耳三部分。外耳由耳郭和外耳道构成；中耳由鼓膜、听小骨、鼓室等部分构成；内耳由耳蜗、前庭、半规管等构成，耳蜗与连着大脑的位听神经相连。这些构造都与收听声音有关系。外耳道是声波进入中耳的通道。鼓膜非常薄，在声波的作用下可以相应地振动起来。声音高，鼓膜就振动得快；声音低，鼓膜就振动得慢；声音大，振动的范围大；声音小，振动的范围小。其后，由耳蜗将振动转换成神经冲动并连接大脑，人们从而判断对方说话声音的高低大小。

（二）“倾听”的艺术

人类社会的发展离不开各类声音。作为信息输入过程的“听”与作为信息输出过程的“说”共同生产和再生产了人类的言语过程。

对于普通人来说，谈话双方具备良好的倾听能力是现代社会人际交往的必然要求。在交流谈话中，对话双方需要通过倾听来体察对方的感觉并进行反馈，要深入理解体察对方的情感态度，遇到不理解的问题时要注意恰切地进行追问，不能不懂装懂，否则就会产生误解。交流对话是一个需要对话者高度投入的行为，对话双方需要集中精神紧跟话语推进的脉络，不能以涣散的精神状态参与对话交流的过程，否则将会造成无效谈话。

对于从事新闻报道工作的记者来说，采访工作的完成更加离不开倾听，如果缺少了倾听，那么记者的采访任务将很难完成。在采访的过程中，记者要能够把握核心信息，同时在倾听时发现新的具有价值的问题并对采访对象进行适当追问。

图 3.1.1　记者的倾听行为是对采访对象的尊重

可以说，倾听对于记者而言尤为重要。一方面，倾听行为是对他人的尊重，记者以倾听的姿态来进行采访是对他人的一种关照。如果记者以一副高高在上的索取姿态对被采访者进行提问，那么被采访者很有可能产生抵触情绪，从而导致其不愿意过多地进行发言甚至干脆拒绝采访。

另一方面，特别是在采访一些敏感问题时，记者良好的倾听能够消解被采访者心中的不信任感，同时也能够拉近与被采访者的距离。这将有利于帮助被采访者“敞开心扉”地回答问题。在这种情形下，被采访者不再把记者当成外人，而很有可能将记者视作自己可以信赖的朋友，换句话说，被采访者被动回答问题的状态也可能转化为被采访者主动地向“记者朋友”倾诉。

由此，记者的提问与被采访者的回答转变成了一种倾听和倾诉的关系。当然，作为倾听者的新闻记者也不能只是听而“缄口不言”，因为“倾听”是在实时语境中的倾听而不是处在静态的语境中，因此，倾听者需要高度融入对方的话语当中，要在倾听的过程中适时给对方以眼神或者表情的暗示，以表明自己理解或者不理解对方的观点，并适时根据倾听内容作出言语的反馈。

延伸阅读

交流对话中的“TQLR”策略

TQLR是一套由加拿大科学研究会总结出的听辨练习方法，TQLR是英文单词或短语“Turning in”（音频定向）、“Questioning”（提出问题）、“Listen”（用心聆听）和“Review”（回顾复现）的首字母组合。“TQLR”为人们的日常口语交际提供了听辨策略。

“Turning in”（音频定向）指的是听话方要将注意力转向说话方，以说话方的语意表达为基础，激活相关话题的谈资以为后续对话提前做准备。

“Questioning”（提出问题）是说听话方根据说话方的表达展开思考，尝试理解对方观点的逻辑立场，当发现理解有困难时要善于总结问题以备之后提出。

“Listen”（用心聆听）是整个TQLR环节中较为关键的部分。用心聆听的具体含义是指，听话方要能够敏感地注意到说话方的用词、语气、语调甚至包括表情，只有高质量的聆听才能帮助听话方掌握说话者的核心要义而不至于产生理解偏差甚至误解。

“Review”（回顾复现）着重考察听话者的记忆力。回顾复现不是一个静止的环节，其在整个交流对话的过程中回环往复，伴随着听辨的始终。回顾复现的本质是对说话者话语内容的记忆，但特别需要注意的是，这种记忆不是事无巨细的记忆，而是有针对性地选择说话方的内容进行记忆。

二、在实时语境中练习倾听

口语表达大多数情况下都是在充满不确定性的语言环境中进行的，因此，身处实时语境中的口语表达者一方面要能够在实时语境中捕捉到所需求的信息，另一方面要能够摆脱噪音的干扰。

在这个“众生喧哗”的时代，如何做到在纷繁复杂的空间中保持注意力的集中，是对人们提出的新的挑战。日新月异的科技发展使信息极大地超越时间和空间的阻隔进而在各个领域中自由流通，而对于人们，特别是对于一些青年群体来说，他们相对较容易受到外界信息的干扰，这种信息的干扰可能会导致听者注意力的分散。

保持注意力的高度集中，一方面能够帮助说话者排除实时语境中存在的干扰信息，另一方面也能帮助说话者准确把握话语推进的方向。

除了要保持高度的注意力外，在实时语境中的口语表达还需要说话者能够具备一定的理解力。具体来说，这种理解力有三重含义：第一，说话者要能够理解、理顺谈话对方的思路，能够弄清楚对方想要表达的主要意思。第二，说话者要以包容的态度理解并感知对方表情达意的原因。如果对方谈论的观点与自己的价值观相违背，那么作为倾听者也不应拒绝倾听或者将自己的判断强加于人，更不能直接粗暴打断对方的话语。第三，说话者要能够发现并理解对方话语中的言外之意。汉语属于高语境文化的语言，尽管不同性格的人说话有不同的方式，但总体来说，由于受中国传统文化的影响，国人习惯于说话绕弯，不直接表达自己的意思。基于此，听话人要特别留心说话者的言外之意，只有这样才能捕捉到对方话语所要表达的真实意图。

口语表达的实时语境中往往还穿插着各类动态信息，一些有嘉宾和观众参与的访谈、对话类节目即是这类实时动态语境的典型再现。这类节目的主持人需要通过听辨现场的各方声音完成观点的总结和概括，并引导话题的讨论。主持人要积极跟进观众和嘉宾两方的观点，不能只是一味地听，否则观众是观众、嘉宾是嘉宾、主持人是主持人，那么此类节目所具有的“访谈”或“对话”的意义便荡然无存了。

下面是北京卫视 2014 年 6 月的一期《书香北京》节目，这期节目的主题是“告诉你不一样的非洲”。主持人在简短的开场白后与在场的观众展开了互动：

主持人（开场白）：从毛主席、周总理老一辈领导人开始，他们就十分重视中国和非洲的友好关系。我们和非洲的很多国家也保持了长达半个世纪之久的友好往来。如果说两个人之间要是有 50 年的友谊，那应该都算是莫逆之交了。那么，现在中国的学生、中国的朋友对非洲的印象是什么呢？我们来问一下今天到场的观众朋友。

观众 A：黑人、贫穷。

观众 B：动物大迁徙，还有很多个民族。

观众 C：我觉得是神秘、富饶。

观众 D：贫瘠还有干旱。

主持人：嗯，贫瘠干旱。

观众 E：我会想到一望无际的草原。

观众 F：非洲的舞蹈。

主持人：太好了！我想他们的这些个关键词应该是具有一定的代表性的。很多中国人想到非洲都会想到这些词。

在开场与观众的互动中，主持人通过重复观众发言的方式给予观众反馈，最后以“具有代表性的关键词”对观众的发言进行概括从而结束这一互动环节。

我们注意到，观众对于非洲印象的回答其实可以分为三大类：一类是负面的，如对非洲的印象是贫瘠、干旱；一类是中性的，如对非洲的印象是“动物大迁徙”“多民族”“一望无际的草原”等；还有一类是相对正面的，如观众C说到，非洲给他的印象是“神秘、富饶”。然而，这期节目的主题是“告诉你不一样的非洲”，很明显，节目制作者的预设立场是，观众对于非洲应该是存在误解的。主持人所预期的观众回答应该主要是谈非洲的负面印象或者是其他一些中性的观点，可是未预料到的是，有观众在节目一开始就表达了正面态度。那么，对于观众所表示出的对非洲的积极印象，主持人又该如何应对呢？我们再来看后面的内容。

随后，节目嘉宾上台，主持人开始与本期节目的做客嘉宾针对中国人对非洲的印象展开进一步对话。

主持人（对嘉宾说）：刚才您应该听到了观众朋友对非洲的一个印象，大家说了许多关键词。但是这些关键词在这本书（嘉宾所著书）里被认为是中国人对非洲的“误读”。我想问您一下，为什么您会认为这个是对非洲的一个误解呢？

嘉　宾：我也曾经读过一篇非常棒的文章，文章就在探求一个问题——为什么出现在摄影杂志上的非洲女性都是不穿上衣的？

主持人：对，赤裸着上身。

嘉　宾：可是我在非洲没有见过这样的女性。

主持人：没有吗？

嘉　宾：没有，除非你走到特别偏远的部落里面。但是那个地方的人现在对于现代生活方式的接受程度也很高了。所以说，我们对于非洲的理解停留在历史当中，停留在误解当中。

主持人：（点头）有一些偏差。其实刚才就包括观众们的回答，也有的人说觉得很贫瘠，有的人说觉得很富饶。所以可能印象是不一样的。

在与嘉宾的对话中，主持人很巧妙地回应了开场互动中观众对于非洲的不同印象。具体来看，主持人首先抛出问题“为什么认为是对非洲的误解”，嘉宾结合自己的阅读体会，通过举摄影杂志中非洲女性不穿上衣的例子证明了“误解”的广泛存在。当嘉宾说自己没有在非洲看见过不穿上衣的女性时，主持人进一步追问真的“没有吗”，此番追问一方面表达了主持人自己的好奇，同时也替观众表达了好奇。当嘉宾再一次阐明非洲人接受现代生活方式的程度后，这样的好奇便得到了解释，国人对非洲存在“误读”的主要观点也再次得到了强化。

紧接着，主持人将嘉宾的观点概括为中国人对非洲的印象“有一些偏差”，然后回顾开场时观众对于非洲的不同印象。由此，主持人将实时语境中的观众观点和嘉宾观点理顺了。观众的印象存在偏差，嘉宾解释了这种偏差，主持人又通过说“有一些偏差”进而强化了偏差的存在，于是，“告诉你不一样的非洲”这个命题中的“不一样”最终被验证。

三、听辨需要具备的能力

在实时语境中听辨要求倾听者具有以下三方面的能力：

（一）快速记忆能力

信息稍纵即逝，只有能够快速记忆重要信息才有可能使倾听行为收获更多的实质性内容。快速记忆能力的获得需要不断练习，倾听者可以通过不断提问的方式加深说话者的话语在自己头脑中的印象。比如，在倾听的过程中，倾听者可以在心中不断对说话人的观点进行追问，多问自己几个“为什么”。这样一方面有利于自身注意力的集中，另一方面也能帮助自己强化对说话者观点的印象。

（二）概括能力

面对复杂的信息环境，倾听者要具备基本的概括能力。这种概括能力表现为，能够对看似复杂的信息进行提炼和摘取，并最终形成内化于心的观点总结。概括必须要抓住主要问题以及核心观点，不能只记得局部的细节性信息而失去对整体听觉材料的把握。

听辨中的概括不需要听者以有声的方式说出，听者可以在心中默默回顾所交流话语的内容。此外，概括也有一定的边界性，有时听者可能会误听或漏听说话者的声音，因而听者需要防止因为概括失度而导致的听辨内容偏差。

（三）复述能力

复述能力要求倾听者在实时语境中“听”完后能够复述出不同人表达的主要信息或观点。对于实时语境中所包含的骨干信息和重要细节，倾听者应该准确记忆并准确地复述出来。比如，在新闻发布会现场，发言人在回答记者提问后，当事记者要能够准确复述出发言人的回答中包含的骨干信息和重要细节。此外，作为参加新闻发布会的记者也要认真聆听其他记者的提问，从而抓住其中的关键信息以及发言人针对这些提问的回答。

实战演练

1. 请简要谈谈口语表达、书面表达和有稿播音三者的区别。

2. 选择在嘈杂的场合中练习听辨，例如，在乘坐公共交通工具时，在不妨碍他人的情况下有意聆听别人的对话，总结对话双方想要表达的主要意思。

3. 收集一些听力材料，例如广播或电视新闻节目，并利用音频软件的快速播放功能加倍速率播放，然后尽力捕捉其中的主要信息。

4. 选择两到三段听力材料同时播放，然后集中注意力于一段材料，最后复述材料的核心内容，在这一过程中要排除其他材料的干扰。

5. 概括与复述能力练习。阅读下面的材料，对材料内容先概括再进行复述。

材料 1

美国弗格森黑人青年遭警方枪击身亡事件尚未平息，一名黑人男子上月在纽约街头遭警察围殴致死事件23号在美国纽约又引发了大规模抗议，上万纽约民众集会，要求警方停止种族歧视，停止暴力执法。7月17号，43岁的埃里克·加纳在纽约街头卖烟时和警察发生争执，多名警察围攻加纳导致其窒息死亡。事件已经过去一个多月，但调查仍无进展，引起民众极大不满。

（节选自2014年8月24日《新闻联播》）

材料 2

意大利水城“威尼斯”是广受游客喜爱的旅行目的地之一，但当地居民却因游客拖行行李箱产生的噪音而饱受困扰。近日，威尼斯政府考虑出台新规，禁止在街道上拖行会产生噪音的行李箱和拉货手推车等，违者将被处以最高500欧元（约合3850元人民币）的罚款。如果获得当地议会通过，这一规定可能于明年5月开始实施。

（节选自2014年11月22日《新闻联播》）

材料 3

北京时间24日凌晨，美国宇航局（NASA）举行发布会，宣布开普勒空间望远镜最新发现。天文学家表示，他们发现最接近“另一个地球”的系外行星名称为“开普勒452b”（Kepler-452b）。

NASA方面称，这颗行星距离地球1400光年，绕着一颗与太阳非常相似的恒星运行。那颗恒星的质量比太阳多4%，亮度则要多出10%。“开普勒452b”到那颗恒星的距离，跟地球到太阳的距离相同。“开普勒452b”是至今为止发现的最接近地球的“孪生星球”，它有可能拥有大气层和流动水，直径比地球大60%，公转一圈是385天，岩石星球的可能性高于以往，与地球的相似指数为0.98。

据报道，去年和今年年初美国宇航局也曾公布过类似“最接近另一个地球”的消息，但那些系外行星围绕运行的恒星都是质量很小，温度也比较低的红矮星，而这次“开普勒452b”围绕运行的是一颗与太阳相似的恒星，所以成为到目前为止最接近“另一个地球”的系外行星。

（节选自2015年7月24日人民网）

材料 4

希腊危机的真正内因，是缺乏效率，整个国家都缺乏效率。例如存在大量的腐败与偷税漏税，公营机构过于臃肿，希腊政府习惯于入不敷出却大力举债，等等。另外，按照欧洲标准，希腊的劳动生产率较低，比欧盟平均水平低大约25%。希腊人并不懒，但由于失业率太高，相对较少的劳动者却要以较低的效率养活那些无法工作的人，艰难可想而知。

相比之下，德国人虽然工作时长在欧洲属于最少之列，经常可以看到德国人在世界各地旅游，但谁也不会说德国人懒惰，因为德国人有着高效率：良好的政府治理和社会治理、规模化的大公司、低腐败率、优秀的金融制度和科技制度、完善的产业链等。所以德国人才能高效率的工作，并拥有很多闲暇时间享乐。这才是世人该从德国人身上学到的一课。说德国人因为勤劳才避过金融危机，只是一种印象流。

（节选自2015年7月22日腾讯“今日话题”）

材料5

7月16日，中国制造的世界首台6GHz以下5G低频样机亮相2015世界移动大会，中国自主5G标准正大步前行在成为世界下一代移动通信标准的路上。网络速率可达10Gbps，移动网速是4G的100倍，下载一部高清影片用时不超过1秒，远程遥控机械手完成高精密工作，这些基于高网速、大流量的虚拟现实、3D全息投影技术和新应用将不再仅仅是昨天的梦想。

“5G时代我们将成为引领者。”大唐电信产业集团董事长真才基认为，从2G、3G时代的技术落后，到当下4G时代，我国通信产业发生了翻天覆地的变化，正是3G时代TD开拓的产业基础、4G时代TD-LTE的发展，让我国迎来了赶超世界先进水平的机遇，目前5G技术标准研发上，中国是走在世界前列的。

工信部副部长尚冰在世界移动大会峰会论坛上说，自工信部发放TD-LTE的营运牌照一年半以来，我国已经建成最大的TD-LTE商用网络，几乎覆盖了全国所有城市。基站目前已经超过90万个。在TD-LTE大规模发展的助力下，移动互联网和经济社会各个领域正在加快融合，目前中国在境内外上市的互联网企业一共92家，上市的互联网企业中有4家跻身全球前10强，12家跻身前30强，中国正从互联网的大国向强国迈进。

（节选自2015年7月17日《新华每日电讯》）

第二节　信息的筛选与整合

核心提示

对信息进行筛选和整合是听辨的主要任务。听辨者可以通过“5W”判断重要信息，在听辨中要重点听材料中的数字、序数词、重要的名词（人名、地名、概念）、标点符号以及连接词。同时，听辨者还要有意识地排除材料中的冗余信息。在此基础上，听辨者还应该发挥自身的新闻敏感性对材料进行价值判断并完成最后的信息筛选与整合。

一、分辨重要信息

（一）“5W”判断重要信息

面对纷繁复杂的语音信息，大多数人不可能将所听到的内容全部记下，因此，需要对语音信息加以辨别，选择其中有用的和重要的信息来记忆。通常情况下，我们可以在宏观上使用“5W”的思路，即 Who（谁）、What（是什么）、When（何时）、Where（何地）、Why（为什么）来对听觉信息的价值进行判断。

通过对“5W”所包括的五大要素的串联，一个事件的原始面貌基本上可以被再现出来。一般情况下，正常的叙事活动就是通过对“5W”元素进行扩充，从而使得事件的来龙去脉变得清晰而生动。其实，作为听辨对象的讲述者即是将“5W”要素编码进行一般性叙事，而从逆向来看待这种“5W”的编码便会发现，倾听者的信息获取和听辨行为实际上是对讲述者融入一般性叙事的“5W”进行的解码过程。

“5W”能够帮助我们提炼出一则新闻的主要内容，以下面这则《韩国发布主张独岛主权的新版宣传片》的新闻报道为例：

韩国外交部1号通过其官网发布了主张独岛（日本称竹岛）为韩国领土的新版宣传片。韩国外交部表示，制作该宣传片的目的是让外界知道，无论从历史地理还是从国际法的角度看，独岛都是韩国的固有领土，日本只是在“二战”时将该岛侵占为殖民地。独岛位于朝鲜半岛东部海域，由韩国实际控制，韩国、日本和朝鲜都宣布对这一岛屿拥有主权。

（节选自2014年1月2日《新闻联播》）

不难发现，这则材料中的“谁”是韩国外交部，这是事件的主体，主要内容是“发布主张独岛主权的新版宣传片”，时间是在2014年1月，地点是在政府官网，发布的原因是“韩国外交部要让外界知道，无论从历史地理还是从国际法的角度看，独岛都是韩国的固有领土，日本只是在‘二战’时将该岛侵占为殖民地”。通过这样的分析，我们便能够对这则新闻有一个较为明晰的认识。

然而，宏观层面上对“5W”的把握只能有助于初步辨别有用信息，若要获得更为高效和更为准确的听辨效果，听辨者还需要在以下一些微观层面上集中注意力。

（二）听数字和序数词

数字在听力材料中往往具备一些特殊的意义，因而听辨者需要对所听到的数字保持敏感。在说明文这一文体中，列数字是最常见的说明方法之一，其作用是使说明语言准确、具体。同理，在听辨的过程中，与数字相关的信息往往是真实、具体、准确的事实性信息，对这些信息的有意识记忆有助于帮助我们深描事件的纹理，加深对事件的理解。

特别是当听力材料中出现一些序数词时，比如“第一”“第二”“第三”“倒数第一”等，这意味着特定事件主体具有与同类事件不同的特殊点，这些特殊点恰恰是信息重要性的标志。

例如在下面这则新闻中，数字就具有非常重要的意义。

联合国伊拉克援助团1号发表公报说，伊拉克2013年死于恐怖袭击和暴力冲突的人数共为8868人，其中7818人是平民，创2008年以来新高。分析认为，“基地”组织的快速壮大和4月即将来临的议会选举，可能会让伊拉克的安全形势进一步恶化。2014年伊拉克安全局势仍旧不容乐观。

（节选自2014年1月2日《新闻联播》）

在这段材料中，听者应该注意到“8868”和“7818”这两个数字，前者指的是伊拉克2013年死于恐怖袭击和暴力冲突的总人数，而后者指的是平民的死亡数量。仅听明白这两个数字所指向的对象是什么还不够，听者还需要分析这两个数字的背后含义，那就是，平民占到了总死亡人数的大部分，进一步说，伊拉克的恐怖袭击和暴力冲突严重危害到了平民的人身安全，这是非人道的。只有听出这层含义，才算是对材料中的数字有了较为深刻的理解，这也是听辨应该获得的重要信息，接下来，听者可以以此为切入点向他人讲述这则新闻或者对这则新闻展开进一步的评论。

(三)听重要的名词(人名、地名、概念)

当听力材料中出现人的名字时，听者也应该增强意识，这是由于人通常是作为事件主体而出现的，人的特殊身份及主观能动性往往是事件矛盾中的主导要素。除了人名外，如果一些地名在听力材料中具有重要意义，那么地名也应该被重点关注。一般情况下，如果地名仅是交代事件发生的具体地点而对事件本身意义不大时，那么就没有必要刻意记下。另外，如果材料中出现了重要的名词概念，听者也应该有所留意。

以下的两则新闻报道分别包括了重要的人名和重要的地名概念。

美国国会参议院6号以96票赞成、0票反对的表决结果批准参议员马克斯·鲍卡斯出任下一任美国驻华大使。现年72岁的鲍卡斯是民主党人，现任参议院财经委员会主席。鲍卡斯上月底表示，上任后他将致力于加强美中关系，惠及两国和全世界。

（节选自2014年2月7日《新闻联播》）

这则新闻主要介绍的是美国国会参议院投票选出了下一任美国驻华大使马克斯·鲍卡斯，马克斯·鲍卡斯是这则新闻中包含的重要人名信息。

重要的地名也是在听辨中应着重留意的，例如下面的这段材料：

美国弗吉尼亚州众议院6号通过“东海并记”法案，法案规定，在该州公立学校的教科书中，提到“日本海”时一并标注韩国主张的名称“东海”。弗州参议院之前已通过类似法案。两院将把合并后的法案提交州长签署为法律。韩日一直就两国之间海域的命名存在争议，日方称之为“日本海”，韩方称“东海”。

（节选自2014年2月7日《新闻联播》）

同一片海域却有不同的名字，这是韩日两国对两国之间海域命名存在争议造成的。日本把这片海称作什么？韩国又把这片海称为什么？材料中说，日本将之称作“日本海”而韩国称之为“东海”，那么“日本海”和“东海”正是听者应该注意到的两个关键名词。

(四)听标点符号

在听辨时还有其他一些听觉标志需要引起我们的注意，例如引号、书名号等特殊标点符号，虽然听力材料中标点符号是非可视化的，但是我们依旧能够通过上下文之间的关系以及提示性词语判断出标点符号的使用情况。引号除了提示材料中引用了有关人物的言论外还可以表示其他的主题概念，例如介绍某活动时一般会说，“以……为主题”的会议将在何时何地召开。书名号在听辨中也起到提示重要的描述或说明对象的作用，例如，当我们听到“题为……”“某人新作……”等语句作为开头时，就要反映出紧随其后的一般是由书名号引出的作品名称。例如下面这则新闻：

6月5日“世界环境日”前夕，北京冬奥申委主席、北京市市长王安顺在《五环旗下》杂志发表了题为《来自北京的清新空气》的署名文章，介绍了北京在治理污染、保护环境方面的举措、成果和愿景，并强调，可持续发展是北京申办2022年冬奥会的核心理念。

（节选自2015年6月4日新华社）

首先“世界环境日”是特殊的日子，一般来说特殊的日子需要加双引号。“市长王安顺在《五环旗下》杂志发表了题为《来自北京的清新空气》的署名文章”，这句话在听辨时可以根据“杂志”和“题为”两个关键提示词判断出书名号的使用引出了市长署名文章的题目以及该文章所发杂志的名称。在这段材料中，书名号标示出的文章名以及杂志名是较为重要的信息。

(五)听连词

在听辨中，除了数字、特殊标点符号具有重大意义外，连词也具有非常重要的价值，应该被听者所重视。

连词可以表并列、承接、转折、因果、选择、假设、比较、让步等关系。其中，转折连词是需要把握的关键词语，通常情况下，转折连词之后的内容才是真正关键的信息。例如，“但是”“不过”等词语后的内容往往是主要信息内容，这意味着，“虽然”一词后的观点虽然在本质上没有错误，但对于原材料的表达者来说，其更推崇或更认可“但是”一词之后的语义内容。除了表述转折关系的关联词应该被着重听出外，“不但……而且……”“不仅……还……”等这类关联词也需要引起听者足够的重视。

在下面这段材料中，转折连词的出现强调了事件的性质。

1 月 31 号，叙利亚问题第二次日内瓦会议首轮和谈在日内瓦万国宫落幕，联合国—阿盟叙利亚危机联合特别代表普拉希米表示，叙利亚双方首轮和谈进展甚微，下阶段谈判预计于 2 月 10 号继续进行。普拉希米说，双方谈判已涉及停止暴力、打击恐怖主义，以及建立具有完全行政权力的过渡管理机构等具体问题，不过双方谈判立场仍相距甚远。

（节选自 2014 年 2 月 1 日《新闻联播》）

普拉希米的表述中有一个转折词语——“不过”，这就提醒听者，叙利亚双方首轮和谈的最终效果可能因为谈判立场相差较远而收效甚微。至于普拉希米前半句所说“双方谈判已涉及停止暴力、打击恐怖主义，以及建立具有完全行政权力的过渡管理机构等具体问题”，只是一般性的事实陈述，而不是说话者本人重点传递的信息。

另外，表因果关系的“因此”“因为……所以……”也需要听者在听辨材料时重点关注。以下面这则材料为例：

埃及实权人物塞西 13 号抵达莫斯科，开始对俄罗斯进行访问。这是自去年 7 月埃及军方解除穆尔西的总统职务后，塞西首次出国访问。当天，塞西会晤了俄罗斯外长拉夫罗夫及国防部长绍伊古，他还将与俄罗斯总统普京会面。塞西的访问在埃俄关系史上实属罕见，自上个世纪 70 年代时任埃及总统萨达特实行亲西方的政策以来，双方关系冷淡。本月 6 号，刚刚辞去军职的塞西确认将参加埃及总统选举，因此，塞西此时访俄，备受关注。

（节选自 2014 年 2 月 13 日《新闻联播》）

在这段材料中，结尾部分的“因此”二字值得我们留意，“因此”点明了埃及实权人物塞西访俄值得关注的真正原因，即连词前所提到的“刚刚辞去军职的塞西确认将参加埃及总统选举”。

事实上，听辨出材料中的关联词是为了帮助我们对下文的内容展开预测，这种预测不论是被后续材料验证还是证伪，都有助于听者加深对材料的印象，同时有助于听者掌握把控材料内容的主动权。只有理解清楚关联词语的表意逻辑，才能尽可能地捕捉说话方的真实意图和情感倾向，也才能不用被动地等待信息随意闯进耳朵。

案例分析

通过下面这段关于杨丽萍《孔雀》舞剧的视频文字内容来练习判断哪些是值得听者注意的重要信息和有用信息(材料后的 7 个问题标示出了这段材料的一些重要信息)。

主持人：说到杨丽萍，大家一定不会陌生，她是中国舞蹈的一张名片。她的系列代表作品《雀之灵》《雀之恋》可以说是深入人心。因为身体柔软、舞姿优美再加上惟妙惟肖的孔雀舞表演，她已经成为孔雀的化身。

画外音：昨天晚上，杨丽萍的最新力作同时也是她的收官之作——舞剧《孔雀》在国家大剧院首演。柔若无骨的双臂、令人目眩的旋转，杨丽萍将美丽高贵、热情优雅的孔雀演绎得活灵活现。舞剧《孔雀》分为春夏秋冬四个篇章，讲述了一个关于生命、成长、人性和爱的故事。剧中既保留了当年观众为之惊艳的《孔雀公主》《雀之灵》《雀之恋》的精华，更添加了多年来杨丽萍对舞蹈不停探索与研究的经验。剧中将浓郁的少数民族原生态舞蹈与现代舞蹈的表现方式充分融合，再配合充满魔幻色彩的舞美和音乐。因此，《孔雀》虽以云南的民族文化为基础，却并不仅仅是一部传统意义上的民族舞蹈。

杨丽萍接受采访：我不想让它作为一个少数民族的或者哪个民族的，虽然傣族人擅长跳孔雀舞，但是我觉得孔雀它是我们整个东方的，所以它应该代表我们东方人的美学，或者说是一种精神，或者是一种美好的愿望。

画外音：《孔雀》既是杨丽萍第一次编创的舞剧，也是她的收官之作。

主持人：舞剧《孔雀》的全长是 1 小时 50 分钟，是杨丽萍所有舞台剧中表演时间最长的一部，也是她告别舞台的最后一部作品。在结束《孔雀》全国 30 个城市的巡演之后，她将结束 40 年的舞台生涯退居幕后，而对于即将退出的这个舞台，杨丽萍认为它很小，因为在她看来，舞蹈是随时随地的，舞台可能是在一棵树旁、一朵云下，因为一个真正的舞者是在心里跳舞的。

(1)杨丽萍的收官之作、舞剧《孔雀》是在哪里演出的？(国家大剧院)

(2)舞剧《孔雀》分为几个篇章，分别是什么？(春夏秋冬 4 个篇章)

(3)杨丽萍早年有哪些著名的代表性作品？(《孔雀公主》《雀之灵》《雀之恋》)

(4)杨丽萍如何看待“孔雀”这个意象？(东方人美学的象征和代表)

(5)舞剧《孔雀》总时长为多少？(1 小时 50 分钟)

(6)舞剧《孔雀》将在全国多少个城市巡演？(30 个)

(7)杨丽萍的舞蹈表演生涯有多少年？(40 年)

二、冗余信息的听辨

一般性的、未经专业人员或机构加工过的语音材料，冗余信息往往充斥其中，这些冗余信息的存在为听辨者的信息获取设置了一定的障碍。

冗余信息包括说话者无意使用的一些语气词语，例如“嗯”“啊”“呢”“呀”“嘛”“么”等，这些词语一般是说话者在调节气息时无意使用的。一些地方方言也常在一句话结束后加一些语气助词。

此外，无意识出现的冗余信息还包括一些口头禅，例如，有的人喜欢在每一句话后都加一句“是吧”或者“然后”，这类词语在实际口语表达中不具备实质意义（关于口头禅的内容将在本书第七章《口语表达失畅的原因与应对》中详细介绍）。

当然，还有一些冗余信息的出现是说话者自身表达能力欠佳造成的。例如，有的人说话说不到点子上，总是处在核心内容的边缘却不能一语中的，似在表达或阐述某观点但又好像有所游离。还有的人讲话啰唆重复，相同的意思颠来倒去不停地讲，造成语言表达“水分”过多。

下面这段文字是中央人民广播电台的一位记者在“十八大”记者采访区的现场报道：

我现在就是在人民大会堂东大厅的记者采访区，在现场我看到许多摄影和摄像记者为了抢占一个最佳的拍摄位置，今天早上早早就来到了现场，现在他们已经架起了照相机和摄像机正在做着最后的调试工作。另外，广播记者的话筒和采访机也已经摆满了音箱的周围。网络编辑还有文字记者也在紧张地做着各种准备工作。

新一届中央政治局常委与中外记者的见面会很快就要开始了，现在记者纷纷抓紧最后的时间与后方的编辑联系介绍现场的情况。我看到一些电视台的主持人也和我一样，通过直播连线的方式为观众朋友们介绍会场内记者们的准备活动。

为了将历史性的时刻在第一时间传播出去，文字区的前排位置已经早早被文字记者抢占了。在现场，记者们大都争先恐后地写稿发稿，有不少的人在埋头快速敲击着键盘，那份专注和敬业令人敬佩。时间在一分一秒地过去，现场的记者们都在翘首以盼，等待目睹和记录新一届中央政治局常委的风采。

这段将近400字的现场报道其实包含了大量的冗余信息。记者的本意应该是向听众介绍记者见面会现场的一些情况，考虑到广播不具备可视性的客观情况，这位记者详细地描述现场的空间布置情况本身无可厚非，但是，有一些话是根本不需要讲的，例如，摄影摄像记者做着最后的调试，这是常识，不用说听众也会明白他们在准备现场做什么。听众关心的可能是今年的摄影摄像记者与往年相比数量有何变化，哪家媒体的记者抢占了最佳位置、记者所使用的设备有何变化等。同理，对于文字记者埋头敲击键盘的叙述也是冗余信息。

延伸阅读

记者打断官员废话

21日江西全省26条河流超警，抚河、信江等河流发生超历史纪录的特大洪水。18时30分左右，江西抚河干流右岸唱凯堤发生决口，截至22日7时30分，决口扩大到400米。

至此，江西全省17条圩堤决口，全省26条河流超过警戒水位。唱凯堤决口，严重威胁下游5个乡镇14.5万人口、京福高速公路、316国道以及12万亩耕地的安全。

21日晚，央视《24小时》报道抚河汛情，央视主持人邱启明连线江西防总办公室副主任平其俊，询问汛情。

平其俊强调唱凯堤历史上曾多次决口，当他在介绍江西省委书记、省长的指示之时，主持人打断说："平主任你告诉我，决口有多大？下游的群众有没有转移？"

但平其俊又开始介绍国家防总副总指挥、水利部部长、国家防总秘书长、水利部副部长、江西省防总副总指挥、水利厅厅长的"重要指示"。

主持人再次打断，问："平主任，我是非常想了解下游的群众有没有转移。"

（节选自2010年6月23日人民网）

三、素材的价值与新闻敏感性

在分辨出重要信息以及其他有用信息后，听者需要进一步对获得的素材进行整合。关于素材筛选和整合的原则，我们不妨从判断新闻价值的五大要素方面寻找思路。

新闻价值主要包括时效性、重要性、显著性、接近性和趣味性，这五大要素为判断语音材料是否有价值提供了标准。

从是否具备时效性的角度判断，材料中最近发生的事或者是足够新鲜的内容可以被保留使用；从是否具备重要性的角度判断，影响人群广、受众影响程度深的内容可以被保留使用；从是否具有显著性的角度判断，与重要人物（如领袖、精英等）有关或者事件本身就是空前的，这样的内容可以被保留使用；从是否具有接近性的角度判断，与说话对象物理距离或心理距离接近的内容可以被保留使用；从是否具有趣味性的角度判断，与人们利益相关，或者是具有人情味、情趣性等要素的事实可以被保留使用。

无论是专业记者进行新闻报道，还是日常生活中的口语表达，利用五大要素进行话语素材的筛选都可以帮助我们提升对新闻的敏感性。

案例分析

以记者报道新闻发布会为例，面对同样的新闻发布会和发言人，不同的记者往往会对发布会的内容进行不同的筛选，并根据所属媒体的定位以及报道目的进行新闻报道。

国新办曾举行过一次“著名作家与中外媒体记者见面会”，这次见面会邀请了四位著名作家参会，在四位作家进行简短发言后，媒体记者可以自由提问。见面会结束后，有的记者撰写的稿件只是将四位作家的发言进行了简要摘录，这样的新闻报道只能算作中规中矩，但在传播效果上欠佳。有的记者则选择了特定角度，提炼了不同作家回答中的共性内容，展示出一个经由记者挖掘出的新主题。

下面是一则报道中的节选内容：

“著名作家与中外记者见面会”在京举行

……

“新媒体时代的文学需要新的表述”

在中国文学一步步摸索前进的道路上，悄然而至的新媒体时代带来的冲击算是一个“坎儿”。雷达特别谈到，当今社会进入了数字化时代、图像化时代，多元的文化、各种多媒体手段，使得文学的存在空间受到严重挤压。今天的文学如何存活下去，如何得到读者的认可并取得大的发展，是业内一直在思考的问题。他说，文学并没有到“穷途末路”，因为它是语言的艺术，在任何时候，人们都需要从文学中汲取营养。问题在于文学在今天如何能够吸引人，而不让人昏昏欲睡。“今天的文学和传统的文学不一样，如果我们仍然用古老的传统方式去表达，那是我们的不足。现在我们需要新的表述，但要立足于传统的基础上。在某些领域里，当代作家的创作可以说是落后于生活的，某些作品显现出一种思想和精神资源层面的贫困，自我重复、缺乏原创力的现象十分普遍。原创力只能到社会生活的深处去汲取，创新性只能通过创造性转化传统来实现，这是一个艰苦的过程。”

“我从来不相信纸质读物会消失，别人说什么，我也不会相信。”在作家王树增眼中，关于传统文学和纸质书籍面临的“危机说”是一种“小题大做”。他说，电子媒体和纸质书籍在社会生活中处于不同的层面，并不存在“哪一种阅读方式会消失”的问题。但是电子读物无疑给纸质读物带来了巨大的生存压力，这也是活生生的现实问题：“我更愿意看到，当下影视传播手段和传统的纸质读物阅读是互相促进的关系。如果真有人在看了电视剧或者电影之后，依旧有兴趣去读一本纸质的出版物，愿意把这本书放在他的书房里，那也是一件好事。我认为无论是影视媒体还是纸质书籍，优秀的作品都在共同构建我们的心灵史。”

……

（节选自2011年11月9日中国作家网）

作家见面会上，作家的发言内容很多，但这篇稿件以“新媒体时代的文学”为角度切入，回应了社会上关于“新媒体对传统文学作品的冲击”之类问题的热议，具备了较强的新闻时效性和明确的针对性。此外，“新媒体时代的文学”正好是两位作家都谈论到的话题，从这个角度切入对作家的零散发言以及记者的诸多提问也进行了较好的整合。

实战演练

1. 两人一组进行练习，一位同学朗读下面的材料和问题，另一位同学不看材料内容回答相关问题。

第一组

【朗读材料】

长江韬奋奖、第22届中国新闻奖评选24号在北京揭晓，我省新闻界再创佳绩，荣获多个奖项：浙江日报报业集团朱仁华获长江韬奋奖；温州广播电视台“7·23”动车追尾事故现场直播、中国宁波网评论《老何说河说了些什么》荣获中国新闻奖一等奖；《金华日报》《多彩QQ群　和谐新空间》获中国新闻名专栏奖；浙江卫视评论《温州，让民间资本回归实体经济》、杭州《都市快报》通讯《吴菊萍：勇敢的妈妈伟大的母亲》、宁波电视台专题《星星的约定》等三件作品获得中国新闻奖二等奖；《钱江晚报》评论《生命第一　抢修第二》等7件作品获得三等奖。（浙江台报道）

【回答问题】

(1)本届是第多少届中国新闻奖？

(2)获长江韬奋奖的朱仁华是哪个单位的？

(3)广播电视报道中获中国新闻奖一等奖的作品是？

(4)几件作品获得三等奖？

第二组

【朗读材料】

本次古共六大的召开引起了众多国家的关注，下面我们就来连线本台记者朱华，请他来为我们介绍一下美国方面是如何看待此次会议的。

主持人：朱华你好！

记　者：主持人你好！

主持人：我们知道按照会议的议程，古共六大将在古巴当地时间19号闭幕，那么到目前为止，据你的观察，美国的媒体是怎样来看待这次会议的？还有就是他们比较关注哪些方面的议题呢？

记　者：美国舆论认为，时隔14年再次举行的古巴党代会预示着古巴经济社会的新变化，《美国季刊》的一篇文章是这样说的，“古巴的这次党代会是一次历史性的会议，其重要程度不亚于1975年召开的第一次代表大会。”1975年的会议正式确立古巴按照苏联的经济模式来建设社会主义，文章说自从2007年以来，古巴政府已经陆续采取了一系列措施来改进经济运转模式，包括在农业部门实施市场导向的激励措施，逐步减少对国有企业的补助，放宽对个人兴办商业企业的限制等。那么此次大会将在此基础上详细地讨论和审议政府的经济改革方案。新举措包括，取消粮票供给制，鼓励私营企业发展等，将涉及交通、农业、能源和房产等多个领域。《纽约时报》评论说，“这些举措是1968年古巴商业国有化以来的最重要的变化，是古巴不景气的经济现状迫使古巴领导人做出上述政策调整的。”

主持人：那么除了经济议题之外，美国媒体还关注哪些与会议有关的问题？

记　者：美国媒体实际上很关注古巴领导层的变化，而且以往很少见到美国媒体以一致赞赏的口气来评价卡斯特罗兄弟，并且对古巴的未来表现出一种期待。《国际先驱论坛报》和《纽约时报》发表了同篇文章，标题是《干部任期限制提议预示古巴新时代》，文章说，按照新提出的各级领导最多两任、每任五年的限制任期，那么劳尔·卡斯特罗本人最晚也将于2018年卸任。多家报刊还认为，任期制将给年轻一代提供更多的机会。因为劳尔·卡斯特罗自己也承认说，古共领导层现在是青黄不接，无论是党的还是行政的系统都需要注入新的活力。《纽约时报》评论说，任期制的提议远比古巴民众私下里的议论更为大胆，也远远超出了人们的预期。那么，表明古巴共产党正在努力使党政干部系统年轻化。《洛杉矶时报》则用“塑造国家未来”这样的语汇来界定古巴党代会，文章说会议的一大任务是，讨论并组成新的领导层。目前可以肯定的是，包括卡斯特罗兄弟在内的革命领导人将逐步把权力移交给新一代，例如受命负责经济改革实施情况的原经济部长马里诺这样的新生代干部。

主持人：无论一个国家还是一个政党，正视现实着眼未来总是值得期待和鼓励的。

【回答问题】

(1)本届古巴共产党代表大会距离上一届多少年？

(2)1975年古共第一次代表大会确立的路线是什么？

(3)2007年以来，古巴执政党采用了哪些新的经济措施？

(4)本次大会要讨论的新举措包括什么？

(5)美国主流媒体对古巴高层领导权的调整持什么态度？

(6)古巴新的干部管理制度最重要的规定是什么？

【参考答案】

第一组：(1)22；(2)浙江日报报业集团；(3)温州广播电视台的“7·23”动车追尾事故现场直播；(4)7件。

第二组：(1)14年；(2)按照苏联的经济模式建设社会主义；(3)农业施行市场导

向的激励措施，逐步减少对国有企业的补助，放宽对个人新办商业企业的限制；(4)取消粮票供给制，鼓励私营企业发展等；(5)关注，赞赏；(6)任期制：各级领导最多两任，每任五年。

2.下面是一场新闻发布会中记者提问环节的部分实录内容，请选择合适的角度对这场新闻发布会进行口头播报，注意对发布会的素材进行筛选和整合。

……

凤凰新媒体记者：您刚才提到了政协对反腐的立场和态度，有媒体称最近会有更大的老虎落马，请问怎么理解这个“更大的老虎”？

新闻发言人：首先我要讲啊，这个政府啊，党和政府，和我们人民群众啊，在反腐这个问题上，我们的态度是一致的。我套用一个网络热词，就叫啊，大家都很任性。所以在这一点上，我说，没有分歧。如果有更大的老虎，一定要挖出来。在过去的一年，党中央坚持无禁区、全覆盖、零容忍，严肃查处腐败分子，着力营造不敢腐、不能腐、不想腐的氛围，成效明显，在反腐斗争中要发现一起，查处一起，发现多少，查处多少，没有不受查处的铁帽子王。大家都支持啊，有老虎的话都把他挖出来，这个态度上，大家都很任性是不是啊？(笑)我个人认为啊，就是啊，还有没有更大的老虎，那么这个作为一种猜测的话，我觉得啦，这个没有多大意义。老百姓，包括有媒体认为，如有更大的老虎一定要挖出来，这种心情完全可以理解。

中国日报社记者：今年是世界反法西斯战争和中国人民抗日战争胜利70周年，我们注意到日本政府领导人表示将对过去那场战争的责任表态，想请问发言人中国对此的态度是什么？谢谢。

新闻发言人：在“二战”结束50周年和60周年之际，前日本领导人分别发表过村山谈话和小泉谈话，就70年前那场侵略战争对中国和亚洲各国造成的灾难作出有关表态，对走和平发展道路作出承诺。但总体上，包括现政府领导人在内的大部分政界人士从来没有像德国领导人对纳粹屠杀犹太人那样深刻反省，真诚道歉，取信于国际社会。相反，却在教科书、靖国神社、慰安妇、南京大屠杀等问题上掩盖事实真相，挑战历史正义和人类良知。我们奉劝日本政府的现任领导人，“二战”已经过去70周年了，是深刻反省历史的时候了，我们敦促日本政府作出对历史负责任的表态，是要分清战争的性质，促使日本走和平发展道路。

……

中国经济网记者：发言人您好，我的问题是中国把共建“丝绸之路经济带”和21世纪“海上丝绸之路”倡议提了出来，这个倡议在世界范围内得到了广泛的关注，有人把“一带一路”战略比喻成中国的“马歇尔计划”，请问发言人对此有何看法？谢谢。

新闻发言人：我本人是新成立的“南南合作”促进会的会长，外交部是我们的主管单位，是帮助中国企业“走出去”。我跟我们的会员对话，我外出演讲的时候，有很多人问到同样的问题。首先,“一带一路”是谋求不同种族、信仰、文化背景的国家共同发展,强调共商、共建、共享,而“马歇尔计划”有特定的时代背景、政治意图和大量的附加条件。“一带一路”从互联互通做起,倡导成立丝路基金和亚洲基础设施投资银行,为周边国家和区域合作提供更多的公共产品,是“南南合作”区域合作的新模式,所以简单地把它比作“马歇尔计划”是不妥的。

去年,国务院研究“一带一路”的愿景与行动的时候,全国政协就此专题召开双周协商座谈会,开展系列的调研,提出了政策建议,我们期待尽早实现互联互通,让沿线各国人民共享“一带一路”的建设成果。

……

《北京晚报》记者:大家都知道,今年1月6日北京与张家口冬奥申委在瑞士洛桑向国际奥委会提交2022年冬奥会的申办报告。请问发言人,如果申办成功,您认为会对北京大气污染治理有哪些帮助?谢谢。

新闻发言人:你从治理大气污染这个角度来谈冬奥会申请的意义,我认为这个切入点很新颖,所以我本人倒很乐意跟你分享一下我的一些看法。北京因为有举办2008年夏季奥林匹克运动会的成功经验,我们申办的优势还是比较明显的,但是交通拥挤和大气污染还需要进一步的治理。

关于治理大气污染,冬奥申委主席、市长王安顺认为申办和筹办冬奥会能够加速区域大气污染治理的进程,从现在算起至2022年还有7年时间,如加速推进北京市清洁空气行动计划,原定2030年实现蓝天白云的目标有可能提前。

加速大气污染治理,不仅可以使京津冀1亿多常住人口受益,而且受首都圈榜样示范作用影响,全国各地也会加速,并对邻国产生好的溢出效应。我想,国际奥委会会充分考虑以上因素,让此次冬奥会落户北京与张家口。留住“奥林匹克蓝”,我们充满期待。

第四章 真实客观的展示介绍——描述

■ **本章要点**

1. 空间描述的话语逻辑
2. 描述的差异化
3. 描述的情境化

第一节 空间描述的话语逻辑

核心提示

对空间的描述需要把握整体和部分的关系，整体与部分的关系构成了空间描述的一重逻辑。“移步换景”的方法能够帮助口语表达者描述清楚复杂的空间环境，以人停留点的变化而进行的描述构成了空间描述的另一重逻辑。

描述的对象一般是某一具体的人物、事物或是真实存在的现场。日常生活中，人们几乎每天都会对某一具体事物进行描述。“今天天气晴朗有微风”，这是对气象状况的描述；“这台电脑运行速度快，节省电能”，这是对产品性能的描述；“他身材高大、英俊挺拔”，这是对某人外貌特征的描述……以上这些都是生活中常见的描述，如果离开了描述，人类的社会生活将变得抽象而艰难。

除了对人物、事物进行描述外，真实存在的现场也是常见的描述对象。所谓现场指的是事件发生的场所及当时的状况，也指直接从事生产、工作、试验的场所。现场的存在是真实而客观的。在社会生活中，身处现场的人往往有着对现场进行描述的需要。

比如，在新闻事件发生的现场，出镜记者需要面对摄像机对该现场进行展示和介绍，对新闻现场的描述考验着出镜记者的专业素养。又如，在社会生活中，人们可能会遇到做笔录、做证人的情况，当案件发生时，报案者首先要做的就是对案件的发生现场进行语言描述。必要时，知情人还需做笔录，警察会根据知情人的描述对案件发生的时间、地点、人物、环境等关键要素进行记录。知情人对案发现场的描述越具体、越详细，对后续案件侦破起到的作用就越大；反之，如果当事人语言表达不流畅或者缺乏逻辑，甚至对现场的描述出现了错误，那么极有可能导致案件的侦破陷入困局。

综上所述，按照描述对象的不同，可以将描述大致划分为两大类：一类是对具体人物、事物的描述，另一类是对真实现场的描述。

对人物、事物的描述需要把握好其特点和差异，由此进行话语组织能够使描述取得较好的效果。如运用"种差＋属"的方式为具体对象进行概念界定，对人物、事物的描述也需要利用好描述对象的差异及属类。

相较于单纯地对某一具体人物、事物的描述，对现场进行的话语描述往往更加复杂，这是由于作为描述对象存在的现场是由若干人物、事物构成的，并且人物与事物间存在着普遍联系和逻辑关系，因此，对现场进行的描述要着重把握好人物、事物间的关系。具体而言，对于现场的描述需要掌握空间描述的话语逻辑、描述的差异化策略及情境化策略。

一、作为载体的空间

人物、事物的存在和呈现需要依托特定的空间，离开了空间而存在的人物或事物是不完整的。客观真实的现场也是基于特定的物理空间而存在的，作为现场背景环境的空间为现场的存在设定了关键元素并产生着特定限制。

一般认为，空间是三维立体的，水平面与垂直面共同构筑起了空间的架构。水平面为现场提供了平面延伸的空间，垂直面为现场补充了纵向延展的空间。以新闻发生

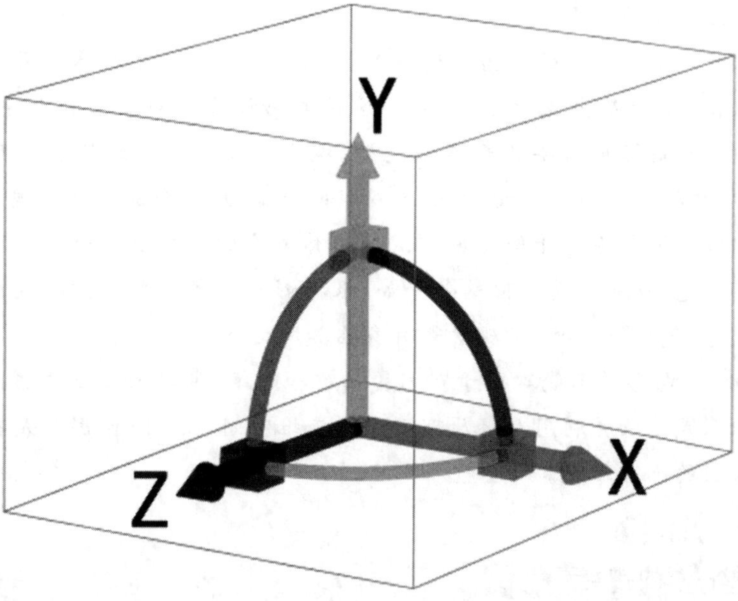

图 4.1.1 三维空间

的现场为例，新闻现场的空间即是新闻事件发生的背景环境，由于载体功能的存在，空间为新闻事件的发生发展提供了必要的物理平台。新闻现场的空间包含了诸多要素，如新闻发生的具体地点环境、室外的天气状况、室内的光线明暗、物品摆设等。新闻现场的这些要素往往也是新闻事件中的要素，处在新闻现场的记者要对一系列的空间内容进行有条理的说明以帮助观众尽可能详尽地了解新闻现场环境。

延伸阅读

空间的维度

在物理学中，描述某一变化着的事件时必须依赖一个变化的参数，这个参数就叫作维。几个参数就是几个维。

零维是点，一维是线，二维是面，三维是静态空间，四维是动态空间(四维的存在是考虑到了时间的因素，当然这只是一种说法，并不是说第四维就是时间)。

具体而言，零维是点，点没有长、宽、高。一维是由无数的点组成的一条线，只有长度，没有宽和高。二维是由无数的线组成的面，有长、宽，没有高。三维是由无数的面组成的体，有长、宽、高。因为人的眼睛只能看到三维，所以四维及以上很难解释。

由于人类自身的生理条件原因，目前人类只能理解三维，至于三维以上的维度可以通过数学理论来构建。在量子力学领域，科学家认为世界是十一维的(十维空间+一维时间)。

人类对空间的理解是不断从单纯的认知走向多样化使用的。随着现代科学技术的发展，人类对空间利用的一个最显著的例子是立体电影。立体电影打破了人们在固定平面观看二维影像的习惯。

立体电影是利用人双眼的视角差和会聚功能制作的可产生立体效果的电影。有人认为3D立体电影最早出现于1922年。这种电影放映时两幅画面重叠在银幕上，通过特制眼镜或幕前辐射状半锥形透镜光栅，观众可以左眼看到从左视角拍摄的画面，右眼看到从右视角拍摄的画面，并通过双眼的会聚功能，合成为立体视觉影像。

近年来，4D电影也逐渐开始火热，在3D立体电影的基础上，4D影片为人们带来了视觉、听觉、触觉、嗅觉等全方位感受。如，根据影片内容的需要，4D电影为观众设计出了雾、雨、电、气味等特效，使观看者有身临其境之感。

然而，3D、4D电影并不能等同于空间的三维和四维，事实上，3D电影是将三维空间以多重二维形式记录并利用人眼原理还原为三维空间，而4D电影则是将人体的触觉和嗅觉作为新的感官维度。

二、描述的空间逻辑

如何对空间进行描述呢？首先，作为个体的描述者需要掌握对空间进行描述的话语逻辑。提到描述空间的逻辑，最常使用的便是空间顺序，如由远及近、由近及远、从左至右、从右至左、从外围到中心、从中心到外围、从两边到中间，从中间到两边……这些空间描述顺序为我们介绍某一具体的现场提供了圭臬。可以说，将复杂的空间环境进行空间逻辑顺序的整合并以口语的形式输出是整个描述活动中的关键环节。

事实上，在介绍真实的现场时，往往并不需要对空间进行面面俱到的描述，而需要用具体的描述语言突出现场的特殊性。因此，当对空间的描述最终以口语形式输出时，口语表达者应抓住空间中的重要部分，并选取与主体事件关联最为密切的空间要素作为口语表达的要素，换言之，身处现场的描述者不应滔滔不绝，而应把握重点，使语言的组织和表达有的放矢。

（一）把握整体与部分的关系

对空间的描述需要把握的一对关系是整体和部分的关系，它们构成了空间描述的一重逻辑。“整体”是对整个描述对象的空间的宏观把握，“部分”并非整个空间的每一局部，而是指对空间起到关键作用的部分。

多数情况下，面面俱到地对整个空间进行描述往往会降低描述的效率、影响描述的效果；“只见树木，不见森林”式地对部分描述又会损害描述的客观性与整体性，甚至引起接受者的误解而导致“盲人摸象”“一叶障目”的后果。

实战演练

假如你是一位出镜记者，请根据下面的新闻资料模拟现场播报，按照整体和局部的逻辑关系对该新闻事件发生的空间环境进行描述。

新闻资料

2014年9月19日上午11时20分左右，福建省厦门市国泰大厦一楼店面一家小吃店发生管道煤气爆炸事故，周边房屋震感强烈，马路对面的一栋大楼玻璃也被震碎。事故造成6人死亡，32人受伤。以下是事故发生当天地方媒体微博所发布的实时内容：

@东南快报：【厦门嘉禾路附近煤气爆炸？求证！［吃惊］】据@－Out－－Man：国泰大厦一声巨响，隔了嘉禾路的四川大厦有强烈震感，隔壁的福园公寓玻璃都被震碎了。公安、消防5分钟内到达。

@海峡导报：＃厦门突发＃【厦门嘉禾路突发爆炸 已有1人死亡】厦门嘉禾路福园公寓发生爆炸事故，周边居民有震感，听见轰响，现场血腥一片，有人手臂被炸断。公安、消防5分钟内到达。爆炸原因不明，目前华润燃气已赴现场查看线路图。现场可能会发生二次爆炸。记者从现场了解到，目前已确定有人身亡。

@东南快报：＃福园公寓爆炸＃【初步确定4人死亡】厦门日报：爆炸地点发生在附近福园公寓。初步确定已有4人死亡。目击者称，大概有一二十人被送医急救。具体伤亡人数尚未最终确认。

@厦门日报:#福园公寓爆炸#华润工作人员到达现场,等待现场清理完毕再开始勘探,附近燃气管道已经封闭。据@福建新闻广播 FM1036、厦门消防介绍,是其中一家店面内煤气瓶发生爆炸,有 4 间店面被炸毁。目前消防搜救出 7 名伤势较严重的伤者,已被送往医院。消防正在现场稀释泄露的煤气,并继续搜救被困人员。

@厦门日报:#福园公寓爆炸#官方消息:此次事故已造成 4 人死亡,7 人重伤,14 人轻伤。再次提醒市民,请尽量绕行该区域,以避免给救援造成不便!

@厦门日报:#福园公寓爆炸#据本报记者曾嫣艳、王火炎:厦门市公安局局长林锐来到现场。另据本报记者王火炎:找到一部手机,说还有人被压里面。

@厦门日报:#福园公寓爆炸#【事故已造成 4 人死亡,26 人受伤[蜡烛]】本报记者曾嫣艳:11 时 29 分许,湖里区嘉禾路国泰大厦旁福园公寓楼下一沙茶面店内煤气罐爆炸。多部门立即赶到现场处置,厦门市领导现场指挥。目前死亡 4 人,重伤 10 人,伤者已分别送往中医院、174 医院和中山医院。

@厦门日报:#福园公寓爆炸#【已有 5 人死亡】本报记者曾嫣艳:最后一位失踪者找到,但已死亡。现场一个阿姨痛哭,居民说,她一开始拉着消防队员进去救人,现在坐在地上说:一家人都死了,就她一个老人活着。周边的热心群众帮其做了简单的包扎。

@福建日报:【#厦门福园公寓爆炸#32 位伤者名单】:32 人受伤,最小伤者仅 5 个月。(根据现场记者拍回的照片整理)。爱心转发,以便伤者亲属能够尽快找到自己的亲人。此外,现场共抢出 9 瓶液化气,从瓶身看所属公司包括:集顺、华润和百福。

……

(二)“移步换景”的空间描述

“移步换景”原本是游记最常用的一种写作手法。具体而言,“移步换景”是指对随着地点的转移和改变发生变化的景物进行描写,在这一过程中描写者自身的停留地点和所观察到的景物都在发生着改变。

在对空间进行语言描述时,我们可以借鉴并利用“移步换景”所隐含的空间逻辑顺序,以使空间描述条理清楚、逻辑清晰。在日常生活中,导游对旅游景点的介绍便是通过“移步换景”而进行的空间描述(可参考本节“延伸阅读”中的《岳麓书院导游词》)。

在新闻报道中,有时记者需要为观众介绍新闻现场的环境,如在举办大型庆典、体育盛会、展览会时,现场记者往往会“带领”观众参观主要园区、建筑或会场等空间,对这些活动发生的空间进行描述能够使观众直观地了解现场情况,并对即将或正在发生的新闻活动事件产生空间上的认知。

当然“移步换景”的空间描述逻辑与“整体和部分”的描述逻辑并不冲突,在“移步换景”的过程中也需要描述者把握好整体与部分的逻辑联系,所见未必都值得描述,反之亦然。

案例分析

2014年9月23日，中央电视台新闻频道《新闻直播间》播出了题为《台风“凤凰”来袭》的新闻，央视记者在台风即将来袭的现场进行了出镜报道。阅读下面的文字内容，分析记者对新闻现场空间所采取的描述方式，并尝试总结记者进行空间描述的逻辑顺序。

台风“凤凰”来袭

主持人：今年第16号台风“凤凰”今天上午登陆台湾地区后继续北上，预计今天明天在浙闽交界附近到浙江中部一带沿海登陆。为了应对台风“凤凰”，中国气象局已经启动了重大气象灾害四级应急响应，中央气象台也同时发布了台风黄色预警和暴雨蓝色预警。

……

主持人：随着台风“凤凰”风浪逐渐靠近，它的外围风圈已经开始影响浙江，加上北方冷空气南下，浙江台州这两天一直在降雨，现在台州附近海面风浪已经很大，来看本台记者高珧稍早前的报道。

出镜记者：我旁边就是浩瀚的东海。现在“凤凰”台风距离浙江越来越近了，并且据今天下午两点钟台州市气象台监测的数据显示，目前台州沿海的风力已经达到了9级风的程度。因此在画面里我们能够看到，在大风的影响之下，海浪层出不穷地拍打在我身后的礁石之上。我们在这里可以切身地感受到什么叫作惊涛拍岸的感觉。

平时风和日丽的时候，很多的渔船都会在大家看到的这片海域里面扬帆出海去捕鱼，但是现在，在我们的视线所及的范围之内，一艘渔船都看不到，看到的只有这些随风而动的海浪们。

那么渔船都去哪了呢？来跟着我往这边看。一堤之隔，江堤的另外一侧停靠了非常多的船只，所有的船只都在大堤的保护之下，静静地停在这个地方等待着台风的通过。并且我们能够看到这边有很多上面还亮着灯光的渔船，渔民正在抓紧最后的时间对渔船上的很多货物以及设施进行最后的加固工作。但是边防的工作人员告诉我，因为这些渔船大部分是来自山东的，他们并不了解台州地区台风的习性，很多的渔民都还留在了渔船之上，因此，此时此刻最主要的工作就是将这些停留在渔船上的渔民疏散下来，转移到安全的陆地上去。因此在画面里我们能够看到有边防渔船正在这片海域里进行巡逻，并劝离这些渔民安全转移。

渔民现在是准备转移了，那么旁边的工程怎么办呢？我们可以在画面里看到，这里有很多的油库，平时有很多的油罐车会在这里来回地穿行，可是此时此刻变得非常安静。所有的工作都停了，所有的工作人员也全都放假了。往日的喧嚣现在变得非常的安静，他们正在静静地等待着台风的通过，之后才能恢复往日的忙碌。在这儿呢，我也会时刻关注着台风对这里的影响。

主持人：台风“凤凰”在台湾南部短暂登陆后路径发生突然的变化，当地气象专家预计台风还会在台湾第二次登陆。目前大部分城市下起了大雨，来看本台记者稍早前从高雄发回的报道。

出镜记者：台风“凤凰”在今天上午的时候短暂地碰触到陆地以后呢，它的路径立刻发生了变化，那么原计划它可能是从台湾的西岸由南向北扫过台湾，但是这个路径发生变化以后就挪到了东岸。但是不论是西岸还是东岸，对于台湾来说它的南部受到的影响是最大的，所以现在我们所做的直播就是在南部的高雄市。

“凤凰”台风来袭对于高雄市来说真的是全城戒备，我们刚才在采访的时候发现，所有临街的商铺中很多商铺都已经关门了，很多的住户把一些沙袋堆在了门前，防止雨水逐渐增大以后倒灌到家里。

另外，台风来袭对于高雄来说是一个非常大的考验。为什么呢？因为，一个多月前，高雄发生了气爆事件，在气爆事件中很多的房屋和城市的处理设施都遭到了损毁。特别是排水设施，大家可以看我手指的这条路，这条路就是高雄市当时发生气爆的现场，也是高雄的凯旋路，现在这条路还没有完全修好。从昨天开始的时候，当地的主管部门就派了很多的人员对于地下的排水设施进行紧急的抢救和疏通。

那我们现在看到的并不是一条河，看到的水流就是地下的排水设施。根据目前的雨量来看，现在还可以应付目前的雨量。但是随着台风的影响越来越大，雨量逐渐增加，不知道这些排水设施是不是能够接受这样的考验。

据我们了解，当地的主管部门也备了一些重要的工具，比如他们挪来了一个非常大的抽水机以及两个皮划艇放到这附近，一旦出现暴雨的时候可以紧急抢救。

（2014年9月23日中央电视台新闻频道《新闻直播间·台风“凤凰”来袭》）

延伸阅读

岳麓书院导游词

各位游客：

大家好！欢迎您来到千年学府——岳麓书院参观游览，我非常荣幸能够成为大家这次游览的导游。我将尽力使大家通过讲解，对岳麓书院的历史、书院的文化内涵有一定的了解，不足之处还请大家多提宝贵的意见。

（岳麓书院大门口）

岳麓书院位于岳麓山的清风峡口，我们现在所处的这个位置就是岳麓书院的前门口了。请大家往上面看，有一块“千年学府”的匾，为什么岳麓书院有“千年学府”之称呢？原来，岳麓书院自潭州（现在的长沙）太守朱洞创建于宋太祖开宝九年，也就是公元976年以来，距今已经有上千年的历史了，所以有“千年学府”之称。

（岳麓书院平面示意图前）

大家现在看到的就是岳麓书院的平面图，大家可以发现岳麓书院的古建筑在布局上采用的是中轴对称、纵深多进的院落形式。主体建筑有头门、大门、二门、讲堂、御书楼，这些建筑都位于中轴线上，其中讲堂位于中轴线的中心，也是整个书院的中心位置；在中轴线的两侧主要是斋舍和祭祀的专用祠堂。这种布局体现了我国儒家思想文化中尊卑有序、等级有别、主次鲜明的社会伦理关系。

（赫曦台上）

我们现在所站的这个地方便是赫曦台了。“赫曦”的意思是：红红的太阳升起来了。当年，朱熹应著名的理学大师张栻的邀请，千里迢迢地从福建省的崇安来到长沙岳麓书院讲学，在长沙停留了两个多月，清晨的时候，朱熹常常和张栻一起登上岳麓山顶看日出，每当见到旭日腾空、霞光万丈，山川市井、万物一切都沐浴在朝阳中的时候，便激动不已，拍手道：“赫曦！赫曦！”于是，人们便将他们观日出的这个地方定名为“赫曦”，后来，张栻便在此修筑了一个戏台，命名为“赫曦台”以示纪念。

（大门）

沿着中轴线，我们便来到了岳麓书院的大门，原先的大门在江滨牌楼路一带，旧称“中门”。现在我们所见到的大门建于明代，清代同治年间进行过翻修，采用的是南方将军门式的结构。

（二门）

穿过大门，我们就来到了二门。在二门的门额上悬着“名山坛席”匾，这里的名山反映的是南岳衡山，衡山有72峰，回雁为首，岳麓为尾，“麓”为尾的意思，即南岳的最末一峰。岳麓书院因山而得名，岳麓山也因为有了岳麓书院而更加有灵气。“坛席”即席位，除地为坛，上设席位，以示学生对老师的尊重。两旁的对联“纳于大麓，藏之名山”，是说岳麓书院被浩瀚青翠的树林所掩映，藏在地大物博的岳麓山之中。这样的环境正是修身养性的好地方，难怪岳麓书院能够培养出如此多的名人大家。

（教学斋、半学斋）

穿过二门，我们便进入了院内，在左右两边，左边是教学斋，右边为半学斋，它们都是昔日师生们的居舍，相当于我们现在的大学集体宿舍。古代书院的教学方式和现在是不一样的，我们现在大部分时间是在教室里听老师讲课，而古代，学生大部分时间是在寝室里自修，老师定期开讲，解答学生的问题。当年的王夫之、曾国藩以及毛泽东等人均住在这里。

（讲堂）

讲堂是书院的核心部分，位于书院的中心位置，是书院教学重地和举行重大活动的场所，也是我们今天讲解的重点，这里是最能体现岳麓书院作为教学作用的地方。

讲堂又称“静一堂”或“忠孝廉节”堂，历史上有8次重建，30余次小规模的修缮，现存建筑为清康熙年间重建，又经过同治年间的大修后遗存下来的。

讲堂内有三块匾，分别是“实事求是”“学达性天”和“道南正脉”。首先我们来看第一块匾:“实事求是”,为民国初期湖南工专校长宾步程所撰。1917 年湖南工专迁入岳麓书院办学,匾悬挂在此,抗日战争时期被日本飞机所炸,这是后来重新制作的。

大家请看这块“岳麓书院学规碑”,它相当于我们现在的校规,为清乾隆年间所刻,共有 9 行 18 条,其中前 9 条是讲如何为人,后 9 条是进如何为学的。江泽民总书记 1993 年 3 月 16 日参观岳麓书院的时候,曾认真地阅读了碑文,认为部分条款对于今天的学生仍有借鉴作用,离开的时候,还特地托有关部门索要此碑的拓片。

(御书楼)

讲堂的讲解我们就先讲到这里,下面我们将参观书院中具有藏书功能的部分——御书楼。

御书楼始建于宋咸平二年,也就是公元 999 年,它是书院里藏书的地方,相当于我们现在的图书馆。里面的藏书主要来源有三:一是皇帝赐的,在历史上,皇帝数次赐书给书院;另外一个来源就是民间收集,以及地方官员、士子名绅以个人的名义捐赠的;最后一个来源就是书院自筹经费购买,或者自己刻书珍藏。可惜在 1938 年,御书楼及里面的所有藏书都被日本的飞机炸毁了,现存的建筑为 1986 年重建的。现在的御书楼藏书已超过 5 万册,不过它不对外开放,只是被教研人员及书院的研究生所使用。

(百泉轩、时务轩、三绝碑)

参观完御书楼,我们来到书院风景绝佳的地方——百泉轩。百泉轩因为地处岳麓山清风峡谷口溪泉荟萃处而得名。在宋代,这里是山长的住处,当年,朱熹和当时的山长张栻就曾经在此“昼而燕坐,夜而栖宿”,意思就是吃饭、睡觉都离不开这里。这主要是因为百泉轩前面有一个优美的园林,书院八景中,其中就有两景在园林中,分别是“碧沼观鱼”和“花墩坐月”。

穿过园林后,我们便来到了时务轩,时务轩是为了纪念清末维新派创办的学校——时务学堂而修建的纪念性建筑。

在时务轩的旁边就是麓山寺碑,也称“三绝碑”。麓山寺碑是我国现存碑刻中影响较大的一块唐碑,记录的内容为麓山寺的历史沿革,它是由著名书法家、文学家、篆刻家李邕亲自撰文、书写并且镌刻的。因文、书、刻三者俱佳,因此有“三绝碑”之称,又因为李邕曾当过北海太守,因此这块碑又有“北海碑”之称,人们常称其为“北海三绝碑”。

(文庙、祠堂)

下面我们将参观岳麓书院建筑三大功能的最后一部分——祭祀部分的建筑,它们位于中轴线的右侧。

中轴线右侧上面部分主要是祠庙建筑群,它是岳麓书院讲学、藏书、祭祀三大功能的重要组成部分。祭祀的人物,一般为书院所尊奉的学派代表人物、文化名流、建设功臣、有恩于书院的地方长官、知名山长以及著名学生,通过对他们的祭祀,达到端正学统、整束学风、启发后人的目的,用今天的话说就是一种榜样教育。

现在我们来到了文庙。文庙原称孔庙,是专门供奉儒家圣人孔子的地方,文庙对于岳麓书院的教育有着直接的影响，历代都有严格的礼规，要求师生都要遵循圣人的言行行事。每月的初一、十五，山长要带领学生一一朝拜；每年春秋两季举行两次大的祭典活动，地方长官也得参加，场面极为壮观。

文庙的主体建筑是大成殿。这就是大成殿。为什么要称“大成殿”呢？因为孔子是天下集大成者，所以就用“大成”来概括孔子的成就和地位，全国各地文庙的主体建筑均为大成殿。大家可能已经发现了文庙的建筑与刚才我们所看到的其他建筑不同，其中最明显的就是所用的瓦片的颜色不同，文庙所采用的颜色是金黄色，与故宫的颜色是一样的，而其他的全用的是青瓦。

岳麓书院是目前国内唯一一所还在招收学生的古代书院，文庙两侧的廊屋现在是书院在读研究生的教室。

穿过大成门，我们今天的游览也将要结束了。经过今天的参观，相信大家对岳麓书院这一千年学府的历史和文化已经有了一个大致的了解。

非常感谢大家的配合，祝大家旅途愉快，谢谢！

（节选自21CN教育网）

三、空间描述的作用

为什么要对空间进行描述？特别是对于那些可以直观看到的空间现场来说，是否还有对其进行话语描述的必要？

若要理解并回答上述问题，我们需要回归到描述的最本质的作用上来。描述，是口语表达基础环节中的组成部分，无论是新闻记者的专业报道，还是普通百姓的日常生活，描述都起着信息传递和表达交流的重要作用。本章节所讨论的描述主要是指对空间的描述，可以说，宇宙中的万事万物都处在一定的空间中，对空间的描述能够帮助我们定位认识对象、厘清空间区隔、理解空间对事物产生的意义。此外，为了更好地向他人客观真实地展示、介绍特定空间，口语表达者还需要注意空间描述应体现出差异化和情境化的特点，对描述差异化和情境化的讨论详见本章第二、三节。

实战演练

1. 如果你的朋友来到你的学校，你会带他怎样游览校园？请尝试运用“移步换景”的方法向你的朋友描述、介绍你的校园。

2. 假如你是自己家乡某处旅游景点的导游，你将怎样带领游客游览景点并对景点进行描述？

第二节　描述的差异化

核心提示

差异化描述能够突出空间中事物或事件的独特意义，同时也有利于口语表达信息传递功能的实现。对空间的差异化描述需要口语表达者能够抓住空间对象的特点，选取合适的角度切入，并捕捉听众的兴趣。

差异可以被理解为一个哲学名词，唯物辩证法认为，世界上的任何事物都有各自的特点，不存在绝对相同的事物，这种差异被哲学家定义为事物外在的差异。当然，事物也有内在差异，这是由于任何事物内部都包含着对立的因素，是矛盾多方面的统一。

在口语表达中同样体现着差异性的特点，特别是在描述的过程中，即便是对于同一客观存在的空间现场来说，不同的描述主体也会创造出不同的描述话语。空间描述话语差异性的产生，一方面是由于描述的客观对象本身就存在着内部差异，另一方面是由于不同的口语表达者自身存在着差异，主要表现为表达能力和语言习惯等方面的差异。

差异的存在其实更体现出事物所具有的不同意义，正如索绪尔认为的那样，意义的产生正是基于差异的存在。对某一空间进行差异化描述能够突出空间中事物或事件的独特意义，同时也有利于口语表达信息传递功能的实现。对空间的差异化描述需要口语表达者能够抓住空间对象的特点，选取合适的角度切入，并在描述过程中注意捕捉听众的反应并适时作出调整。

一、抓住空间对象的特点

作为口语表达者，当面对某一空间准备组织语言向听众介绍时，需要注意观察所要描述的空间对象的特点。具体而言，如何抓取空间对象的特点以及抓取哪些特点往往取决于空间对象的类型。在专业新闻报道中，处在事件发生现场的记者要有把握空间特点的能力，选取那些独具特点、能够体现新闻价值的空间要素进行描述和介绍。即便是面对同样的新闻事件现场，不同的记者因所抓取空间对象的特点不同而会相应产生不同的描述，描述的差异化特点也因此体现出来。

二、选取合适的角度切入

在抓取空间的特点后，下一步需要考虑的是从哪个角度切入并进行语言的组织。特别是在构成元素多样、现场空间复杂的情况下，口语表达者更需要明确角度，对所要描述的若干对象进行先后次序的排列。

日常生活中，常常有人在描述一个空间或现场时表现得语无伦次，往往是想要表达的内容很多，但最终让旁人听得一头雾水、不知所云。上述问题的产生在很大程度上可归因于切入角度选择的失误或失当。合适的切入角度的选择能够体现出口语表达者的语言素养，也能够使得描述体现出差异化的特点。

三、捕捉听众的兴趣

抓住空间的特点，选取合适的角度切入，完成这两步的工作后基本可以进行口语的输出了，即对空间或现场进行描述。由于描述是以动态形式出现的口语表达环节，因此其过程具有持续性和易变性的特点。换而言之，在描述的持续过程中，口语表达者的语言组织会受到彼时彼刻空间环境的影响，在外部诸因素的作用下，口语表达者应对输出的口语进行适时调整。

特别是在面对听众时，口语表达者应注意观察现场听众的神态表情，听众的反应是对描述效果的最直接反馈。当然，并不是所有的描述现场都有听众，比如新闻报道的现场，事实上，受过专业训练的出镜记者虽然面对的是摄像机镜头，但依旧会假想为自己正面对着万千观众进行口语播报。

当有听众皱眉头时，口语表达者需意识到自己的描述很有可能引发了听众的疑惑，那么应该减慢语速或改变表达方式以使表意清晰。当有听众睁大眼睛时，口语表达者需意识到，听众有可能对正在描述的内容表示好奇或惊讶，这意味着描述的内容是听众的兴趣点所在，那么口语表达者应该着重解释或增加语料以满足听众的兴趣。捕捉听众的兴趣并根据听众的反馈在描述的过程中适时调整口语表达，是使描述体现出差异化的另一种手段。

案例分析

2014 年 9 月，古城西安地铁一号线正式通车运营，陕西电视台的两档新闻节目《陕西新闻联播》(陕西卫视频道)和《都市快报》(陕西电视台都市青春频道)分别对该事件进行了报道。两档节目的相同之处在于，出镜记者都对西安地铁一号线的颜色进行了详细描述；不同之处在于，《都市快报》记者在对颜色描述时还增加了与该市另一条地铁颜色的比较，同时，该记者还向观众描述了这种颜色给人带来的心理感受，此外，《都市快报》比《陕西新闻》的描述角度更丰富。

我们可以通过以下节选的内容来感受两位记者对同一现场的描述差异。

西安地铁一号线试乘“初体验”

主持人：西安地铁一号线将于 9 月中旬通车试运营，目前一号线开通前的准备工作已经就绪。我们的记者今天首次体验了即将开通试运营的一号线列车。

出镜记者：目前我所在的位置是西安地铁一号线北大街站的站台层，我们可以看到一进来是以蓝色调为主的。无论是在站名的播报区域、玻璃中间的腰线，还是下面的等候区域全部都是蓝色的。

同期声：与二号线的红色主题不同，为了便于乘客的区分和换乘，地铁一号线的整体色调换成了让人感觉清爽的蓝色。走进一号线列车车厢就如走进蓝色的海洋，扶手、座椅、地面等色彩浑然一体。

……

（节选自 2014 年 9 月 8 日陕西卫视频道《陕西新闻联播》）

西安地铁一号线主打“蓝色小清新”

主持人：大家晚上好！欢迎大家收看正在直播的《都市快报》。今天的快报“头版”我们说的是一件好事。不管是西安市民还是来西安玩儿的游客，对西安地铁二号线那印象可是相当的不错。这个月，大伙期盼的地铁一号线也将正式开通，可以说西安的地铁也要进入双核时代了。地铁一号线都有什么神秘之处？和二号线有什么不同？我相信大家都迫不及待地想知道，那下面就让我们跟着记者提前去体验一下吧。

出镜记者：

（字幕：一号线 PK 二号线　区别一：颜色）

这里就是地铁一号线的车厢内部，相对于二号线热情奔放的红色来说，它（一号线）是以蓝色为主的。首先是蓝色的地板、蓝色的座椅，（车厢）上面也是蓝色的吊环。那么（一号线）给我的整体感觉是更加的平和以及包容了。

（字幕：一号线 PK 二号线　区别二：LED 屏）

相信细心的观众一定发现了在地铁一号线每一段车厢的两头都有这样一个 LED 屏，而上面显示的是中英文对照的下一站即将到达哪里的信息。这个（LED 屏）对于大伙来说也是大有用处的，因为（我）相信在之后的乘坐过程中，（在）人如果多的情况下，像车门两侧这种到站的信息（车门上方的条状站点名称）很有可能就看不到了。那么在这个时候通过车厢两端的 LED 屏就可以清楚地了解下一站即将到达哪里，那么（乘客们）也就不会再坐过站了。

（字幕：一号线 PK 二号线　区别三：座椅）

乘坐呢当然是要以舒适为主了，那么怎么样才能感觉到舒适呢？当然（座椅靠背）要跟人体后背的曲线贴合才会比较舒服。我们看到一号线的座椅靠背也做了相应的调整，它在背部是有一个弧度的，那么这会儿我坐在这儿，大伙可以看到（靠背）与我腰部是非常贴合的，那之后乘坐起来自然要比之前舒服得多了。

（节选自 2014 年 9 月 8 日陕西电视台都市青春频道《都市快报》）

实战演练

1. 请选择以下空间或现场进行描述，注意观察不同人在描述时所表现出的差异，并分析、评价大家的描述情况。

(1)早上8点钟的教室。

(2)春运期间火车站的候车厅。

(3)“十一”黄金周期间国内的主要旅游景点，如故宫、长城、九寨沟、上海外滩、秦始皇兵马俑等。

(4)中小学放学时的校园门口。

(5)城市晚高峰的十字路口。

(6)广场舞。

(7)早晨医院的挂号大厅。

(8)校园里的咖啡厅。

(9)学校的图书馆。

(10)城市早高峰的地铁车厢。

2. 2014南京青奥会开幕式于北京时间8月16日20时在南京奥林匹克体育中心体育场举行。请结合以下新闻材料，模拟出镜记者向电视观众介绍青奥会开幕式现场的情况(时长3分钟)。在新闻从业者竞争白热化的今天，请思考在面对相同的空间现场时，作为记者的你如何使你的描述产生差异化的特点从而更加吸引观众？

材料1

南京奥体中心简介

南京奥体中心位于南京河西新城中心区域，是亚洲仅有的四个A级体育馆之一，世界第五代体育类建筑的代表。奥体中心总占地面积1345亩，总建筑面积约40万平方米。主要建筑为“四场馆一中心”，其中包括体育场(含训练场)、体育馆、游泳馆、网球中心、体育科技中心。南京奥体中心总投资约40亿元，于2002年8月18日正式开工，2004年年底建成，2005年5月1日交付运行。它是十运会和第二届亚洲青年运动会的主会场，也将是2014年南京青奥会的主会场。其西南部为南京地铁一号线终点站，东面是地铁二号线。

奥体中心主要由主体育场、热身场、体育馆(太空舱形)、游泳馆(海螺形)、新闻中心(桅杆状)、网球中心(莲花瓣)、棒球场、垒球场，以及交通工程、环境景观、能源中心等配套工程和体育公园组成。奥体五大场馆以体育场为中心连成一个整体，可同时容纳8.7万人(主体育场6.2万人、体育馆1.3万人、游泳馆4000人、网球中心8000人)。五大场馆分别象征着体育与庆典、体育与未来、体育与海洋、体育与自然、体育与山川。奥体中心是2008年前全国最大的体育场，是2005年第十届全国运动会的主会场。2014 年第二届世界青年奥林匹克运动会(青奥会)将在南京举办,届时,南京奥林匹克体育中心和奥体中心体育场将成为第二届青奥会主赛场和主体育场。

材料 2

青奥会总导演:开幕式要寻找中国文化和世界交融点

新华社南京 8 月 4 日体育专电(记者王集旻 孙彬) “青奥会开幕式目前是犹抱琵琶半遮面,我希望都说出来,希望大家感受到开幕式的精彩,但也不能全说。”南京青奥会开闭幕式总导演陈维亚 4 日在被问及开幕式细节时,嘴巴还是很紧。不过,从陈维亚透露的信息来看,中国内容、世界表达将是这场开幕式创作的主要概念。

陈维亚说:“青奥会开幕式的最大特点就是,第一次在国际舞台上用艺术的形式生动形象地表现中国梦,此前我们通过媒体、通过文章表现过中国梦,但通过大型文艺表演的形式还是第一次,不仅是中国梦,还有世界梦和青春梦。”

……

对于最受关注的火炬点燃环节,陈维亚没有透露更多细节。据了解,开幕式场内火炬手、执旗手、宣誓人的人选已经基本确定,开幕式点火者将是一名青年运动员。

“我有信心地说,青奥会开幕式是我们历次承办世界顶级大型开闭幕式活动中投入最少的,但最节俭的也是最精彩的。”

届时,国内外政要、国际奥委会成员、境外贵宾和来自世界各地约 6000 名运动员及随队官员,将和现场观众,共约 60000 人欢聚一堂。

(节选自 2014 年 8 月 5 日新华社新闻)

材料 3

青奥会开幕式今晚 8 时举行　本网全媒体滚动直播

中国江苏网 8 月 16 日讯(记者袁涛 罗鹏 赵筱青 刘北洋 王逸男 唐磊 刘浏 王晶枫) 今晚 20:00,南京青奥会开幕式将在南京奥林匹克体育中心举行。下午 16:00,观众已开始安检入场。本网记者兵分多路,通过视频、图片、文字,现场直播体育场内外盛况,网友可通过网站、微博、“掌中江苏”、江苏手机报关注。

15:30,距离南京青奥会开幕还有近 5 个小时,南京奥体中心东门门口,警方正在设置路障,以便参加开幕式的观众有序入场。

15:45,南京奥体中心东门门口,杨先生带着儿子早早地来到这里。手舞国旗,头戴中国头巾,父子俩的装束挺显眼。杨先生来自湖南长沙,他带着儿子是专程赶到南京观看青奥会的。“这是在中国举行的青奥会,开幕式肯定期待有更多的中国元素。”杨先生说,为了看青奥会,他休假一周,带着仍在暑期的儿子前来,就是想让孩子来现场感受一下竞赛的氛围。杨先生表示,除了开幕式,他还会带着儿子去观看几场赛事。“比如足球和篮球赛,这些项目也是我的爱好。”

16:00,青奥主媒体中心媒体间内,国内外编辑准备就绪。

16:00,来自瑞士的一家三口,爸爸在南京工作,在中国已经两年了,女儿在南京国际学校读书,女儿平常喜欢运动,最喜欢羽毛球,第一次来观摩这种大型赛事。

18:00,记者在后台见到了开幕式总导演陈维亚。陈维亚寄语将参与开幕式报道的青年记者:“你们说好就是好,因为你们年轻!”

18:20,即将参加开幕式演出的小朋友们非常兴奋,主动在记者的镜头前摆起了pose,为了今晚,他们排练了足足半年。

18:20 左右,在奥体中心东门,一群金发碧眼的国际友人吸引了很多观众上前合影。他们是本届青奥会德国代表团的后勤保障人员。Johannes Kusber 告诉记者,他对即将开始的开幕式表演充满了期待,“这一定将会是一场精美绝伦的演出,现在我激动得汗毛都快竖起来啦!”

18:40,由溧水中学生带来的舞龙暖场舞开始。

18:40,记者在奥体中心西门入口处看到,虽然来来往往观众很多,但是没有出现拥挤的情况。在安检口记者看到,工作人员对每一位进场观众进行从头到脚非常仔细的安检,保证开幕式会场的安全。观众也在很有秩序地排队耐心等候。

19:00,在奥体西门入口,记者偶遇到悉尼和雅典两届奥运跆拳道冠军 Pascal。他告诉记者,此次自己受邀来观看开幕式,还将参加奥组委安排的一系列文化交流活动。“第一次来到南京,觉得南京很美。”他表示对此次青奥会十分期待。

19:05,为了防雨,整个开幕式场地上铺上了一层薄膜,距离开场还有近一小时,数百名武警战士正有序将薄膜移走。

（节选自 2014 年 8 月 16 日中国江苏网）

第三节　描述的情境化

核心提示

情境化的描述能够使听众更为直观、真切地感受到表达者所描述的对象的特点。情境化的描述需要注意观察人、事、物、景等对象的特征,并使输出的语言更具直观性、具体性和形象性。

抓住空间对象的特点,选取合适的角度切入,并在描述过程中注意捕捉听众的反应适时作出调整,把握好上述要点能够使描述在很大程度上避免出现千篇一律的现象,达到差异化描述的效果。除了差异化外,情境化也是描述追求的最终效果。口语表达中的描述要求表达者首先观察人、事、物、景等对象的特征,这些特征或是动态的或是静态的。其次,表达者应注意表达的直观性、具体性和形象性,进而实现描述的情境化效果。

描述的语言赋予物质对象和社会实践以意义，特别是在描述的过程中，表达者对语言的加工、处理和输出都会影响到语言意义的呈现。学者米哈伊尔·巴赫金(Mikhail Bakhtin)认为，符号没有固定的含义，相反，意义是在说话者与听众、发信人和收信人的关系之间产生的。描述肩负着说话者与听众之间意义传递的重任，而传递的发生是基于情境化的基础，因为情境化的语言描述不断延续着意义传递的链条并勾连起“不在场”和“在场”这两种不同的存在状态。

成功的情境化描述离不开细致的观察，唯有细致观察才能捕捉到事物或现场的关键性信息。除了细致的观察外，口语表达者还需具备必要的知识储备，特别是需要具备一定的生活常识。

在日常的描述实践中，常常有人因为缺乏基本的常识而闹出笑话。比如，某记者这样描述一个新闻现场，“数千俄罗斯人跳下零下 26 度冰水庆祝主显节。”我们都知道，水温降低到零度时，水就会结冰，这是基本的生活常识，但这位记者却将冰水描述为零下 26 度，闹出了笑话。“零下 26 度”应该是指当天的气温，而不是水温。

在确保完成了细致的观察和具备必要的常识后，口语表达者在说话时还必须专注，集中注意力进行描述话语的输出。如果不够专注，口语表达者常会因为分心而导致口误或语塞。

以上这些都是描述情境化的必要前提，具体说来，描述情境化的实现还需要从直观性、具体化和形象化三方面进行训练。

一、描述的直观性

情境化要求描述的语言具有直观性。“直观”一词指的是人们在日常生活实践中对客观事物直接、生动的反映。对空间或现场描述的直观性指的是描述者用语言将所见对象直接展示、客观呈现的语言特性，描述的直观性以“直观”为突出要点，重在使听众感受到真实的情境。

二、描述的具体化

为了将听众进一步带入情境化的状态，在直观性的基础上，描述还强调语言要对描述对象的具体情状进行展示，即描述要具体化。深描纹理、勾勒线条、呈现局部，描述的具体化关注空间现场的细节。描述的具体化最直接的效果是真实，相较于宏大的描述，对空间现场细节的关注能够帮助听众看到真实的环境、感受真实的场面构造。

A、B 两位练习者对春运火车站现场进行了如下描述，其描述反映出了一些易出现的典型问题。

A. 人很多，看不清楚人的脸。

B. 火车站内人们都在干自己的事情。

A 和 B 的描述都没有失实，也确实是现场的真实情况，但是 A 说得过于含糊，很难让听众了解到具体的现场信息。B的描述则不够规范，显得过于随意。对于春运中的火车站现场可以这样描述：火车站候车室里有很多人拥挤地排着队，他们神色疲惫，等待着检票广播的通知。

三、描述的形象化

有了直观性和具体化的描述意识后，口语表达者也就基本能够驾驭一般的空间现场描述行为了，这是情境化描述的基础。而在此基础之上，描述还对口语表达者的语言输出提出了形象化的更高要求，这也是为了让听众对描述的空间现场产生身临其境的感受。

描述的形象化需要口语表达者掌握一些修辞手法，如比喻、拟人等。特别需要注意的是，修辞手法的使用仅是为了形象化呈现的需要，不可因为修辞的使用而损害描述的真实性。合理的联想与想象对描述形象化的实现也是必要的，但应在描述时杜绝一些不合理的想象，比如在地震废墟现场，出镜记者就不应该向观众讲述自己想象中的废墟里有学生被挤压或有人被压得头破血流的场景。

案例分析

在下面这则材料中，体会出镜记者的描述话语所体现出的情境化效果。

第29届夏季奥林匹克运动会于2008年8月8日20时在中华人民共和国首都北京国家体育场鸟巢开幕，并于2008年8月24日闭幕。在奥运会开幕的前一天晚上，央视通过现场连线的方式对鸟巢的情况进行了报道。以下是当时截取的连线报道内容：

主持人张羽："冬日娜，请你说一说现在鸟巢的情况。"

记者冬日娜："主持人，您好！你要我说说现在鸟巢的情况吗？好的，我现在就在国家体育馆鸟巢门外，在这里，我已经无法想象王府井车水马龙的繁华，也无法想象天安门广场人头攒动的欢腾热闹，我只感觉到，现在的鸟巢异乎寻常地宁静。我从这个宁静中感觉到，我们的鸟巢好像是一个待嫁的姑娘，她在静静地等待着，等待我们民族等了100多年、筹备了7年之久的北京奥运会的召开。主持人，那就让我们都静静地等待那个神圣时刻的到来吧……"

出镜记者用"现在的鸟巢异乎寻常地宁静"来直观地描述开幕式前鸟巢现场的情况，为了突出这种宁静，记者还用无法想象"王府井车水马龙的繁华"以及"天安门广场人头攒动的欢腾热闹"来烘托鸟巢的宁静。在形象化方面，"我们的鸟巢好像是一个待嫁的姑娘"这一句运用比拟手法，将鸟巢比作待嫁的姑娘，形象生动地展现出开幕式前鸟巢现场的状态。总体来说，记者的现场描述情境感较强，能够让观众感受到真实的现场氛围。

延伸阅读

“这里是伦敦”:爱德华·罗斯科·默罗与描述的情境化

爱德华·罗斯科·默罗(Edward R. Murrow,1908—1965)是美国著名广播电视新闻工作者。1908 年 4 月 25 日生于北卡罗来纳,1965 年 4 月 27 日卒于纽约。毕业于华盛顿州立学院。1935 年进入哥伦比亚广播公司,1937 年开始主持该公司在欧洲办事处的工作。1938 年他首先从维也纳向美国听众报道了纳粹德国入侵奥地利的消息。第二次世界大战期间,他从伦敦报道战况新闻,多次在英国广播公司大楼屋顶上进行德国空军轰炸伦敦的现场实况报道。他报道新闻的第一句话“这里是伦敦”在美国流传很广。

情境化描述战争新闻现场是默罗所擅长的,默罗的现场报道能够让听众真正感受到现场的存在,他客观、冷静的报道风格也赢得了美国听众的信任。

1938 年 3 月,默罗从伦敦赶到华沙,筹办一个文化节目。此时,希特勒开始武装进占奥地利。得知此消息后,默罗大吃一惊并用 1000 美金包下一架 27 座的客机,独自直飞维也纳。

1938 年 3 月 12 日,默罗在德军进占维也纳的同时,向美国听众广播了他的第一篇战争报道:

“我是爱德华·默罗,此刻正从维也纳报道。凌晨 2 点 30 分,希特勒本人还未到市内。看来,没有人知道他会在什么时候到这儿。但是绝大多数人预料他会在明早 10 点之后的某一时刻到达……我是几小时前乘飞机从华沙取道柏林来这儿的。从飞机上鸟瞰维也纳,我发现她跟从前没有两样。但是维也纳确实有所变化……人们在这里把武器举得要比柏林高一些,而且,人们说起‘嗨,希特勒’这样的字眼时声音也要高一些。……年轻的纳粹冲锋队员乘车在街道四周游荡。他们乘着军用卡车、各种型号的装甲车,唱着歌,向人群投扔橘子皮。几乎所有的重要的大楼都设有武装警卫,包括我临时广播的这座楼房。整个城市有一种断定要发生某种事情的迹象,每个人都在等待着,想知道希特勒在什么地方,什么时候会到达这里。”

这次报道被视为广播史上的第一次“现场直播”。

两年后的 1940 年,不列颠空战时期,《这里是伦敦》(*This is London*)的广播报道获得了较大的影响力。默罗的报道总是尽可能地贴近战争一线,让听众听到隆隆的飞机声、爆炸声等一切与轰炸场景有关的元素,为美国听众提供了一种身临其境的战火体验。

为了对战争前线的情况做一手报道,默罗曾勇敢地站在英国广播公司大楼的楼顶对空袭现场进行直播:

“这里是伦敦,这里是伦敦……我现在站在屋顶上,俯瞰着伦敦全城。我估计大约不出 1 分钟,在我们周围就会听见炮声了。现在探照灯就向着这个方向移动。啊,你马上就会听到两颗炸弹的爆炸声。听!炸弹响了!过一会,这一带又会飞过来一些弹

图 4.3.2　美国著名广播电视记者默罗

片。现在弹片飞来了，越来越近了。”

通过上述两个案例我们可以发现，默罗在对新闻现场进行报道时特别注重细节的描述，注重通过直观、具体、形象的语言使得描述产生情境化的效果。

默罗曾告诉年轻记者：“广播没有别的技巧，唯一的技巧就是当你广播的时候，你想着你是到了一个酒吧，喝了两杯后，向你的朋友谈论今天发生了什么，用这样的语气来广播，你的听众一定爱听。”

曾任 VOA 台长、后任 NBC 新闻评论员、普利策奖的获得者约翰·钱塞勒对默罗曾做出这样的评价：“默罗是个很有才干的人，他天生具有新闻报道的灵感和历史感，又是才华出众的作家。”

实战演练

1. 任意选择三个词，围绕这三个词展开联想和想象，在描述每一个词语的基础上将三个词语编成一个有意义的故事。注意尽可能将听众带入你所创造的情境中去。以下是可供选取的词组。

(1)门　油画　赛车模型

(2)玩偶　浮雕　指南针

(3)暖气　吊灯　酒瓶

(4)高尔夫球棒　纸袋　茶杯

(5)手串　桌布　闹钟

(6)开关　遥控器　插线板

(7)窗户　晾衣架　水桶

(8)橘子　猕猴桃　香蕉

(9)平板电脑　手机　网线

(10)旧杂志　书架　透明胶

(11)汽水　香烟　网络写手

(12)短裤　绝症　烟灰缸

(13)相片　杜鹃　佛光

(14)梧桐树　彩灯　除夕

(15)孜然　小龙虾　蜜汁鸡翅

(16)生意人　广告　赶场

(17)皮鞋　领带　背包

(18)办证　擦鞋　乞讨

(19)菜市场　公交车　秤

(20)古塔　喷泉　寺院

2.以下是云南鲁甸地震的相关新闻报道，阅读下列材料，描述地震救援现场的情况，尽可能使描述语言情境化。

材料1

据中国地震台网正式测定，8月3日16时30分在云南省昭通市鲁甸县(北纬27.1度，东经103.3度)发生6.5级地震，震源深度12千米。据了解，此次地震震中距离鲁甸县城约25公里，距巧家县城约40公里，距昭通市约50公里，距昆明市约240公里。震中30公里范围内平均海拔约为2500米。

材料2

新华网云南鲁甸8月8日电(记者侯文坤 浦超 吉哲鹏)　1200万方的堰体、上百吨的巨石……鲁甸地震灾区牛栏江红石岩堰塞湖险情牵动着全国人民的心。

8月3日，云南鲁甸县发生6.5级地震，引发正在建设的红石岩水电站上游的一处山体滑坡，造成会泽县纸厂乡江边村委会区域内牛栏江堵塞形成堰塞湖，河段水位上涨，群众生命财产受到严重威胁。

堰塞湖威胁有多大?

“这是灾区目前最大的堰塞湖。”现场指挥此次堰塞湖排险工作的武警水电部队指挥部总工程师马青春向记者介绍，湖面距离堰顶还有40多米的高度，目前水位正每天上涨，如果遇到降雨天气，涨得还要更快些。

在高山峻岭间行进10余公里后，记者看到湖面上随处可见房梁、门板、石棉瓦、生活用具等大量漂浮物，从堰塞体岸边爬上堰体顶部150米左右的距离，记者手脚并用足足用了10多分钟时间。

堰体上巨石林立，基本没有平整的地方。两侧是悬崖峭壁，一遇滑坡，整个山间都轰轰作响，令人心惊。着实难以想象地震时这里发生了怎样的景象。

堰体清理有多难？

现阶段当地正采取工程应急排险和群众转移避险并举的方法，同时加大堰塞湖上下游水库、水电站的联合调度，并组织气象和水文部门实时加密现场监测。5日，随着3台挖掘机先后转运至堰塞体边上并开始作业，堰体的清理工作也正式启动。不过受周边地形地势等客观条件影响，清理工作仍旧面临多重困难。

云南省防汛抗旱指挥部的一份灾情报告显示，堰塞体体量约1200万立方米，顺河方向宽度达到753米，往下游方向延伸了很长的距离。堰塞体70%来自于右岸的山体崩塌，堆积物中巨石体约占10%，块径30厘米以上的约占30%。

如何排险？

国家防总、水利部前方工作组专家李坤刚表示，堰塞湖处置有3个阶段，分别是应急处置、后续处置和永久处置阶段，而目前正处于应急处置阶段。

马青春向记者介绍，目前应急处置阶段初定的施工计划是围绕降低堰体高度，开挖泄流槽。根据现场地形"就沟挖沟，就槽挖槽"，在堰塞体顶部开挖底宽5米、深8米、坡比1∶1.5泄流槽，不过由于频繁的山体滑坡和必要的局部爆破随时会带来新的变化，泄流槽的走线也还有可能做出动态调整。

材料3

中新网昭通8月10日电（记者李进 樊应龙 黄鑫） 10日上午11时35分，4台满载救援物资的轮式全地形车将2吨应急救援物资安全送达鲁甸县火德红乡，标志着由云南某预备役师组织的、中国人民解放军首次运用轮式全地形车参与地震救援的活动成功实施。

全地形车的意思是适合所有地形的交通工具，俗称"沙滩车"，又称"全地形四轮越野机车"，车辆简单实用，越野性能好，具有宽大的轮胎能增加与地面的接触面积，产生更大的摩擦力而且能降低车辆对地面的压强，使其容易行驶于沙滩、河床、林道、溪流，以及恶劣的沙漠地形，可载送人员或运输物品。

10日上午，记者跟随该师运送物资车队满载救援物资从鲁甸县大坪农场出发，1个多小时后抵达火德红乡。记者从当地群众口中得知，9日晚上的大雨导致进入李家村的山区公路部分路段塌方严重、路面异常湿滑。该师政委王恩富果断决定运用全地形车将救援物资分批次转运到灾区群众手中。10分钟后，4台全地形车满载大米、食用油等生活物资沿着依山而建的盘山公路朝着李家村进发。

第五章 核心内容的语言组织——叙述

■ **本章要点**

1. 叙述的思维方式
2. 叙述的结构方式
3. 叙述的语言风格

第一节 叙述的思维方式

核心提示

叙述要求表达者具备连贯的逻辑顺序，顺叙和倒叙是最为常见的两类叙述顺序。叙述对思维的准确性提出了要求，叙述者应该如实、客观地反映原材料中出现的信息内容，如果说错了也不要担心，要学会圆场补救。对于叙述者来说，一定要舍弃文本，只有摆脱对稿子的依赖心理才能更好地适应镜头前口语表达的要求。

一、叙述的顺序

所谓叙述，是指说话者利用听辨后的语音信息，结合自己的记忆、理解和编辑，以语音的形式对外输出的过程。

不同于描述，叙述的主要对象是更为复杂的事实性材料内容。类似于我们通常将文章体裁分为记叙文、说明文和议论文等，口语表达的叙述对象也包括具有记叙性质的材料、具有说明性质的材料以及具有议论性质的材料。

从日常生活中我们对身边的人讲述故事，到专业记者出镜报道新闻，这些涉及口语表达的活动都离不开叙述。叙述对表达者的逻辑思维提出了更高的要求，其中首要的一点就是要求表达者的叙述具备连贯的逻辑叙述顺序。本节主要关注顺叙和倒叙这两类常见的叙述顺序。

(一)顺叙

顺叙是叙述中最常见的一种方式。顺叙要求表达者按照时间顺序(或其他合理的顺序)将一个事件用口语化的表达方式清晰地叙述出来。以顺叙的方式进行叙述时，表达者只需要根据原材料的叙事顺序进行复述即可，不必刻意调换材料中内容的顺序。

下面是一位练习者在观看完“东莞厚街镇镇党委委员贪污”的新闻报道后以顺叙的方式完成新闻叙述的实例。

案例分析

新闻材料：

主持人：日前有网友在多个网站发帖举报，广东东莞市的一名官员涉嫌贪腐，这名官员拥有多辆百万豪车和大量房产，保守估价近20亿，东莞市纪委表示已接到举报，正在按程序处理。

解说词：厚街镇上的一栋三层独栋别墅门口停着一辆黑色轿车，轿车的挡风玻璃上放着一张厚街镇政府的车辆通行证。按照举报网帖上所说，这个地址上的这栋别墅和这个车牌号对应的这辆价值约49万元的车就是被举报人东莞市厚街镇党委委员、武装部长、镇人大副主席林伟忠的。举报网帖称，林伟忠名下拥有大量豪车和房产，总价值近20亿元，林伟忠涉嫌滥用职权、买官卖官、征兵受贿、伪造国家机关设立小金库、包养情妇、赌博成性等多项问题。记者前往东莞市市委核实网帖举报内容是否属实，市委回应说目前仍在调查中。

东莞市纪委宣教研究室主任：这个案件我们接到信访举报以后，我们按照相关的程序调查办理，目前这个阶段处于调查了解的阶段。

解说词：林伟忠手机和住宅电话均无人接听，在东莞市厚街镇政府林伟忠的办公地点敲门时也无人应答。厚街镇一名工作人员说，镇党委已经获知此事，林伟忠已经向组织做了相关说明。

厚街镇某工作人员：他说自己在圈里面工作，可能涉及得罪别人，可能是给人家诬告，具体有没有其他的事情我们也不知道。

(上海卫视《东莞纪委回应镇干部身家20亿网贴内容》)

现场叙述实录[①]**：**

有一个举报的……日前我们接到了一封来自东莞市的举报网帖，网帖内容举报，一个东莞市的一个镇的干部，然后贪污受贿，涉及包养情妇等多项罪名。然后，在他名下有多处房产，还有些豪车，价值约20亿。那么，接到网帖之后，市纪委已经开始逐步调查，然后，现在林伟忠已经拒绝……接受电话，然后和他接触采访，但是，政府的工作

---

① 本书中所有的“实录”内容是对练习者现场表达的原始记录，因而其中可能出现一些不符合书面用语的表达错误。另，出现在“实录”中的“……”表示说话者在现场表达中出现了停顿状况。

人员透露，林伟忠仍然正常上班，在被举报之后，林伟忠也已经向上级表示说，有可能是因为在工作过程中对于一些人，接下来，表示自己是被诬陷的。然后是，具体情况还有待进一步的调查之中。

分析点评：

可能是由于第一次练习叙述，该练习者在说话的时候显得较为紧张，叙述语言不够流畅，一些语句磕磕绊绊。但总体上看，这位叙述者按照原有新闻材料内容以顺叙的方式完成了对这一事件的叙述。在这段叙述实录中可以看出，表达者使用"然后""那么""之后""接下来"等一些表示顺序的连接词，虽然这些词语的使用不够自然流畅，但至少可以看出表达者具有顺叙叙述的用词意识。

（二）倒叙

根据材料内容的不同，有时叙述者也可以改变原有材料的叙事线索。倒叙是另外一种较为常见的叙述顺序，是先交代事件发展的结果，然后一步步溯回事件的开端和发展。倒叙最大的优点是能够吸引观众或听众的注意力。另外，先说结果再交代过程的顺序也便于观众或听众的理解。

下面这则新闻讲的是一起抢钱包的事儿，故事内容比较长，对于此类新闻，叙述时不必苛求面面俱到，但特别要注意把握叙述的顺序，这样才能让观众（听众）更好地了解事件核心内容。

案例分析 1

新闻材料：

主持人：昨天，通州法院开庭审理一起抢劫案，被告人负隅顽抗，结果被从重处罚了。

被告人：好好地接受教育，到监狱以后接受教育，重新做人。

栏目记者：今年 2 月 15 号下午 5 点多，黄小飞在大街上公然抢走了陈女士手上的钱包。出于一个什么想法，就想去抢她包呢？

被告人：就是每天干一天活，下午没活了，意思就是抢一个包，把这一天挣的钱补回来。

解说词：黄小飞，今年 26 岁，家住北京市通州区马驹桥镇，由于父母过世得早，很小的时候他就被过继给了姑姑。虽然姑姑和姑父已经有三个孩子，但是他们一直对失去父母的黄小飞格外疼爱。

栏目记者：人那么多你怎么也敢抢呢？

被告人：当时脑子，我癫痫病，脑子也有点（不清醒），什么都没想，就直接抓住就跑了。

解说词：黄小飞没上过几天学，因为小时候持续的高烧让他患上了癫痫，时不时地会发病，他现在也没有找到一份正式工作，只能靠打零工赚一些钱。

法官：她右手拿了个钱包？

被告人：对，长的。她在我前边走，我在她后边，直接把包抓住我就跑了。

解说词：2014 年 2 月 15 日正月十六，那天是周末，黄小飞一天没有活干，下午 5 点多，他溜达到马驹桥商业街，看见陈女士一个人走在前面，便冲了上去抢过陈女士的包。

被告人：没多少米，到一个胡同里面，把钱包扔胡同里面了，那个女的把钱包捡起来了，那个男的还继续追我。

栏目记者：听到陈女士的呼救，路人朱先生挺身而出，他将黄小飞追到了我身后的这条巷子里，慌不择路的黄小飞胡乱闯进了一户人家里，拿起户主家的洋镐挥向了朱先生，想要借此夺路而逃。

被告人：门槛把我绊倒了，他就在我后面按住了我，我不知道他从哪拿了那个洋镐就打我抢我，我一反抗就起来了，我把那个洋镐夺了过来。

法官：你跟那个女的之间发生没发生打斗？

被告人：没有。

法官：你确定吗？

被告人：确定。

解说词：虽然黄小飞一再为自己狡辩，但是根据掌握的证据，检察官认定黄小飞的行为已经构成抢劫罪而不是抢夺，法官当庭做出了一审判决。

法官：被告人黄小飞犯抢劫罪，判处有期徒刑一年十个月，并处罚金人民币 4000 元。

法官：公然夺取他人财物，同时又为抗拒抓捕而当场使用暴力的，这种行为就可以转化为抢劫。

（北京卫视科教频道《商场门前抢钱包　负隅顽抗被判刑》）

现场叙述实录：

近日发生了这样一起抢劫案，犯罪分子在法庭上仍然负隅顽抗，法官判处这名男子一年十个月的有期徒刑，并处以罚金 4000 元。

据了解，犯罪嫌疑人黄小飞今年 26 岁，从小，他就被过继给自己的姑姑抚养，尽管姑姑家里已经有了三个孩子，但是姑姑、姑父对他仍然是疼爱有加。但是黄小飞从小患有癫痫症，所以至今也没有找到一个合适的工作，只是一直在打零工。

这天呢，黄小飞一天都没有接到什么活儿干，于是他就在下午的时候在街上闲溜达。溜达着溜达着，他就想到，这一天没挣到什么钱这可不行，于是他看到了在超市门前有一个提着包的王女士，他便起了歹心。于是，他冲上去抢夺了王女士的包，然后落荒而逃。正在这时，一位姓朱的先生听到王女士的叫喊，于是开始追赶黄小飞，把黄小飞追到了一条窄巷子里。黄小飞这时候也非常着急，扔下了包就跑进了一户人家当中，但是这时候朱先生仍然对他紧追不放，情急之下，黄小飞拿起了一个工具想要和朱先生抗争一下，但是被绊倒，朱先生和他厮打了起来。最终黄小飞还是被赶来的警方以及朱先生制服。

在法庭上，黄小飞拒不承认他自己是犯了抢劫罪，而只是说抢劫了王女士的包。但是根据法官提供的证据，已经被定罪为抢劫罪。在此也要提醒广大市民群众，对自身安全一定要倍加防范。

分析点评：

这段叙述采用倒叙的叙述方法，事实清晰，先说结果，然后再叙述整个过程。叙述者首先交代了这个案子的审判结果，这一交代让我们对这个事件有了一个基本的判断。接下来，叙述者再从头到尾给我们讲述了这个事件的过程，在这一过程中，听众的注意力也被始终吸引着。不过，这段叙述将被抢的“陈女士”说成了“王女士”，有点小瑕疵。

案例分析 2

新闻材料：

主持人：在香港，一个半岁大的女婴被怀疑在街头被拐走，至今仍然没有找到。香港警方将案件列作怀疑拐带儿童案处理，正在追击一名有内地口音的中年女子。

解说词：星期天凌晨，大批机动成员和便衣成员在女婴被怀疑带走的现场调查，出动警犬在附近搜索，婴儿的妈妈也到现场协助警方做案情重组。

助理指挥官：问路期间太太觉得身边有人经过，但她不是很清楚何人经过，7 点多的时候应该有很多人在附近经过，希望如果市民目击这件事，跟警方联络，任何出租车司机或公交车司机目击女子带走婴儿的情况，可以跟我们警方联络。

解说词：这就是怀疑被拐走的女婴，她刚刚半岁。婴儿的妈妈说，星期六晚上 7 点半左右她推着婴儿车到公园门口，有一个穿黑色上衣蓝色牛仔裤、操内地口音的女子向她问路。她感到这个女人好像用身体遮住了她的视线，身边似乎有人经过但是她并没有留意，之后她就推着婴儿车向前走了十几步，发现车子重量减轻了不少，这才发现女儿不见踪影。有住在九龙城的家长说要提高警觉。

警方已经把案件列作怀疑拐带儿童案，由九龙城重案组调查，除了九龙城景区，临近口岸的新界杯景区也呼吁警员要多加留意。

（凤凰卫视《香港女婴被拐》）

现场叙述实录：

近日在香港，一名女婴被拐走，警方怀疑是一起拐卖女婴案并且怀疑对象为内地的一名中年女子。对此，香港方面的警方已经在现场进行了调查，在现场的助理指挥官回答了记者的相关问题，向大家介绍了目前的大概情况。记者在采访女婴母亲的时候发现，其实女婴被拐走的时间是在当天下午的7点半，此时女婴的母亲带着女婴在街上行走，有一名来自内地的中年女子问路并用身体挡住了母亲的视线，之后女婴便被拐走。随后记者又采访了九龙城的许多家长，家长们纷纷表示，要对这种现象提高警惕。对此，九龙城已经设立专案组对这一事件进行调查。

分析点评：

这位叙述者选择了以倒叙的方式进行叙述，整体叙述较为流畅。首先，叙述者交代了事件的结果——一名香港女婴被拐走，一名内地中年女子被怀疑。接下来，叙述者回顾了女婴被拐走的前后经过。最后，以九龙城设立专案组调查为补充信息收尾。

二、叙述对思维准确性的要求

(一)严格遵照原材料的内容

叙述要求思维具有准确性，而叙述者应该如实客观地反映原材料中出现的信息内容，要注意原材料中关键词语的使用，不能想当然地加入自己的理解。尽管口语表达具备一定的灵活性，在一定程度上其严谨性弱于一般书面文体，但是叙述者表达的准确性如果过差，将会妨碍受众对信息的接收和理解。特别是对于新闻记者来说，当向观众或听众叙述新闻事件的时候务必要确保基本信息的准确，否则会带来不良后果甚至造成虚假新闻的传播。

下面的这则案例中，两位同学对原材料中信息的叙述便产生了错误偏差。

案例分析

新闻材料：

家住在四川达州市的姜先生最近非常烦恼，明明是我孩子做了好事现在反倒被赖上了。

今年6月，他的儿子和两个小朋友在楼下玩耍，看见一个老太太摔倒了便上前去扶，不料，老太太起身之后却说是这三个小朋友将她撞倒的。姜先生坚信孩子没有说谎，本月他拒绝了三个孩子共支付7500元医药费的司法调解建议并且报警，他说希望还孩子一个清白。

今天《南方都市报》就报道说，“达州市达川区公安局分局昨晚发布消息称，已经查明，受伤者蒋老太太是自己摔倒并非由三个小孩推倒，现决定给予蒋某某行政拘留7日的处罚。但是因为违法人员蒋某某已经年满70周岁，依法决定不予执行。”

针对这件事情，《京华时报》也发表了特约评论员文章，题目叫《惩戒讹人老太 护佑良知的种子》，文章说，这起扶老太被讹事件被曝光之后，无数人为之愤怒，警方迅速查明真相，对讹诈做出惩罚，可谓大快人心。期待以此为契机能通过法治的手段让那些讹诈者为自己的无良行径支付沉重的代价，而不是逍遥法外或简简单单道歉了事。只有这样法治才能产生足够的震慑力和约束力来传递更多惩恶扬善的价值能量，让人们在公共生活中被更多善良的阳光普照，让施善者安全，更多地、放心地伸出援手。更重要的是，不能让孩子从小就害怕帮助别人。

（上海卫视《四川达州三小孩扶老太遭讹》）

现场叙述实录：

A：近日，四川达州的姜先生非常烦恼，因为他的孩子受到了诬陷。他的孩子在跟其他小朋友一起玩耍的时候，非常善良地救起了一位摔倒的老奶奶，但这个老奶奶站起身后却诬陷说是这三个小孩撞倒的她。姜先生为了还自己孩子的清白，就没有同意对方家人提出的7500元的调解，并且报了警。最近呢，据《南方都市报》报道，这个警方，达州当地的公安局已经证实，这位蒋姓老太太是自己摔倒的，并不是三个孩子把她撞倒的。于是呢，这件事情……并且予以这个蒋老太太一定的处罚，但由于她年事已高，已经70多岁了，所以就把处罚给取消了。这件事情呢，在网络上还有当地的许多媒体中也引起了轩然大波，大家就评论说，首先我们应该去确立更多的法律去保护孩子的这种良知，不能让孩子在这么小的时候就去害怕救起别人。

B：在四川达州，三个小少年在玩耍的时候，扶起来了在他们前方摔倒的老太太，但是老太太却表示是三个少年将她撞倒的，以此要那个，要他们支付相关的费用。然后其中一位少年的父亲姜先生表示，不相信自己的孩子……相信自己的孩子做了好事却被诬陷。但是当地的司法机关却表示说，要姜先生一家支付7500元的精神损失费，但是姜先生拒绝了这件事情。然后《南方都市报》曝光表示，蒋姓老奶奶的确是自己摔倒并不是这三个少年将她撞倒的，然后要处以大概是7日的刑事拘留，但因她年纪比较高了，已经70多岁，然后这个拘留就不予执行。然后，《京华报》对这个事情发出了一些倡议，发出了一些报道并且倡议，应该加强执法力度让这些不良的……无机可乘，并且提高法律约束力，希望更多的孩子能够坚守住内心的阳光，然后多多行善。

分析点评：

A叙述者总体上来说叙述准确性较好。B叙述者的表述中出现了错误，“行政拘留”和“刑事拘留”不是一回事。B叙述者在提及报纸名称的时候也犯了小错误，原材料中说的是《京华时报》而不是《京华报》。其实，在叙述中完全可以不必说出媒体的名字，除非这个媒体具有重要意义，非说不可。另外，媒体发表的报道和评论也不是一回事，如果说不清楚就说某报纸即可，但不可以把这些信息说错。

（二）避免引起误会

除了严格遵照原材料中的基本信息外，叙述中也要尽量避免误会的产生。特别是使用一些同音字词或近音字词的时候要特别慎重，避免因表达者叙述的失误引起观众或听众的误会。

下面的案例中，叙述者的一处表达细节就容易让人产生误会。

案例分析

新闻材料：

主持人：欠债还钱，天经地义，但是现实生活中我们讲经常欠钱的是大爷，对不对？

前天上午，河南新乡有一家宾馆发生了这么一个事情，我们一起来看，图片上条幅文字写道："XX 镇镇政府你妈喊你来宾馆付饭费"，另一条幅写道："新乡市尊老爱幼协会郑 XX 请来宾馆付饭费"。很明显，挂这两个条幅的目的就是为了要钱嘛。我的天！要个钱你搞这么大阵仗，你这是打人脸呐！原来宾馆这么干实属无奈，他们已经都停业了，员工 9 个月没发工资，外债有 100 多万怎么要都要不回来。为了早点要回钱，员工在无奈之下挂出了两条大条幅，没想到这条幅刚挂不久还真管用，这条幅一挂出来欠钱不给的镇政府马上就把钱结掉了，要求只有一个——"你们赶紧把条幅去掉"。宾馆人员说了，对其他欠钱的单位他们还是会继续用这种方式进行曝光。我觉得还是赶紧把钱还了吧，尤其是这个，还什么尊老爱幼协会，听这个名字这么有素质的协会一个饭钱都拖欠，这让别人怎么看你。

（安徽卫视《不堪客户"打白条" 宾馆挂条幅要债》）

现场叙述实录：

A：一所宾馆外面挂出了巨大的横幅来催债，原来这所宾馆已经停业一个多月了，共欠外债 100 多万，可是有众多的客户欠债未还，所以此宾馆员工只能出此下策在宾馆外面的玻璃墙面上挂出巨幅横幅。一共有两幅横幅，我们可以看到，其中一幅上面写的是"XX 县政府你妈喊你回来还钱"，另外一幅更为具体，写的是"XX 尊老爱幼协会郑 XX 请来还钱"。然后这些打白条的客户们看到这个条幅立刻就来还钱，让这个员工觉得这一招十分好用，所以他们还会把其他欠钱不还的客户名单陈列出来挂上条幅催他们来还钱。

B：欠账还钱是天经地义的事儿，但是现实中还是这样吗？在河南某宾馆的外边，从楼顶要钱的横幅，一直垂到地面上。有一条横幅是这么写的："XX 市 XX 镇 XX 你妈喊你来宾馆付饭费”，打出横幅之后呢，这人立马就拿钱过来把账结了，就有一个要求就是把横幅给撤了。既然有钱为什么不还呢？人家宾馆都已经停业，员工已经很久都没有结工资了，既然有钱就应该还钱。

分析点评：

A、B两位叙述者都在一个细节的表述上出现了失误。从上往下垂的叫“条幅”而不是“横幅”，横幅应该是横着打的。我们应当要注意表达当中可能会让人产生误会的细节。

延伸阅读

那些常被弄混的“两会”说法

音同或音近的词语往往是口语表达叙述过程中的雷区。在每年的“两会”报道中，许多与“两会”相关的政治术语容易引发混淆。

1.“代表”和“委员”不一样

“代表”是指全国人民代表大会的成员。

“委员”是指中国人民政治协商会议的成员。

2.“提案”“议案”“建议、批评和意见”别弄混

全国人大代表提的是“议案”。议案是联名提的，单独一个代表不能提议案。

全国政协委员提的是“提案”。政协提案则实行提出提案的时间不限、内容不限、人数不限的“三不限制”原则。

“建议、批评和意见”是人大代表为相互沟通和改进自身工作提出的，内容十分广泛，可单独提出，也可联名提出。

3.“审议”和“讨论”不一样

全国人大代表“审议”政府工作报告。

全国政协委员则是“讨论”政府工作报告。

4.“界别”和“届别”不一样

“界”是针对政协委员的工作领域分类而言，如“经济界委员”等。

“届”是从时间上说的，指的是九届、十届、上一届、本届等。

5.“国是”和“国事”别弄混

“国是”指国家大计，为国家政策方针等重大的决策，是比较宽泛广义的指称，是书面语。

“国事”指国家事务，是较具体的指称。

“共商国是”一词中应为“是”而非“事”。

6."行使权力"和"参政议政"不一样

"参政议政"是政协委员的主要职能之一,人大代表就不是"参政议政",而是"履行职责"或"行使权力"。

7."届"和"次"别弄混

人大会议是"×届全国人大×次会议"。

政协会议是"全国政协×届×次会议"。

例如,十二届全国人大三次会议和全国政协十二届三次会议,分别于2015年3月5日和3月3日在北京开幕。

8."权力"和"权利"不一样

"权力"指的是政治上或职责范围内具有的一定的强制力量或支配力量,人大代表行使的是法律赋予的"权力"。

"权利"是与"义务"相对应的说法,如"享有公民应有的××权利"。

(摘自《人民日报》官方微博)

(三)数字的叙述

数字往往能够更加准确地说明问题,但在叙述中如果过于强调数字信息则不可取,思维的准确性的实现不能以妨碍核心事实的表达为代价。下面这则练习实例或许能够让我们对如何处理叙述中的数字有所启发。

案例分析1

新闻材料:

主持人:现在全国各地都在狠抓反腐工作,对于官员贪腐是零容忍。

今年前十个月,河北省纪检监察机关就立案了14 000多件涉腐案件,除了几只大老虎也逮住了几只小苍蝇,而一些小苍蝇的腐败程度同样令人惊叹不已。

我给大家列举几例啊,河北某市车管所十多人大肆受贿几千万,某市交警支队长受贿也是过千万,等等。更夸张的是,在秦皇岛市一个区的区供水公司,总经理家里,要知道这个职位,就是一个科级干部。但是,在他家里搜出了1.2亿的现金。1.2亿元现金是什么概念啊?好吓人哪。这还不止,除了1.2亿现金还有黄金37公斤,房产手续68套。这么多现金就搁在家里头哪有地方放啊,这个梅雨季节要不要拿出来晒晒霉啊?

其实良田千顷不过一日三餐,广厦万间也只睡卧榻三尺。你说家里头有68套房子不也就能住一套吗?您不至于上半夜在一套房子里睡觉下半夜再跑到另一套房子里吧,何必呢?当然了,现在连一套都不用住了,住监狱。

(安徽卫视《科级干部家中搜出1.2亿现金37公斤黄金》)

现场叙述实录：

A：近日来，国家反腐的形势……势头特别好，然后国家搜出许多贪污腐败现象的官员，不仅有大老虎还有一些小苍蝇。在一个车管所，几十人的单位就受贿几千万。然后还有，一个科级干部家里搜出了1.2亿的现金还有37公斤的黄金，还有68套房产……

B：最近的反腐工作是进行得如火如荼，在反腐过程中不仅搜出了一些大老虎更搜出了一些小苍蝇。最近呢，在河北就搜出了一个科级干部，在他的家中有1.2亿的现金存款，还有37公斤的黄金，和38套房产手续。然后，我们就不禁想到，这个干部是不是上半夜睡一套房子下半夜再睡一套房子呢？但是现在呢，他已经不需要了，因为他现在已经住进了监狱。

分析点评：

上述叙述内容让人们感觉到，叙述者可能过于希望把这几个数字记住，这导致其对于整个材料的主干部分没有一个特别明确的概念。其实，可以先交代一个大的前提是反腐，然后再交代一个小的前提，就是不只“反”大的也“反”小的；然后进入一个具体的事件，即一个科级干部家里头也能有这么多钱，也会这样有一个腐败的现象。如果把这三个方面都讲清楚了，那么这个主干实事就很清晰了，至于那几个数字倒不一定要特别清楚地叙述出来，何况B的叙述中房产的数目还是错的。

案例分析2

新闻材料：

主持人：今天国家公务员笔试考试结束了，那让我们看看这次国考的热与冷。先来看热，这次国考共有152万人通过了报名资格审查，但是最后只有111.95万考生最后进入到考场当中。与2013年相比，2014年国家公务员考试的招录人数减少了1000人左右，报名时间也比往年少了一天，但是火爆程度仍然是丝毫不减。

解说词：今年有152万名考生通过了资格审查，进行19 000个岗位的角逐，平均招录比例为77∶1，比去年同期的69人还要高一些。其中有37个报名职位的招录比例超过了1000∶1。今年最热职位出现在国家民族事务委员会，其中民族理论政策研究室研究一处主任科员及以下职位招录两人，最终14 384人报名，竞争比7192∶1。专业范围广、门槛要求低是造成报考人员趋之若鹜的原因所在。2014国考笔试的最大变化是申论考试时间由原先的150分钟延长至180分钟，这是国考申论科目首次延长考试时间。申论考查的是考生的分析能力、概括能力、解决问题能力和写作能力。延长申论的作答时间表明考试科学性在增强，也代表了未来公务员考试的主流发展方向。

（天津卫视《2014年国考最热岗位竞争比7192∶1》）

现场叙述实录：

A：日前，2014年的国家公务员考试刚刚结束，此次国考一共有152万人通过报名，111.95万考生走进考场，跟2013年相比，并未有显著地下降。可见，国考在我国还是十分盛行。此次国考招聘岗位有1.9万，录取比为77.1%，有很多岗位都超过了1000∶1，最热岗位竞争力度达到7192∶1。而此次……值得关注的是，此次国考……考试的申论有所延长，由原来的150分钟，延长至现在的180分钟，其科学性在逐渐增强，而这也是我国国考未来的主要发展趋势。

B：国考笔试刚刚结束，让我们来关注一下国考中的热与冷。这一次国考笔试一共有152万人通过了报名的审查，而实际进入考场考试的人则是有110多万人。这一次考试的人数仍然是很多，就算是与往年相比也没有减少，而最热门的岗位出现在了国族委员会，在这个委员会里头总共招了两个人，但是录取比例却达到了7192∶1之高。而这一次国考当中也出现了一次新的变化，以往国考笔试只有150分钟，而今年则是延长了180分钟。对于这一项变化有关人员说，多出来的30分钟主要用于延长申论作答，提高……提高公务员的概括能力和解决问题的能力，这也是国考向着更加科学化发展……向着更加科学化的方向发展的标志。

分析点评：

A叙述者过于关注数字，生怕自己说错。其实大可不必这样，只要把大概意思说出来就行了，比如，将“111.95多万”表述成“100多万人”，将“7192∶1”表述为“7000多比1”，这都是完全没有问题的。B叙述者的播报状态则非常自然，没有将注意力局限在数字上，而是自然地叙述了材料内容，使用的语言多是自己的语言，这也使叙述更加生动。

(四)不怕说错，学会圆场

对于初学者来说，叙述中出现失误是正常现象，叙述者不必担心，要学会思考如何才能把说错的话圆回来。前半句出差错，后半句就需要圆回来，这是一种非常重要的即兴智慧。例如，动词用错了没关系，只要后面的名词用对了就可以，观众还是能够听懂并理解和接受的。这是即兴表达非常重要的一点，不要怕把若干个词或若干个细节说得不准确，只要确保最后总体的语义表达能够回到主线上并且不妨碍整体意思的表述就可以。

三、舍弃文本，适应镜头前的语言表达

在听辨的环节中，我们可以记录下材料中的关键信息，但是要明确：这种临时记录只是辅助我们加深记忆、理清材料线索的方式，在现场叙述的过程中，应舍弃文本。

许多初学者在叙述时总是不自觉地低头看自己所记的笔记，担心自己遗忘内容。

然而，这种习惯不利于说话者完成连贯、顺畅的叙述，也不利于说话者建立自信。所以，叙述者应该摆脱笔记和其他现成的文本内容，促使自己脱稿说话。

作为出镜记者，如果过于依赖文本则很难对准镜头说话，这将极大地影响信息传播效果。对于一般的口语表达行为，如演讲、辩论等，说话者也应该假想出自己面前有一个镜头，然后尽量舍弃文本从而适应镜头前的语言表达。

下面这则案例中，两位叙述者一位完全脱稿叙述，另一位却依赖笔记，叙述效果高下立判。

案例分析

新闻资料：

主持人：对于这些毒贩来说啊，通过快递或者开车运输毒品各有利弊，快递运毒人货分离相对来说比较隐蔽，可一旦被查获，毒贩损失惨重。而开车长途奔袭运输毒品就不一样了，很多毒贩是心存侥幸，舍命不舍财，他们以为前面是一马平川，可实际上踏上的是一条不归路。

警察：直接说货在哪得了，在哪儿呢？

毒贩：没拿货，谁的货啊？

警察：这是谁的东西啊？这是什么啊？这是什么？

毒贩：冰(冰毒)。

解说词：前不久，北京市公安局通州分局禁毒中队接到举报，一名北京籍女子李某从河北涞水县购买毒品后正在返京途中。

警察：我们发现该人乘坐的出租车，一直进行跟踪，后到这个京港澳一高速路收费站，时机成熟，我们进行抓捕。

解说词：李某，今年51岁，因为长期吸毒早已负债累累，于是她便走上了以贩养吸的道路。

警察：当时对她进行搜查时，从其随身携带的包裹里，发现一小包毒品，与咱们掌握的情况不一样。

解说词：很显然，还有大量毒品被藏匿了起来，侦查员将视线转向李某乘坐的交通工具，神色稍显慌张的出租车司机引起了侦查员的怀疑。在出租车的座位下方，侦查员起获了大量冰毒。经过了解，出租车史某今年36岁，因为吸毒与李某认识，为了逃避警方的打击，李某劝说史某开出租车来掩护贩毒，史某欣然答应。没想到二人刚一进京，就被民警抓了个正着。

警察：在两名犯罪嫌疑人车上查获大量毒品后，送往毒品检验鉴定中心，经初检为苯丙胺类毒品。

解说词：行动中，侦查员共起获毒品500余克，目前李某、史某二人因涉嫌贩毒已被警方刑事拘留。

（北京卫视科教频道《结伴长途运毒　的哥变身毒贩》）

现场叙述实录：

A：现在毒贩进行贩毒的方式有许多种，有的人通过快递的方式，这样是比较安全，也有的人通过其他的交通工具，这样就会造成自己走上一条不归路。

近期，通州警方就破获了一起贩毒案件，他们在河北进入北京的高速收费口查获了大量的毒品。他们最初跟踪了一位50多岁的女性李某，认为她携带了大量的冰毒，结果在出口进行搜查的时候发现李某身上只携带了一小包的冰毒，对此侦查员觉得事情比较特殊，因为他们观察到出租车司机有比较慌张的表现。然后在出租车司机的脚下发现了一个包裹，里面藏了大量的毒品。经过调查发现，出租车史某和李某因吸毒相识，在李某的怂恿之下进行出租车贩毒。如今李某和史某因贩毒被刑事侦查。

B：近日通州警方接到报警称，某毒贩……李某携带大量毒品进京，通过警方对其追踪，在……收费站内将其抓获。检察人员发现，出租车司机也是一名吸毒者，在他的座位底下发现了大量的……发现了大量的冰毒……警方共发现冰毒……500余克……

分析点评：

A的叙述相对较为清晰，他涉及了材料中较多的细节，但有些表述不甚恰当、有些细节也不准确。如开头"这样就会造成自己走上一条不归路"的说法不恰当，因为快递方式也是一条不归路；再如新闻中是说"出租车的座位下方"起获了冰毒而A在叙述中说成了"司机的脚下"。毒品犯罪中，毒品的重量是一个关键性信息，所以如果叙述者能够叙述出毒品的重量是最好的。虽然对于数字的记忆并不苛求，但是能记住也是一件好事。B叙述的骨架是没有问题的，并且向我们非常简明扼要地交代了这个事件的过程，但是该叙述者在叙述的过程中过于依赖自己所记的笔记。对于电视新闻中的叙述者来说，一定要做到脱稿，不能养成过于依赖现成材料的习惯。只有摆脱对稿子的依赖，才能更好地适应镜头前口语表达的要求。

实战演练

1. 阅读下面这段"马云跻身世界新首富"的电视新闻报道材料，然后脱稿进行新闻叙述。

新闻材料：

财经网有报道，马云跻身中国新首富，身价大概是王健林的两倍，阿里巴巴成功登陆纽交所并且开盘报以92.7美元，较68美元发行价上涨了36.3%，阿里巴巴市值达到2383.32亿美元，至此，阿里巴巴执行主席马云的身价也到了212.12亿美元，超过王健林和马化腾成为中国的新首富。

统计数据显示，马云的身价今年已经涨了248%，这可能是因为阿里巴巴集团业绩的表现出色，而在截至去年12月份的9个月当中，阿里巴巴的营业额大幅增长了57%，远远超过了之初33%的增幅。

与此同时，同样是网络公司的大佬马化腾则因为腾讯先后几次股价震荡经历了一场过山车似的财富体验。而大连万达的创始人王健林则因为公司没有上市所以财富评估相对稳定。

据悉，目前首富王健林在彭博全球富豪榜上排名第84位，而按照目前阿里巴巴股价计算，马云的财富有可能跻身榜单的30名左右。说到富豪的身价，说实话，一般人想起来血压都是噌噌地往飙，动辄就是几百亿的身价。于是就有人说，做互联网就要做成马云，做地产就要做成王健林，做通讯就要做成马化腾等。但是别忘了，一个领域拔尖的人只有一个，多数是普普通通的人，干活还得老老实实地干。

（广东卫视《马云跻身中国新首富 身价约为王健林两倍》）

2. 阅读下述新闻材料，先自己尝试叙述，然后从思维准确性的角度对材料后的一则叙述实例进行评价。

新闻材料：

主持人：日前，上海海关在查验的时候发现可疑物品；再查，竟然是121条活生生的非洲蟒蛇。

解说词：通关时，这121条球蟒由黑色丝袜包好放在一个个塑料盒中，整齐地打包在一个大号的拉杆箱里。这些球蟒大小花色不一。据介绍，球蟒原产于非洲，身长1米左右，在受到惊吓时会将身体蜷缩呈球状，因而得名。海关缉私官员介绍，这些蛇通常走私后交易贩卖，这起案件也不例外。11月6号中午，海关在验放一批香港来上海航班的旅客时，发现该男子可疑，其行李箱通过安检机时图像异常便拦住询问。

海关旅检关员：当事人回答我们说，只是携带了个人物品以及一些橡胶玩具。在打开行李后，我们发现是白色透明盒子包装的、由黑色丝袜包裹的团状物品，仔细检查我们发现是活体蛇。

解说词：但是男子却矢口否认，还强调这些只是玩具蛇。

嫌疑人：这不是蟒蛇，这是玩具蛇。蟒蛇有这么小的吗？你见过？

解说词：然而蛇不停地蠕动，有的还爬出了塑料盒。面对不争的事实，男子终于承认，这些活体蛇是由美国运至香港，再由他从香港运送来上海。缉私官员还在男子的手机当中发现了他与顾客的交易记录。根据《濒危野生动植物种国际贸易公约》，这种球蟒属保护动物，受国际贸易管制。

海关缉私侦查员：他的行为已经触犯了我国《刑法》规定的“走私珍贵动物罪”，未来这名当事人可能会面临最高是无期徒刑的刑事处罚。

解说词：目前此案已移送并刑事立案。这121条球蟒也移送给相关部门做下一步处理。

（深圳卫视《活蛇闯关 一男子携球蟒被查扣》）

现场叙述实录：

球蟒是一种原产于非洲长约1米左右的蛇，当它受到惊慌的时候呢，会蜷缩成一团故被称为球蟒。而在11号上午左右，在上海飞往香港的一个上海……在面临上海海关的检查时，一名男子被检查说他携带了121条球蟒，当时海关发现图像检测发现异常，打开行李箱发现了有白色塑料盒装的、由黑色丝袜包裹的121个盒子，结果发现类似于像蛇一样的东西。但是乘客予以否认表示是玩具蛇，但是面对蛇的蠕动，他不得不承认这是活生生的蛇。后来男子表示，他是从上海打算去香港进行走私交易。相关部门表示他触犯了国际公约中走私濒危动物的刑罚，为此他将面临最高无期徒刑的指责，而对于这121条蟒蛇，将表示移交相关部门进行处理。

3. 下面的这则新闻与医患纠纷有关，请先阅读新闻材料，然后进行新闻叙述练习。（提示：在新闻材料中涉及了许多复杂的概念，叙述时要把握整体框架并注意准确性。）

新闻材料：

主持人：近年来，医患矛盾成为大家关注的焦点话题。昨天，朝阳法院向朝阳区卫生局通报了近期审理的5起医疗纠纷案件，并要求他们督促医院尽快整改。

解说词：2013年7月16日，单先生的老伴曹女士因为风湿性心脏病住进了北京的一家医院。然而手术后第八天，曹女士因为医治无效死亡。

单先生：手术做大了，最主要是把主动脉和主动脉瓣给卡了。

解说词：单先生认为，老伴的死是医院造成的。随后，在北京市医疗调解委员会的调解下，单先生与医院签订了协议，接受了医院40多万的赔偿。可没过多久，单先生觉得医院赔得少了，要求撤销当初的调解协议。

被告医院委托代理人：医调委的调解协议书是在双方自愿平等的情况下依据法律法规，由专业的人员进行评价后，双方认可的、合法有效的一个调解协议书。

单先生：我就是不认可医调委对我的这些个（调解）。没有钱的当时，甚至于马上就要流浪街头，在无奈的情况下我签的字。

解说词：法院经过审理认为，医调委的调解结果没有明显违反公平原则，也不存在重大误解。2014年11月21日，法院作出一审判决，驳回单先生的诉讼请求。

法官：人民调解协议达成以后，30天之内，双方当事人可以向人民法院申请，确认人民调解协议有效。如果出了这样的裁定书，那双方当事人的法律关系就完全稳定下来，就固定化了。一方或者双方就没有反悔的机会了。

解说词：记者了解到，单先生这起案件一共花了一年零四个月。据主审法官陈晓东介绍，这只是医患纠纷的一个缩影。

记者：我现在所在的是朝阳区人民法院，今天在这里召开了关于医疗纠纷案件典型通报会。从会上我们了解到，截止到 11 月 20 日，朝阳法院新受理的医疗纠纷案件达到了 213 件。针对近年来医疗纠纷案件逐年上升的一个趋势，从今年的 1 月 1 日起，朝阳法院开始实施《关于预防和化解医疗纠纷案件便民机制的实施办法》。此实施办法对于医疗纠纷的化解起到了很好的作用。

北京市朝阳区卫生局副局长：如果要走司法程序，就起码要 8 个月以上甚至要 1 年。这样（实施办法出台）当天咱俩和解了以后马上就到法院做一个确认，他（患者）就当天能够拿钱，这事就算了结了。所以我们觉得这对医患双方、对医疗机构的双方都是很有好处的。

解说词：陈晓东法官说，实施办法中确立了简易程序、速调快结、典型案例通报等便民机制。截至 11 月 20 日，朝阳法院已化解医疗纠纷 17 件，最快的可以当天立案当天审结。

（北京卫视科教频道《死者家属反悔 状告医院索赔》）

第二节　叙述的结构方式

核心提示

叙述者必须要对整体材料有所提炼，发现骨架信息，做到删繁就简。材料中出现的重要信息不能遗漏，因为这些重要信息往往是新闻点所在。叙述者还可以根据经验总结出一般性的叙述结构（模式），并将其应用于日后的叙述过程中。

一、提炼骨架，删繁就简

口语表达是一种非静止的动态话语的组织和输出过程，特别是在叙述的过程中，表达者需要掌握话语表达的核心要义或中心事实，这是由于核心要义或中心事实对整个叙述过程具有宰制性的影响并对话语表达起到纲举目张的效果。

核心要义或中心事实的把握往往由“开口第一句”引出，这句话可以被理解为某一话语片段的引子或者是中心句。如果把整个叙述的内容看成是由若干句子组成的话语群，那么第一句话就是群首，句子群所要表达的全部意义由它发端。

如果“开口第一句”不能对后续的句群产生生发或提要的作用，那么叙述过程很可能因受到口语表达的动态语境影响而使表达变得支离破碎。在日常的案例练习中，常常有练习者在叙述的时候“说不下去”，仔细分析其话语内容便不难发现，在很大程度上，叙述中断往往是由“开口第一句”的不当产生的。

如何才能成功地完成“开口第一句”？要做到这一点，叙述者必须要对整体事实有所提炼，正如大多数图书都必须要有目录一样，一个明晰的框架应先于实际的话语出现。

一些科技类新闻往往带有许多生僻词或专业术语，对于材料，叙述者需要把握删繁就简的原则。在实际练习过程中，许多练习者往往非常努力、用心地试图准确记住材料中的关键术语，但这很可能适得其反，因为，过多繁复的信息可能会分散口语表达者的注意力而使其所叙述的内容产生偏差。

我们可以通过以下对科技新闻叙述的实例，来体会如何提炼骨架信息并做到删繁就简，不求事无巨细。在下面这则案例中，叙述者做了较好的示范。

案例分析

新闻材料：

主持人：再来关注一项科研新突破，今天上午10点，清华大学对外发布，我国科学家在国际上率先证明了热休克蛋白90a是一个全新的肿瘤标志物，它在血液中的含量与肿瘤的恶性程度密切相关。

解说词：肿瘤标志物，指的是可以反映肿瘤存在的物质，在肿瘤患者中的含量远远超过健康人，是治疗过程中诊断的重要检测对象。今天清华大学抗肿瘤药物国家工程实验室对外发布，我国在国际上率先自主成功证明了一种新的肿瘤标志物——热休克蛋白90a，可用于肺癌患者的病情监测和疗效评价。同时研究发现，癌细胞通过分泌热休克蛋白90a促进肿瘤转移。

实验室主任罗永章：这个蛋白质的尾巴有四个氨基酸，在细胞内被另一个蛋白质抓住了，不让它分泌到细胞外。但我们发现其中有一个开关，学术叫磷酸化，尾巴这个地方就暴露出来了，有一个蛋白酶就把它给切掉了。这个尾巴一旦切掉以后，它就分泌到细胞外了。它净干坏事儿，到血液里面开始逛来逛去，所以帮助肿瘤转移。

解说词：人的热休克蛋白90a是一种维持细胞稳定状态的关键蛋白，自1989年被发现以来，它的分泌调控机制始终无人破解。罗永章教授率领的科研团队不仅率先揭示了热休克蛋白90a如何从细胞内分泌到血液中，而且证实它在血液中的含量与肿瘤的恶性程度正相关。

实验室主任罗永章：我们发现在癌症病人里边，它的含量明显高于健康人，高了5倍甚至还高。分泌到细胞外以后发现，它不仅仅分泌到血液里面，这相当于打开了一个潘多拉的魔盒，它成了魔鬼了。肿瘤病人越晚期的时候它含量越高。

解说词：目前，全球有31个被明确用于癌症检测的标志物，但都是国外科学家发现和定义的，而我国科学家的这项发现有望使热休克蛋白90a成为国际上最好的肿瘤标志物之一。这将对我国和世界的肿瘤临床治疗产生重大影响。

中国工程院院士程书钧：对于预后监控以及使临床医生来判断治疗效果怎么样，

病人恢复怎么样，这都是一个很好的监控指标。应该说不仅对于我们国家，而且对于国际上监控肿瘤的整个治疗预后，以及对临床大夫来判断他们治疗的效果应该都是有很大价值的。

主持人：那这项重大的医疗突破能不能给癌症患者立即带来福音呢？科学家们再次给出了肯定的答案。清华的科研团队自主研发的热休克蛋白 90a 的定量检测试剂盒目前已经完成了临床试验，结果显示这种检测试剂对于提高肺癌患者的病情监测和疗效的评价水平具有重要的作用。

解说词：据罗永章教授介绍，患者只需要取一滴血液通过热休克蛋白 90a 定量检测试剂盒检测血浆中热休克蛋白 90a 的含量，就可以检测癌症患者的病情变化和治疗效果。这是人热休克蛋白 90a 被发现 24 年来，全球首个将其用于临床的产品。

实验室主任罗永章：国家药监局批准这个肿瘤标志物，它是可以用于病情监测和疗效评价的。你比如说，一个医生，他给病人开处方用某一个药，我们看看他这个血液里面热休克蛋白 90a 含量的变化，如果下降说明这个药是有效的。如果有肿瘤病人手术以后，它的含量还不变化，那么这可能就提示我们它复发或者转移的风险可能性比较大。

解说词：通过临床试验，研究人员已经成功证明热休克蛋白 90a 是肺癌肿瘤标志物，同时，该标志物用于肝癌、乳腺癌、结直肠癌等多种癌症的临床试验即将完成。初步结果显示，它在这些癌症中同样具有应用价值。这对于解决早期癌症预防这一世界难题具有重要意义。

实验室主任罗永章：早预防早治疗，这是癌症方面研究的一个全世界的难题，热休克蛋白 90a，它被肿瘤细胞特异大量分泌，早期肿瘤病人的含量明显高于健康人。而且晚期肿瘤病人的含量也明显高于早期的肿瘤病人的含量，那它就有可能作为一个预警吧。确认这个概念的话，这个意义上是非常非常大了。

解说词：据统计，我国每年新发癌症病例 312 万，因癌症死亡 270 万。如何能在一定程度上将癌症挡在发生与恶化之前，降低患病的风险，已成为课题组下一个努力的目标。

实验室主任罗永章：比如你含量高，但是其他检测指标又没有发现这个人是肿瘤病人，那么是不是可以建立这个病人的档案，比如经过一年、两年、三年、五年，发现了含量明显高于健康人，这一批人，他们的肿瘤的概率明显高于健康人。如果这个概念能确认的话，是不是可以作为体检的一个标准之一，至少起一个预警的作用。

（中央电视台新闻频道《热休克蛋白 90a》）

现场叙述实录：

在今天上午 10 点的时候，清华大学对外发布，他们发现了一种新的肿瘤标志物——热休克蛋白 90a。这种热休克蛋白可以检测到肿瘤病人肿瘤的恶性程度。据清华大学工作人员的介绍，这种蛋白质会在肿瘤病人的体内增多，而且是与肿瘤的恶性程度正相关。所以我们可以根据它的含量来检测肿瘤病人的发病情况。

分析点评：

该叙述者总体的叙述较为不错。虽然原材料中生僻的词非常多，但是这位叙述者基本上把这件事到底是怎么回事说清楚了，特别是在最后还点出了发现热休克蛋白90a的意义，这使得整个叙述更加完整。

二、突出关键性细节信息

在叙述的结构组织中，关键性信息的出现非常重要。关键性信息的获得和判断应该源于听辨的过程（详见本书第三章第二节），其往往是具备新闻价值的重要信息，例如人物的关键身份特征、事件中的重要原因等。

关键信息往往会对叙述过程起到画龙点睛的作用，因而在叙述的结构中应该重点突出关键性信息。

我们来看下述一则案例。

案例分析

新闻材料：

主持人：长江江豚是全球唯一的江豚淡水亚种，已经在地球上生存了2500万年，被称作长江生态的活化石。据统计，江苏镇江市长江流域目前仅存20头左右的江豚，可就在11月9号，这个数字又减少了。一头幼年的江豚被发现死在镇江新区的水上加油站附近。

解说词：上午9点多，这头小江豚被镇江市渔政站的工作人员抬到了渔政站，记者看到这头江豚个头较小，全身灰黑色，尾部和身体两侧有摩擦伤痕，头部有凸起的三角形伤口，已经散发出腐臭的气味。长江豚类省级自然保护区的工作人员测量这头小江豚12公斤，长度是85公分左右，是一个幼豚。初步判断，这是一头从保护区里边出来的和母亲走散的雄性幼年江豚。

保护区研究员：它可能是和它母亲分开了，它还处于哺乳期，对于哺乳期来讲，离开母亲的话它就没有食物了。没有食物再加上撞击，这是可能导致它死亡的原因。

解说词：最近这几年，长江江豚数量正以每年5%到10%的速度下降，船舶的螺旋桨是江豚死亡的头号杀手。现在正值长江枯水期，给江豚的生存带来更多的隐患。

保护区研究员：对幼豚来讲，船舶的噪音可能对它的声呐系统造成破坏，导致它跟母豚分离了。现在属于枯水期，这个水体更加小了，小了以后，它跟船舶接触的机会加大了。我们也希望呼吁一下，船舶的航行速度要降一降，每小时10公里以下，尽量地避免像这样类似的悲剧再次发生。

（中央电视台新闻频道《长江流域发现一只死亡小江豚》）

现场叙述实录：

A：江豚目前仅剩20多头而且每年的数量在减少。然后，把它的尸体带回去剖析的时候，专家指出它是因为受到撞击，并且是因为在保护区和它的母亲脱离了，所以它才会饥饿并且被撞击死。而撞击的主要死因可能是船的螺旋桨被撞到的因素。保护的那个专家呼吁船舶要放慢速度，以保护这些要绝种的江豚。

B：江豚一直被誉为长江流域的生态活化石，江豚数量近年来也一直在不断地下降，这几天我们又损失了一只可爱的小江豚。有人在长江流域发现一只幼豚的尸体，有关……有关人员检查这只幼豚的尸体发现，它是一只正处于哺乳期的幼豚。专家分析表明，它可能是在……它可能是与母豚在保护区不小心走散了，然后又处于哺乳期没有食物，再加上撞击而导致它的死亡。近期长江正处于枯水期，枯水期的时候水体较小，而来往的船舶又比较多，这就增加了江豚与船舶螺旋桨相撞的几率。并且，船舶螺旋桨的噪音比较大，所以干扰了江豚的声呐系统，导致了江豚易走失的情况。专家也呼吁，希望长江流域的船舶能够降低一下行驶的速度，尽量地保证一下江豚的生活情况。

分析点评：

与叙述者B相比，叙述者A的信息量不够。主要表现在，是什么原因导致了这种情况？原因是“螺旋桨的噪音破坏了它的声呐系统”，这是导致它跟母体出现分离的最重要的原因。这也是上述新闻报道中比较重要的关键性细节信息。

另外，提醒大家，在具体叙述过程中不要把话说得太快，应当从容一些。叙述者可以给思维处理一个时间缓冲，在叙述中可以适当提一些问题，比如“为什么一个江豚的死亡会这么重要呢？”然后，在这一问题后稍作停顿，让观众或者听众感受这种悲伤，而不是非常迅速地对这一问题展开回答。

三、常见叙述结构

对于一般的叙述来说，表达者可以使用“大前提（或悬念）＋核心事实＋背景信息（或呼吁）”的方式组织叙述结构。

“大前提”一般是指材料所反映出的某一类社会现象或者是问题，这一大前提应该是被公众广泛知晓并具有认同感的现象或者问题。当然，在叙述的开头也可以设置一个悬念，从而吸引观众或者听众的兴趣。

“核心事实”是对原有材料中重要内容的提炼，包括骨架性的宏观事实，也包括关键性的细节微观信息。这两类信息的筛选和提炼在前文中已有阐述。

“背景信息”也可以在叙述的结构中出现，一般是对核心事实的补充。

叙述者还可以结合经验和自己的说话特点，归纳总结出一般性叙述结构（模式），并将其应用于其他材料的叙述过程中。

我们一起来分析在下述案例中，叙述者是如何使用“大前提（或悬念）＋核心事实＋背景信息（或呼吁）”完成叙述的。

案例分析 1

新闻材料：

主持人：《重庆晨报》给大家提了个醒儿，“十一”将近了嘛，有很多好日子，但是别忘了，好日子也得注意财产安全。

每逢长假，举办婚礼办喜宴的人特别多，不过喜欢长假的可不只是办喜宴的人。不久前，四川警方就破获了一起系列盗窃案，一名在川渝流窜数年的婚宴大盗落网，涉案人是现年 48 岁的男子曾有才。警方调查发现，曾有才一直在四川和重庆的许多地区往来，他往往以宾客的身份混入婚礼现场，暗中观察收礼金的人，侦查礼金所放的位置，然后在大家聚餐的时候趁人不备，那时大家不是频频举杯祝酒嘛，他就把这礼金装在自己的袋子里，当你发现的时候他已经溜走了。

从 2007 年到现在，曾有才作案 80 余起，涉案金额达到了 380 万元。其中在重庆各个区县作案就有数起，警方公布的部分作案情况中，曾有才的主要作案时间集中在年初和十月份，因为这段时间办婚宴、寿宴的市民比较多。所以再次给大家提个醒，不管多高兴，注意自己随身的贵重物品还是有必要的，这个事可千万马虎不得。

（广东卫视《男子混迹婚宴寿宴行窃 80 余次　7 年盗礼金 380 万》）

现场叙述实录：

A：办婚礼是件很高兴的事情，但是如果礼金被参加喜宴的宾客偷走了那就会导致乐极生悲。近日，我们看到在某地区，有一名 48 岁的曾有才先生，他参加喜宴的时候……习惯以宾客的身份进入会场，而在大家举杯高举欢庆的时候，偷偷把礼金偷走，而导致了许多……许多参加婚礼的人礼金全部都丧失。那经过调查之后我们发现，从 2007 年到现在，他已经犯了 81 起案件，而且已经偷走了许多许多的钱。因此，我们要在婚礼的时候特别注意现金防范管理上面的安全。

B：大家都听说过采花大盗，但是大家听说过什么“婚宴大盗”吗？接下来啊，咱们就聊一聊这婚宴大盗。这个故事的主人公呢是曾有才，他自 2007 年起就假装宾客频繁参加一些婚宴和寿宴。然后呢，趁嘉宾们进行祝酒的时候就偷偷地把礼金给拿走了，然后就逃了。所以呢，到目前为止，已经偷盗了金额百万。那么这个就提醒我们了，虽然是“十一”将近啊，有好多好事等着我们去做，但我们也应该注意咱们的财产安全。

分析点评：

A、B 叙述的结构较为相似，B 的流畅性好于 A。“办婚礼是件很高兴的事情，但是如果礼金被参加喜宴的宾客偷走了那就会导致乐极生悲”，“大家都听说过采花大盗，但是大家听说过什么‘婚宴大盗’吗?”这两句话分别是A、B两人在各自叙述开头设置的悬念,其中B使用“采花大盗”作为引子更易吸引观众或听众的兴趣。当然,A所说“参加宾客的喜宴”是明显的叙述口误,应为“参加喜宴的宾客”。设置悬念后,叙述内容进入核心事实的交代阶段,最后是叙述者的呼吁。另外,A的叙述中出现了“举杯高举欢庆”“81起案件”等叙述的不规范或不准确处,需在练习时多加注意。

案例分析2

新闻材料:

主持人:下面这个话题和每个人都息息相关。如今手机加平板电脑已经成了很多人的必备品,联系朋友、购物、玩游戏,样样都离不开。有的人甚至一天到晚盯着屏幕,可是麻烦也来了,在福建漳州,小李最近突然觉得眼睛不舒服,到医院一检查竟然是左眼的视网膜脱落了,最主要的原因就是看屏幕看得太多了。

解说词:记者在病房里看到了做完手术的小李,他告诉记者因为课业轻松,自己有空的时候就上网玩游戏打发时间,平均每天至少上网七八个小时,前一阵子他用手机上网时总感觉左眼很不舒服,看东西也模模糊糊的甚至还会变形。

大学生小李:玩到感觉视力下降然后就过来检查,检查完说是视网膜脱落。

解说词:医生告诉小李之所以视网膜会脱落,跟他长时间不间断地使用手机有关。据医生介绍,近一个月来,他们医院就接诊了两例视网膜脱落的病例,发病原因都跟患者过度使用电脑、手机有关。

医生:持续地近距离看这样的电子产品,睫状肌容易疲劳,眼部的血液循环可能会减少,眼部的营养供给可能会更少。视网膜脱离在以前的话大部分是中老年人比较多。

解说词:记者了解到视网膜脱落在年轻一族多发,它跟青少年不良的用眼习惯有关。

大学生小李:睡前至少要玩一个小时再睡,现在都很普遍,像我们宿舍一躺下,电灯一灭就四个灯(屏幕)在亮。

解说词:医生指出在黑暗环境里长时间盯着手机看更容易让眼睛疲劳,最后的结果,轻则造成视力下降,重则出现视网膜脱落乃至失明。

医生:视网膜脱离刚开始只是(视网膜)有裂孔的地方发生脱离,它对视力不造成影响,所以很多人不重视。等到已经看不见了,这个时候已经是比较严重了。

主持人:视网膜一旦脱落就必须通过手术、激光等手段继续复位治疗,而且术后也很容易复发。咱们平常用手机、电脑的时候也悠着一点,最好是每半个小时也放松一下,做做眼保健操,看看周围的花花草草,劳逸结合。

(中央电视台财经频道《每天上网七八小时 大学生视网膜脱落》)

现场叙述实录：

A：在大街小巷中总能出现"低头族"的状况。低头族呢，是指在空闲的时间低头看手机、玩儿平板电脑，这些状况也导致一些问题的产生。在福建漳州，有一位男子因为长时间在没事的时候玩手机、玩平板电脑导致他视网膜脱落的状况产生。发生状况的原因是他在黑暗之中玩着手机，他渐渐感觉到他视力模糊，眼睛有不适的状况产生，因此他到医院检查发现了这个状况。医生呼吁民众，希望民众就是……在能够更安全地使用手机，然后在光明的光线之下，然后保护好自己的眼睛。

B：大家都知道，智能手机已经占据了主流市场，所以小学生和大学生都特别喜欢玩儿智能手机，但是这个也是带有一定危险性的。就在最近，福建漳州一名叫小李的大学生，因为他的眼睛很模糊，所以他到医院就诊，发现他左眼的视网膜脱落了。这是一个非常严重的情况，据医生说，他的视网膜脱落是因为他长期地用眼使用手机等电子产品。尤其是在晚上睡觉之前在黑暗中还在使用电子产品，这就导致了他的视网膜脱落。然后医生也向记者说，在一个月内已经发生了两例这起事件。现在视网膜……大学生用手机产生频发性。医生也对大家说，这种事情一开始也是不太容易发现的，因为眼睛只是感到疲劳，但是并没有很明显的症状。所以他呼吁大家，请大家现在要好好地使用自己的眼睛，不要在黑暗中继续玩儿着手机，以防止像小李这样的情况发生。

分析点评：

两位叙述者都先介绍了一个背景信息，交代了一个大的环境，即智能手机、平板电脑催生了"低头族"，由此，观众对于故事的代入感得到增强。接下来，叙述者讲述了核心事实，最后，叙述者转引医生的建议向观众做出了呼吁，整体叙述结构是典型的"大前提(或悬念)＋核心事实＋背景信息(或呼吁)"模式。

叙述者 A 的流畅性非常不错，而且基本上都是"干货"，中间没有特别纠结于医生说了什么，所以他的叙述显得比较干净利落。相比之下，叙述者 B 有些太纠缠于细节了，总想回忆医生究竟对记者说了什么话，但其实这部分内容稍微转述一下即可，没有必要把这部分内容说得过于详细，所以叙述者 B 到后来有一点儿说不下去的感觉。正是因为叙述者在不断地回想医生曾经说了什么，才造成了叙述的不流畅。因此依然需要强调，叙述者应对材料提炼出一个清晰的骨架，不要过于纠缠细节。

实战演练

1. 下面这则新闻讲的是一名男子因涉嫌私藏枪支弹药而被刑事拘留的事。请阅读下面的新闻报道，然后对两位同学的新闻叙述分别进行评价。

新闻材料：

解说词：2014 年 10 月 27 日晚上 6 点，刑警支队新风综合警务站的民警在黄村镇大庄桥附近巡逻时发现了一名男子拿着一件可疑物品。

民警:这是你的东西吗?这是什么东西?

犯罪嫌疑人:玩具。

民警:在这个双肩背的上边有一个突起的尖状物,头盔内部用一个黑色的头套将自己的脸全都罩住了,只露了两只眼睛在外边。

解说词:随后民警开包检查,发现里边竟然装着一支仿真狙击步枪。在这名男子的摩托车上,民警还找到了许多钢珠弹。

民警:当时是组装好的,只是瞄准镜并没有安到这把枪上。

解说词:这名男子叫范玉强,今年31岁,是一名军事发烧友。在他的家里,民警又搜出了4把仿真枪和大量钢珠弹。

民警(对犯罪嫌疑人说):是上子弹的吗?

犯罪嫌疑人:不是,泡沫的。子弹都让我打没了。

民警(对记者说):他说他自身是特别喜好这个枪,对这个枪支,他说他自己有一定的了解。这个杀伤力非常大,近距离可以打穿人的身体,眼睛什么的都可以打瞎。

解说词:据范玉强交代,每次他都是从网上买来仿真枪的零部件,然后自己组装进行收藏。这天晚上,范玉强心血来潮,他穿上迷彩服戴上头盔,把自己打扮成特种兵,然后揣着那支仿真狙击步枪上街闲逛,结果被民警当场抓获。经过鉴定,范玉强的5把仿真枪,有3把具有杀伤力。目前,他因涉嫌私藏枪支弹药已被大兴公安分局刑事拘留。

民警:本着逢疑必查的原则,分时段地对行人车辆进行核录,真正把警力固化在街头,有警情,随时发现随时处置。

(北京卫视科教频道《上街携带仿真枪 男子耍酷落法网》)

现场叙述实录:

A:警方在上街巡逻的时候发现了一个人,他穿着特种兵的服装,只把两只眼睛露出来。在对他进行进一步搜查的时候,在他的包里面发现了有一把仿真枪,而且在搜查摩托车的时候也发现摩托车里面有几把仿真枪。这些仿真枪的杀伤力是十分大的。后来民警在他的家搜查的时候发现,该男子家中有许多仿真枪,其中有3把是有非常大的杀伤力。据涉案人员范玉强自己介绍,他自己是一个军事发烧友,所以平时会在网上买一些仿真枪的零部件然后自己进行组装。然后,有一天他已经不满足于组装仿真枪了,所以他就把自己打扮成特种兵的样子走上了街头。然后,警方也介绍,他们每天也会在街上一些地方定时定点地进行巡逻来保证路上行人的安全。

B:许多男孩子对于枪支都有一些特殊的爱好,范玉强就是这样一位军事发烧友。他经常在网上买一些仿真军用枪支然后拿回家里进行组装。一天晚上,他心血来潮就把自己打扮成一个特种兵,拿着仿真枪,带着头套,骑着摩托车在大街上溜达。民警发现他,觉得他很可疑,于是就把他拦下。他的仿真枪里还有一些钢珠弹,这些是会对人体造成威胁的。另外据民警调查，原来他家里还有另外5支仿真枪，其中有3支是会对人体造成伤害的。最后，范玉强因为涉嫌藏枪支弹药而被拘留。身为军事爱好者没有错误，但是也要注意尺度，不能对他人的生存和安全健康造成威胁。

2. 下面这则新闻讲的是一位大爷丢失手提袋，环卫工拾金不昧的事。请阅读下面的新闻报道，然后对两位同学的新闻叙述进行评价。

新闻材料：

主持人：我们身边啊，总是有一些马大哈。家住河西区光辉里的刘晓冬前些天坐公交车回家，下车呢，遇到邻居聊了一会儿，等他回家后才猛然发现自己把一个手提袋落在了路边的垃圾桶上，手提袋里有新房的房产证和两万多块钱。这可把他急坏了。

失主刘晓冬：从家到车站溜了好几圈找半天没找着，我都不敢给老伴说，给她说她肯定受不了。

解说词：就在刘晓冬着急地找手提袋的时候，河西区环卫局机扫公司的初福军也在找他。当天初福军在一个垃圾桶上发现了一个沉甸甸的手提袋，打开一看，里面有户口本、房产证等各种证件和两万多块钱。他赶紧打开房本查看失主的地址，一看光辉里就在附近，就按照房本上的楼门号敲开了刘晓冬的家门。

失主刘晓冬：当时他敲门给我送来之后，我心里啊，特别激动，把现金随手抻出来一小沓就给师傅，我说你买包烟抽吧，买瓶酒，结果他也没要。

环卫工初福军：我说我哪能要你钱，捡这个东西给你送来，这是举手之劳的事。

（天津卫视《环卫工拾金不昧　2万现金完璧归赵》）

现场叙述实录：

A：一位失主把装有房产证和两万多元现金的一个包……一个手提袋，嗯，不慎遗失。但是幸运的是，他的这个手提袋被当地的一个环卫工捡到了，环卫工捡到以后他非常体谅失主焦急的心情。于是他把那个手提袋，它里面房产证上房子的信息，找回了，找到了失主。……失主非常激动因为，寻回了自己一些非常宝贵的财物。……面对失主的一些回报，环卫工却并没有接受，嗯，然后这种拾金不昧的行为……非常值得大家……发扬。

B：最近发生的一件事情让我们感叹，这世上还是好人多。有一位马虎的刘先生，在下公交车后因为和熟人聊天，然后就不慎把装有房产证和两万块钱现金的手提袋放在了路边的一个垃圾桶上，等到他回家后才意识到手提袋不见了。然后，在他焦急万分的时候，一位好心的环卫工人也见到了一个手提袋在寻找他。那位环卫工人向失主表示，虽然他也没有捡到过这么多钱，但是他觉得失主一定觉得非常着急，他就根据这个房产证上的地址把这个钱亲自送给了刘先生。刘先生当时见到环卫工人送来钱的时候非常高兴和激动，他准备从袋中抽取一沓钱给那个……给环卫工人，对他表示感谢。然后环卫工人说这是举手之劳，什么都没有接受就走了。然后这种行为让我们觉得这个世界上仍然还有雷锋这样的人存在。

第三节 叙述的语言风格

核心提示

叙述不是背诵材料。一个好的叙述者应该像给朋友讲故事那样叙述材料内容，这样才会获得较好的表达效果。叙述的语言应该适用于电视播出。通常，叙述者可使用简单的语法，将长句子转化为若干短句子，并进行口语化而非书面化的表达。

一、像给朋友讲故事一样进行叙述

叙述的本质是一种口语表达行为，因而，叙述者的语言风格应该具备即兴口语的特点。在叙述的过程中，有的人总是以背课文的方式对材料内容进行复述，这一点是不可取的。背诵式的叙述是一种非常僵化的行为，叙述者很有可能因为忘记了背诵的内容而惊慌失措，从而导致整个叙述的失败。

其实，一个好的叙述者应该像给朋友讲故事那样叙述材料内容。如果能够把叙述变成讲故事的方式进行，那么就会收获较好的表达效果。在叙述时，千万不要以完成任务的心态来说话，不要总想着尽快把这件事说完，而应该找一找讲故事的感觉，用心、投入地向大家叙述，把事件讲给别人听当作一种非常享受的分享体验。此外，讲故事的语速一般是不急不缓的，那么叙述的节奏也应该像讲故事的节奏一样，做到不急不缓。

在日常生活中，我们与朋友交谈的方式不太可能是背诵课文的感觉，一般来说，我们通常倾向于使用一些手段来丰富表达效果。比如，我们给朋友讲的故事首先应该是对方感兴趣的内容，这就牵涉到一个对叙述原材料内容的价值判断问题。再比如，我们为了把故事讲得好听，会使用一些语气助词来表达自己的感受，那么我们也可以以此方式来完成叙述，这样的叙述语言是真实的，是接地气的，而不是死板僵化的。接下来，我们一起来分析下面两则案例。

案例分析 1

新闻材料：

主持人：针对美国广播公司在节目当中播出辱华言论，大纽约地区的华人当地时间 8 号中午在美国广播公司纽约总部演播室门前举行集会抗议。按照计划，美国 20 多个城市的华人还在 9 号中午举行声势更加浩大的万人游行示威。

解说词：当天的抗议行为主要由青年学生、专业人士和他们的家人组成，其中不乏趁着午休时间赶过来的上班族，从几岁的幼童到70多岁的老人，抗议者们手举标语喊出“美国广播公司道歉”“解雇吉米·基米尔”等诉求。抗议者说，嘉宾小朋友在主持人的引导下讨论杀掉所有中国人等言论，可能会在孩子幼小的心灵中种下暴力的种子。

纽约佩斯大学教师李春燕：我是绝对不同意童言无忌（的说法的），当他说出来第一句话“杀光中国人”，主持人马上就应该说这是不对的。

解说词：由于美国媒体在报道这一事件上的集体失声，因此很多过往的路人并不清楚发生了什么，不过许多人要走了宣传单仔细阅读。

美国民众：我觉得就某些问题开玩笑是可以的，但涉及公共道德应该有一条底线，我觉得在这里这条线已经被跨过了。

解说词：当天的抗议活动持续了一个半小时，在绕行美国广播公司新闻大楼一周之后结束。美国广播公司未对此次抗议活动发出任何回应，按照计划，大纽约地区的华人当地时间9号中午在纽约时报广场举行更大规模的游行示威，这也是全美万人大游行的一部分。

（东方卫视《美国广播公司节目播出辱华言论 纽约华人示威抗议》）

现场叙述实录：

A：美国广播公司播出了一个节目，节目说，节目当中主持人和嘉宾小朋友在谈话时发生了……小朋友说要杀光中国人的辱华言论，然后，引起了在美国的华人的不满，在美……美国广播公司举行了抗议的行为，抗议的人员有青年学生以及专业人员以及部分家人，从几岁的小孩到……几十岁的老人都有。他们在接受记者的采访的时候表示，这些小朋友发表这些言论会对看这个节目的……会对看节目的儿童产生……产生不好的影响，会对他们起到不好的教育，所以他们也就抵制这种行为。当采访美国民众时，他们也表示，这件事触及道德底线的问题是不合理的。这次游行，在绕美国广播公司那个大楼一周后，一个半小时就……一个半小时结束了。记者采访的时候，他们表示，在9号的中午，他们还会进行更大规模的抗议，在纽约广场进行更大规模的抗议。

B：近日，美国广播公司的一个节目中，一个小朋友在和主持人对话的时候，小朋友说“应该杀光中国人”，主持人非但没有制止反而和小朋友继续这个话题，此举引发美国华人华侨的大规模抗议。他们来到……美国广播公司的纽约总部来进行抗议。家长们纷纷表示，美国广播公司公开发表辱华言论对中国人是一种侮辱。同时，对小朋友这种言论不加以制止也是超过公众道德底线。很多美国当地人对此也表示相同的看法，游行抗议人群计划在9日中午举行更大规模的示威游行活动，同时，其他20个城市也将举行一定的活动进行响应。

分析点评：

总体来看，A、B两位叙述者的表达都有一些生硬，新闻故事没有变成自己的故事。A叙述者一直在回想材料当中的细节，总是在强迫自己回忆材料中讲了哪些内容，也就是说，这位叙述者没有把材料内化成自己可以理解、驾驭的故事。

其实，这个故事本身是很简单的，如果给自己的朋友讲，恐怕不会是这么紧张的一个状态。所以说，在叙述的过程中应该找到这样一个状态：自己首先知道这个故事大概是怎么回事儿，然后自己把它讲一遍，而不是反复地想刚才自己听到了什么，笔记上记了什么，然后再把这个事实复述出来，这样的话可能就会影响表达的效果。

案例分析 2

新闻材料：

主持人：有些小偷有备而来，甚至把偷东西当成了一项技术活。

警察：他这儿，是有保安，但是他只对车辆进出进行登记。但行人是从旁边的小门进，没有任何的登记和门禁，也没有人询问。

解说词：在西城区广安门附近的一处老旧小区里，总有两名男子进进出出，他们拎着一个空袋子，貌似快递员但实际上却心怀叵测。前不久，住在这儿的王先生就拨打了110报警电话，说他家里的3000元现金和家里的黄金首饰突然不翼而飞。

警察：勘察发现门窗均没有被撬的痕迹，在对这个防盗门的门锁勘查检验的时候，发现门的门锁的锁心里面有这种填充物，判断应该是嫌疑人用开锁工具将这个防盗门的门锁打开以后进入到了室内进行盗窃。

解说词：小区进门没人管，出门没人问，再加上这不管用的一字锁让小偷有了可乘之机。通过查看监控录像，侦查员很快就锁定了这两名可疑男子。

警察：两名犯罪嫌疑人，你看，一人背一个包，这个作案工具就在这个包里面藏着，还有一个人拎着一个空袋子。那个空袋子是干吗的呀？是为了敲门。如果说室主家里面有人的话，他们就说给人送快递。

解说词：监控录像显示这两名男子拎着一个空袋子从顶层下电梯后逐层溜达寻找下手目标。

警察：这是两名嫌疑人作完案以后一前一后离开小区。你看这个包，已经明显比进去的时候鼓了。而且在出小区的时候也没有人问。

解说词：根据沿途的监控录像，侦查员一路追踪，终于将犯罪嫌疑人张某和李某抓获归案。直到被抓获时，张某和李某二人已经连续作案十多起，涉案金额数万元。目前他们因涉嫌盗窃罪，已被西城警方刑事拘留。

警察：首先要严格小区进出门这种登记制度，（加装）楼宇对讲，门禁的系统尽量及时更换B级以上级别更高端的防盗门锁进行防范。

（北京卫视科教频道《假扮快递员 专盯“一字锁”》）

现场叙述实录：

A：最近啊，民警接到了一起报案。在北京西城区广安门小区发生了一起盗窃事件，现在的盗窃不是顺手牵羊了，而是一种更为有技术的盗窃，这是怎么回事呢？王先生发现他的家里丢了3000余元现金，但是民警进行勘测的时候发现，他家的门锁和窗户并没有受到破坏，但是对他家的防盗门进行锁心的检查时，发现锁心里面多了一个填充物，原来这个小偷是通过填充物将他家的门锁撬开的。通过对小区的监控发现，是有两名小偷一前一后从保安旁边的侧门进去，但是这个侧门是没有人进行询问，所以小偷就从这个地方进来。这两个小偷假装他俩是快递员，逐一地每户人家敲门，如果有人开门的话就说是送快递，但是王先生就没有这么幸运了。警察最后对大家说……警察经过调查找到了这两名犯罪嫌疑人，并提醒市民最好将防盗门的锁芯更换到B级以上或者是安全防护级数更高的门。

B：现在许多小区的保安只是对出入的车辆进行登记而对行人不予登记，这就给许多小偷以可乘之机。日前，在北京广安门附近的一个老旧小区，这里的住户王先生报案说他的家里丢失了现金和黄金首饰。然后通过这个监控录像发现，有两名可疑的男子一前一后进入小区，装成快递员在每个楼层进行蹲点，如果没有住户的人家他们就用一种填充物来破坏锁芯进入房间进行盗窃。警方后来通过录像……抓获了两名嫌疑人，经过询问这两名犯罪嫌疑人作案数十起，然后涉案金额达到十多万元。所以警方就在此提醒市民，除了提高自己的防范意识之外，小区也要加强对进出的这种行人进行登记。

分析点评：

这是一个比较复杂、内容较多的故事，两位叙述者基本上都把这个故事讲清楚了。叙述者B的叙述过程还是不够流畅，感觉没有把故事变成自己的。作为叙述者，应该以“这是我刚刚了解到的一件事”的心理进行叙述，而不是以“这是我刚刚被灌输进来的一件事”的状态进行叙述。

此外，以“最近啊”开头的语句并不适用所有的电视节目，对于一些内容相对严肃的节目来说，使用“最近啊”这样过于戏说的语态则非常不合适。

二、选择适于电视的表达方式

适于电视播出的语言不同于一般的书面语言，电视语言本身具有鲜活性、生动性的特点。前面介绍了叙述者应该像给朋友讲故事那样完成叙述，此外，叙述者还要结合电视语言的特点，进一步在语法、语句等方面下功夫。总之，电视播出中的叙述应该尽可能口语化。

在语法上，电视语言的语法结构一般较为简单，这就要求表达者尽可能采取简单的语法结构组织语言。如果原材料中的语法结构较为复杂，那么叙述者应该适度地做出调整或修改。

在语句上，叙述者最好使用短句，将复杂的表达化解为若干个小短句，因为相对于长句来说，短句包含的信息量较小，因而也更容易被观众或听众在较短的时间内所理解。

下面的两则案例反映出了部分叙述者的语言风格问题。

案例分析 1

新闻材料：

主持人：@北京地铁发的一条微博说，北京地铁表示，用蝗虫来比喻不文明乘客是编辑所为。昨天上午，北京地铁官方微博发表图文："蝗虫过后，十号线一片狼藉，有时候北京宽容过了头，对于恶意破坏北京首都的行为，我们只想说，这里不欢迎你。"这个微博发出来后立刻引起了巨大的争议。北京地铁运营公司回应说，该微博是微博部小编所发的文明乘车的宣传，没想到他们的表达引起了这么大的争议。有网友说，对不文明的行为我们可以谴责、可以罚款、可以不欢迎，但是把乱扔垃圾的人称呼为"蝗虫"，这样称呼别人你觉得你文明吗？作为公共交通部门，北京地铁不应该用这种带有歧视色彩的语言对待任何人，更不应使用"蝗虫"这种明显歧视的词语。

昨天下午 4 点左右，北京地铁将这条微博的原文删除，目前他们表示，相关领导已经了解了情况，待具体的处理方案明确之后会及时地告知媒体。

此事件闹得沸沸扬扬，《南方都市报》对此事发了一则评论《用不文明的方式，如何来说服不文明》，"左一个'蝗虫'，右一个'恶意破坏'，最后撂下一句话'北京不欢迎你'。如果没有理解错的话，北京地铁这是在警告外地乘客，不讲文明是不配进出首都的。"这种略带"以暴制暴"的做法其结果是显而易见的，北京地铁没能让大家来谈论地铁文明，反而是调动大家以不文明的方式去诉说与地铁无关的感想。那么在这个事件上，北京地铁一副高高在上的姿态，除了让人们感觉到它的管理水平低下之外，也让我们惊叹，在这个缺乏公共竞争的服务行业，运营者沿袭了很多机关的办事作风——地铁爱坐不坐。那么最后，我们想要提醒一下北京地铁，有工夫上微博发这样的文章不如你多摆几个垃圾桶，至少我们从网上的那张图片中一个垃圾桶也没有看到。另外，"蝗虫"这个词不可以乱用，出境被别人当成蝗虫，回来之后依然难逃蝗虫这个名号，你把这个词安到谁身上谁能好受呢？

（广东卫视《用蝗虫比喻不文明乘客不合适》）

现场叙述实录：

前日北京地铁官方微博发表图文，图片显示了北京地铁十号线的一节车厢内充满垃圾，而所配的文字为，"蝗虫过境后的北京十号线"。此微博发布后引起轩然大波，网民纷纷指责，微博使用“蝗虫”等歧视性色彩非常浓烈的词语，不合适。而北京地铁官方微博稍后表示，这是小编辑宣扬文明乘车所发布的一条微博。昨日下午 4 点，北京地铁官方微博已经把这条微博删除，而相关领导已经介入此事，并告知媒体如有进一步情况会马上告诉媒体。

分析点评：

这则叙述尽管事实信息的表达相对到位，但语言书面化严重。例如，“图片显示了……”这样的话语是书面的表达，我们在叙述中可以说“画面中我们看到……”。又如，“而所配的文字为……”，“所字结构”用在书面语中没有问题，但在口语表达中出现就会显得非常拗口。

案例分析 2

新闻材料：

主持人：广场舞又有新故事了。徐大爷夫妻俩都是浙江金华人，徐大爷今年 60 岁，老伴张阿姨今年 55 岁，退休之后两个人就喜欢上了跳广场舞，每天晚饭之后都要下楼去跳上一会儿。上半年来了一个新的老师教大家跳交谊舞，这徐大爷和张阿姨正好是一对。十月下旬张阿姨有事儿到外地去了一趟，这没了舞伴的徐大爷本想在家休息几天，可是一到晚上，这楼下广场舞的音乐一响，徐大爷就心痒然后就下去去跳了。跳舞的时候无意间认识了一位 50 多岁姓王的阿姨，聊起来才知道，两个人以前是在同一个厂里工作过，恰好王阿姨也没有舞伴，俩人一拍即合凑成了临时搭档。前几天张阿姨回来了，照例是和徐大爷下楼跳舞，王阿姨过来打招呼了，一句“哎呀，这下我又得重新找舞伴了”让张阿姨是醋意大发。回家之后，张阿姨是不依不饶，徐大爷一看解释不清楚索性不再说话了。没想到，张阿姨越说越激动，随手拿起一个陶瓷杯盖向徐大爷砸去，正好砸中了他的左肋骨下方。徐大爷当时就蹲在地上起不来了，后来两个人到医院，医生诊断说脾脏实质破裂，张阿姨这个后悔，天天守着徐大爷晚上都不敢睡觉。真不知道是说张阿姨不成熟还是说太任性，后悔药可没地儿买去。

（辽宁卫视《六旬老人找新舞伴 被老伴砸破脾脏》）

现场叙述实录：

最近广场舞又出新故事了，这不，在浙江金华有位徐大爷，他和他的老伴张阿姨都非常喜欢跳广场舞，他们约定每天晚上都去楼下跳一会儿广场舞，而他们跳的恰好又是交谊舞。前段时间张阿姨因为有事儿出去了，徐大爷本来想在家休息几天，可是每天晚上一听到广场舞音乐就忍不住跳跃的心情。终于有一天，他下楼想去观望一番，正巧碰到了王阿姨，王阿姨也没有舞伴，他们俩一拍即合组成了临时舞伴。而在交谈中，他们正好发现，诶，真巧，他们以前是在同一家厂里上班的，于是他们俩就一起愉快地跳了几天。之后，张阿姨回来了，张阿姨回来后徐大爷没办法只好和张阿姨一起去跳舞咯。然后他们夫妻俩就一块下楼跳舞，这时王阿姨过来说了一句"这下我要重新找舞伴了"。就这一句话引得张阿姨是醋意大发，回家后，她不断地质问徐大爷，徐大爷一开始还解释一下，后来解释不清楚索性就不说话了。张阿姨怒气大发，从桌上拿起了陶瓷杯盖扔向了徐大爷，直接扔中了徐大爷的肋骨下方，徐大爷当时就蹲在地上起不来了。张阿姨这下吓坏了，赶忙把徐大爷送到医院去，医生诊断说是脾脏实质性受损，这下张阿姨可是悔不当初啊。

分析点评：

这位叙述者口语表达的风格非常鲜活，但需要注意的是，作为口语表达者还是需要适当克制。特别是叙述新闻事件时，克制的思维能够帮助表达者保持稳定的精神状态。叙述者当然可以对事件发表自己的看法，但是不要忘记自己所处的第三者的身份立场，应该以客观的态度来进行叙述。特别是，在此新闻事件中受伤的是老人，对于专业新闻工作者来说，对此类事件的叙述更需要注意情绪的控制，不能以玩笑、嘲讽的口吻来叙述。

实战演练

请从语言风格的角度对下面这则新闻材料的叙述实例进行分析评价。

新闻材料：

主持人：据《华西都市报》报道，从这个月开始，四川省流动人口信息登记办法正式实施。其中有这么一条规定，酒吧、茶楼、影剧院超过凌晨两点仍然滞留在场所内的人员也需要申报登记个人身份信息。那么这也就意味着，从现在开始，凌晨两点以后想在茶楼里打麻将的人都必须登记。

对于这样一个规定，一些人表示难以理解，出来玩，还要实名登记，这感觉怪怪的。另外也有人担心了，实名登记管理不严，个人的信息会被泄露出去。近年来，实名制作为一种公共管理手段在全国各地以多种方式推行并且也影响到百姓生活的方方面面。储蓄、看病、买菜刀、买汽油、买手机、买火车票等等，几乎每一种实名登记都会引起关注和争议。从维护社会诚信，再到维护公共安全，可以说，管理部门在推出实名制的时候都有着合理的逻辑和美好的初衷。

（江西卫视《四川深夜打麻将也要"实名制"》）

现场叙述实录：

A：四川省最近推出了一个关于流动人口实名登记的政策，但具体的情况怎样呢？

据我们了解，四川人口如果想在凌晨两点在影剧院等进行活动的话都要进行个人实名登记。那么很多群众就反映到，这样的实名登记表示他不能理解。那么这也就意味着，大家如果想在茶楼等地打麻将的话需要进行实名登记了，那我们可以看到，这个实名登记的制度在中国已经广泛被使用，包括买票、看病等等都需要实名登记。每个机构推出实名登记的时候都有良好的初衷，是想保护社会的安全，保护个人的安全。但是，虽然如此，在实行过程中有好多不尽如人意的地方。那么这样的制度也需要不断完善。

B：最近，四川省推出了流动人口登记办法，其中有一条指出，超过两点钟滞留在茶楼等场地的人员都需要进行实名登记，这也就意味着，如果你超过两点还在茶楼打麻将也需要做实名登记。现在实名登记在我国是一个非常流行的办法，不管是买车票还是看病都需要实名登记。尽管实名登记推出前每个人都有一个非常美好的初衷和合理的逻辑，但是在运行过程常常出现一些不好的现象，比如说是，个人的隐私没有办法得到保护。

第六章 个性鲜明的观点表达——评论

■ **本章要点**

1. 即兴口语评论的语言特点
2. 即兴口语评论的组织技巧
3. 即兴口语评论的个性表现

第一节 即兴口语评论的语言特点

核心提示

即兴口语评论的本质是一种议论的形式，作为议论三要素的论点、论据和论证的组织需要紧密围绕给定材料内容。即兴口语评论应摆脱叙述的思维限制，直接亮明想要表达的观点。

一、即兴口语评论的概念

针对某一具体事件或某一类具有广泛影响力的现象，口头发表观点并进行论证的过程就是即兴口语评论。即兴口语评论者需要根据给定的评论题目或者材料提出自己的观点，即兴口语评论注重考查表达者理解材料、把握材料、整合内容、思维逻辑以及有效论证的能力。

即兴口语评论的本质还是议论的一种具体形式，要求论点明确，论据充分，论证周密。论点、论据和论证是议论的三要素，同时也是即兴口语评论的三要素。

论点是即兴口语评论的首要核心，论点的选择为后续的论据选择和论证过程提供了参照标准，论点在整个即兴口语评论的过程中都起着统帅作用，其提出应围绕给定的材料内容，对论点的表述要有明确的判断，这种判断区别于一般的事实性叙述，表现着口语表达者自身的立场和态度。

论据是整个即兴口语评论中的填充内容。即兴口语评论是一种现场性的议论，表达者不能通过查阅资料的方式提前搜集论据，因而即兴口语评论中论据的获取在很大程度上依赖于表达者自身的知识储备以及素材积累。在分类上，论据可以进一步分为事实论据和道理论据，但不论是事实论据还是道理论据都要求真实可靠且具备典型性。

论证则是使用论据论证论点的过程，常见的论证方式主要有归纳论证、演绎论证和类比论证等。

总的来说，论点、论据和论证的组织需要紧密围绕材料内容，论点的提出应在把握材料的基础上遵循两个原则：一是要选择从容易发表评论的角度切入，使得评论的组织能够在自己的可控范围之内；二是论点应该具备新意，尽量避免陈词滥调。

通过下面这则案例，我们可以初步感受一下即兴口语评论的特点。在观看过关于“做饭对 PM2.5 影响”的电视新闻后，A、B 两位练习者分别对这一新闻展开了即兴口语评论。

案例分析

新闻材料：

解说词：对于雾霾的成因，企业、机动车的污染案已经成为众所周知的罪魁祸首，但今天北京一位官员的新说法引起了公众的热议。

北京市政府外事办主任赵会民：比如说，我们中国人的烹饪对城市 PM2.5 的贡献也还是不小的，所以也希望市民能够更好地配合，和政府一起来做好清洁空气的工作。

解说词：有网友调侃，要治理雾霾天气难道需要全民吃凉拌黄瓜来配合吗？事实上中科院专家的研究显示，烹饪污染约占 PM2.5 来源的 10%到 15%，而稳坐 PM2.5 成因前两名的，22%是机动车排放，将近 17%是煤炭燃烧，烹饪污染只排名第三位。

（中央电视台新闻频道《晚间新闻·做饭对 PM2.5 贡献有多大》）

即兴评论实录：

A：我觉得这个官员的看法是有失妥当的。因为我们都知道在 PM2.5 的比例中，机动车和煤炭燃烧造成的 PM2.5 占比是最高的，他把烹饪污染当成了主要矛盾，给人以偷梁换柱的感觉。所以我认为，我们作为市民来说，首先要使用清洁能源，不随意燃烧秸秆或者使用木材能源；其次政府不能撇清他们的责任，应该更加推广汽车清洁能源的使用以及对环境污染的治理。

B：政府官员是有一点转移视线的嫌疑，他的说法不是很妥当，因为我们可以看到机动车排放和煤炭燃烧仍然是占最主要因素的，如果说，光把责任推到烹饪污染上，中国上千年一直烧饭也没有看到 PM2.5 有多么厉害，所以说，我们还是应该把视线放到煤炭燃烧和机动车排放这个问题上。

分析点评：

A、B两人的评论内容都包括了即兴口语评论的基本构成要素——论点、论据和论证。具体来说，两人都提出“官员的说法有失妥当”这一核心论点，接着摆出事实论据，“机动车和煤炭燃烧造成的PM2.5占比最高”，然后以此来论证这名官员的说法存在偷梁换柱的问题。

总体来看，A和B的即兴口语评论包含了两层意思：第一，事件中官员的这一观点不对、不符合事实、不妥当，不符合政府官员身份；第二，在治理雾霾上，政府的责任不能通过这种方式撇清，政府还是应该肩负起治理雾霾的主要责任。A、B两人即兴口语评论的差异在于，B在论证中还采用了对比论证的方法，其通过指出中国上千年历史中做饭未对PM2.5造成影响来反驳官员的观点。

二、跳脱叙述思维，直接表明观点

前一章中，我们已经对口语表达中的“叙述”环节有所了解，在即兴口语评论中，口语表达者依旧要对所给的材料内容进行简要叙述，但是这种叙述必须简洁干脆，不能过多重复材料中的内容。比如，电视新闻报道中节目主持人即兴发表对某一新闻事件的评论时，一般来说，观众已经知晓了新闻事件本身的大致内容，那么主持人就要尽可能快速地亮出自己的观点，而不是把大量时间再用在对这个新闻事件的解释中。

图 6.1.1　电视评论员做现场评论

除了在内容上要尽可能简化叙述成分外，评论者还要从叙述的思维中跳脱出来。叙述的本质是对事实的复述和再现，因此叙述的内容与叙述者本身的态度立场与感情倾向无关。然而，作为以议论为本质特点的即兴口语评论，则要求表达者具有鲜明的观点，可见，即兴口语评论的思维方式与叙述的思维方式存在着本质的不同。作为事实交代功能出现在即兴口语评论中的叙述，其最终目的还是服务于评论，同时，即兴口语评论的观点表达和论证也必须以内容叙述为基本依托。

那么，如何才能在通过叙述向观众提及重要内容的同时，还不妨碍后续的评论呢？这就需要即兴口语评论者对给定的材料内容进行必要的取舍。例如，评论者可以用三言两语对事件进行交代以明确事件原貌，特别是在时间有限的情况下，对事件原貌进行交代的环节甚至也可以免去。还有一种比较常见的做法是，只叙述给定材料中的重要细节，而这需要即兴口语评论者主动筛选并截取。需注意的是，向观众叙述的事件细节应该是能够吸引观众注意、引起观众共鸣，并且适宜引出核心论点的细节内容。

实战演练

1. 请从“跳脱叙述思维”的角度评价下面某位练习者关于“不让行救护车受罚”一事的即兴口语评论。

新闻材料：

解说词：河南郑州的三家医院陆续为救护车安装了行车记录仪。昨天，当地交警部门在调取视频时对十辆违章车开出了罚单，这也是首次对不避让救护车的司机进行处罚。我国《道路交通安全法》第五十三条规定，救护车在执行紧急任务时，在确保安全的前提下，不受行驶路线、行驶方向、行驶速度和信号灯的限制，其他车辆和行人应当让行。然而长期以来，在交警的执法过程中，对于不避让车辆的处罚一直存在取证难的问题。在交警部门的建议下，11 月 1 日起，郑州的三家医院陆续为救护车安装了行车记录仪，经过 20 天的调试，日前交警调取了 11 月 21 日以来的视频记录，通过筛查和分类确定了首批十辆违法车辆，其中最常见的就是故意不避让救护车。

郑州市交巡警支队四大队队长朱子民：救护车正在正常的车道行驶中，但是前面这个白色轿车它本身行驶就不规范，它骑着虚线，它明知道后面有特种车辆并且有避让条件(但还是不让道)，这种情况就是故意占用救护车车道。

解说词：此外社会车辆在行驶过程中，强行变道、超越救护车，在医院门前的禁停区停车等违法行为也比较常见。

郑州市交巡警支队四大队队长朱子民：从现在这个视频上看，救护车出不了大门，过往车辆没有避让的意思，并且相互挤着往前过。

解说词：25 日，这十辆违法车辆的信息被录入系统，处罚通知书将在 20 天内寄送给车主。据了解，故意不避让救护车、同向超越救护车的车辆，会被处以 50 元罚款，驾驶证扣 3 分，因为占用禁停区而阻挡救护车则会被罚款 200 元。据了解，今后郑州交巡警每周都会对辖区内不给救护车让道的车辆进行处罚。

（中央电视台新闻频道《新闻直播间 · 郑州：不给救护车让行 10 辆车被处罚》）

即兴评论实录：

郑州几家医院为救护车安装了行车记录仪，我认为这一举措是非常好的，因为一直以来，对救护车的避让都是大家关注的问题。救护车运送的是一些危急的病人，人命关天呐，但是有一些司机就是没有这样的避让意识，可能是为了节约时间或是其他原因就选择了不避让救护车。这样的行为是一种非常没有社会责任感并且非常自私的行为。而且对于这种不避让的行为在处罚上是很难举证的，安装行车记录仪可以有力地记录下那些司机不避让的行为，也让处罚更加有据可施。

2. 下面这则新闻材料讲的是一位中国游客在攀爬美国国家公园拱石时摔伤的事件，请根据提供的新闻材料内容进行即兴口语评论。在后面的评论实录中，A、B 两人也针对“中国游客攀爬摔重伤”一事进行了即兴口语评论，请对 A、B 两人的即兴口语评论进行评价。

新闻材料：

外出游玩要注意安全，有一位咱们中国的游客去美国玩儿的时候就没太注意到这一点，结果吃亏了。

当地时间 9 月 24 号，这位 27 岁的中国游客在美国犹他州的拱门国家公园游玩时，私自攀爬 18.2 米高的红砂岩结构拱石，结果不慎跌落造成重伤。美国拱石公园保罗·亨德森 25 号表示，这名来自北京的游客是在 24 号下午 7 点摔下来的，被发现的时候已经不省人事，头部正在流血。恢复意识之后他告诉医护人员他的双腿失去知觉，伤者随即被送往科罗拉多州的圣玛丽医院进行救治，目前情况非常危急。

据介绍，美国拱门国家公园明确禁止攀爬拱石，而这次出事的地点是备受摄影家喜爱的夜拍地点。目睹事发经过的徒步旅行者戴维斯告诉记者说，出事的中国游客和另一名年龄相当的女性在一起，有人一直在警告他让他当心，然而当他爬上一块较矮的拱石时，脚下一滑，他手脚并用试图固定住自己，但是最后还是摔了下来。

（辽宁卫视《中国游客擅自攀爬美国国家公园摔成重伤》）

即兴评论实录：

A：最近有一名中国游客到美国犹他州私自攀爬拱石，结果造成摔伤。首先我认为，中国游客向来喜欢攀爬各样的石头，我们在旅行中要注意自己的素质，更重要的是要注意自己的安全。其次我认为，旅游景点部门应该在危险处设立标牌，并设置翻译以确保更多的游客不会因此而受伤。

B：对于某中国游客在美国某公园因为擅自爬行拱石摔伤一事，我有两个看法。首先一定要强调，我们出门在外，一定要保证自己的身体安全，我觉得这是一切的前提。尤其是在旅游的时候一定要遵守景区部门的相关规定，这样才能保证自己有一个非常美好的旅行体验。第二点，我认为这名游客是在景区明确禁止不能攀爬拱石的情况下还要擅自攀爬,因此才导致了自己的受伤,这也是一种违规行为,所以这也是警示我们其他的游客,在游玩的时候还是要遵守景区部门的这种规定。虽然我们也知道,这名游客是为了摄影,可能是为了享受到更好的摄影体验,但是我觉得,既然景区部门明确禁止你攀爬,你还是要遵守这种规定,并且不要去做人家不让你做的事情,这样首先是保证自己的安全,也是对景区规定的一种尊重。

第二节　即兴口语评论的组织技巧

核心提示

即兴口语评论需要评论者具备清晰、完整的逻辑结构,观点应该鲜明,尽可能避免观点的重复和赘余。虽然即兴口语评论具有现场性、临时性的特点,但高质量的即兴口语评论依旧离不开前期的准备,评论者应该注重基本的知识储备以获得即兴口语评论的灵感,并使即兴口语评论的内容更加充实丰富。

一、清晰的逻辑结构

即兴口语评论的结构应该逻辑清晰、结构完整,一般而言,从现象到结论的逻辑是比较能让人接受的逻辑方式。整个即兴口语评论应该以结构化的方式出现,如此才能在表达中抓住主旨、理顺层次,并形成相对完整流畅的评论。

在即兴口语评论正式开始前,表达者应该对所要进行的评论有相对明确的构思,而不是等到真正开始评论时才想到哪说到哪。当然,即兴口语评论不像书面评论那样可以按照严密的规划进行,毕竟即兴口语评论具有灵活性的特点,因而表达者也可不拘泥于刻板套路,可以根据临场情况对表达内容做出合适的转变和调整。

(一)以序数词串联评论

即兴口语评论的内容组织有一个较为简便的结构组合方式,比如,可以用序数词,如第一、第二、第三……这样的顺序串联起观点的表达。数字顺序的出现能够让即兴口语评论的受众感知到较为清晰且明确的逻辑顺序,每一个序数词的出现也能够起到提醒受众集中注意力的作用。同时,通过序数词串联评论内容,也有利于评论者自己把握话语推进的进度,以掌控整个即兴口语评论的过程。

当然,即兴口语评论的结构组织方式不限于上述以数字顺序组织的方式,任何能够获得逻辑完整、表意清晰的即兴评论结构都是值得提倡的评论组织方式。

下面这则案例中,表达者采用序数词的方式串联起了评论内容,但其在具体表述中还存在着一些问题。

案例分析

新闻材料：

据《南方都市报》报道，北大教授称中小学教育是把人修理成了考试机器。

北大教授郑也夫分析了现今的教育现状，获得诺贝尔奖的中国人没有一个是在中国受过中小学教育的。他甚至认为，在中国接受过12年中小学教育的人即便是进入了哈佛、耶鲁这些世界名校，也不会拿到诺贝尔奖。因为12年的中小学教育已经把人修理成了没有想象力和创造力，只会考试的一个机器。

郑也夫也列举了德国的教育模式，他认为，德国的教育方式值得大家去思考、去借鉴。他说，德国采用的是三轨制，在小学四年级以后学生分流成三种不同的中学，主体中学、实科中学和文科中学各占三分之一，其中只有文科中学的学生才会走进到大学，而主体中学和实科中学的学生都会进入到各种职业学校。

然而，在德国，职业学校和大学没有地位上的优劣之分。当然，郑也夫也指出，中国要学习德国的分流模式还有很大的障碍，首先，咱们中国的职业教育办得不好，和高等教育的地位悬殊太大。其次，全社会都在竞争学历。所以说，您现在要不是拿一个大学本科文凭，出去找工作这都不是一个容易的事儿。

（广东卫视《教授称中小学教育把人修理成考试机器》）

即兴评论实录：

A：这个教授的想法有一些过于理想化了，对于中国这个社会来说，目前来讲，中小学的这12年教育还是非常有必要的。中国正处在普及教育的阶段，如果说立马把外国那一套东西学习进来的话，我觉得还是不是非常合适的。更何况，我们现在普及教育还没有做到一个比较好的水平。其次，可以先将素质教育普及了以后，再过段时间慢慢地改进这个事情。

B：我个人认为郑教授的这个观点是不符合中国实际情况的。首先从中国的人口来说非常的庞大，各个地区的经济发展水平、教育师资也是不一样的，所以我们无法让如此多的中小学生享受到像发达国家一样的教育水平。第二个呢，中国的历史情况和德国的历史情况是不一样的，所以片面地将中国的这样一个教育体制和西方发达国家的教育体制相比较的话是不太妥当的。还有一个是，虽然我们也希望，我们也意识到中小学这样一个12年的教育存在问题，可能会存在一些刻板的教育，但是对于改良这样一个现状来说还需要很长的一段时间，应该说中小学教育的改革依然任重而道远。

分析点评：

A评论者基本上没有说出较为明确的观点。虽然一直在强调北大教授的观点不对、不合适，但到底为什么不对？为什么不合适？到底是哪些具体因素导致了这名教授的观点不对、不合适？评论者并没有给出相关论据。也就是说，在此我们要想办法通过口语评论，表达出自己的鲜明观点。

B评论者的评论是一种比较清晰的表达。他首先在逻辑上提出自己对新闻报道中人物的观点是不赞同的，然后开始论述：第一，中国有不同的人口现状；第二，中国和德国相比有不同的历史传统因素；第三，中国教育体制的改革还处在一个不断变化的时期，我们还需要给它一定的时间。这是一个逻辑比较清晰的即兴口语评论。

（二）准确表达各分层观点

以序数词的方式串联即兴口语评论一方面起到了标示逻辑结构的作用，另一方面也是对评论观点进行了分层处理。

在这一过程中，表达者还需要在评论中保证对每一个分层观点的论述都言之有物，并且对每一个分层观点都要同等对待，不能为了凑成“第一、第二、第三”的评论方式而强加没有价值的观点内容，也不能着重论证某几个分层观点的内容，而对其他分层观点弱化处理。

分层观点的表达要有头有尾，所提出的各分观点在整个评论过程中都应有所涉及，不可遗漏。除此之外，表达者解释自身观点、呈现自身观点的方式也要尽可能清晰准确，确保分层评论内容与所评之事有对应关系。

我们来看下面这则案例。

案例分析

新闻材料：

主持人：记得我们读书那会，如果有同学丢了东西，所有人都得被搜书包检查，是非咱们先不做评判。但是如今科学发达了，学生丢了东西搜什么书包呀，直接验DNA了，怎么回事儿呢？

近来，在山东的一个学校，突然全校5000多名男生被要求采血验DNA，注意，是只要男生不要女生，好家伙，这引发了男生的广泛质疑。这一不是体检二不是验亲，找我验什么DNA呢？结果呢，记者调查才知道，这是当地公安机关在侦破案件。原来学生宿舍被盗了，涉案金额高达20多万元，目前男生的嫌疑最大，验DNA是为了排查男生盗窃的嫌疑，这是案件的需要，结果大部分的学生都被稀里糊涂地抽了血。还有小部分学生觉得，这是侵犯了个人隐私，拒绝抽血，现场还引发了一些小的冲突。

公安机关这样的办案方式引来了许多质疑，有的学生说，配合公安机关破案没有错，但是一起盗窃案竟然大动干戈地要全校男生抽血，这盲目地验血不是侵犯学生的个人隐私吗？办案是不是应该锁定一个范围呢？更有同学担心说，这DNA的检查可不是一毛钱两毛钱的事情，一个人的成本需要在100元左右，5000多号人就是50多万，一个案值在20万的案件这样做是不是太不计成本了？决策科学吗？那么对于此事，让我们听听我们的评论员曹林先生，看看他怎么说。

评论员：单纯从办案的角度看，这样的行为也是非常愚蠢的。你破案怎么能这么破呢？起码你得经过排查、经过锁定，有了小范围的怀疑对象再去调查，这才叫嫌疑人呐。这不仅是没有效率，更重要的是对学生权利的侵犯，你凭什么一个人生病让所有人都吃药呢？凭什么可以把每一个学生都想象为小偷呢？这样侵犯学生的权利我觉得比偷盗行为恶劣多了。我觉得这还是骨子里法盲，缺乏对学生权利的尊重。

（安徽卫视《大学宿舍失窃 全校5000名男生被验DNA》）

即兴评论实录：

A：针对目前由公安机关侦破案件时要所有男生验DNA这一事件，我认为责任人首先是公安机关，虽然随着技术的发展，公安机关可以用技术去侦破案件，但是应该有一个范围的缩小和认定，集中侦破一部分人，而不是让所有人都接受调查。第二，由于DNA检查需要费时费钱，这对警力的投入和资金的投入是一种浪费。第三，如果让所有的人都接受DNA检查，是不是对每一个公民个人隐私的侵犯？所以针对这个事件，我认为不单公安机关要反思，个人要反思，社会也需要反思。

B：首先我不认同公安机关的办案方式，首先，DNA验血涉及隐私问题，虽然在校的男生群体是嫌疑人的范围，但是我们也要适当征求他们的同意。其次，此案DNA检验成本太高。第三方面是，公安机关如果都采取DNA验血如此简便快捷的方式，那要公安机关有什么用呢？应该在现有掌握的资料基础上对案件进行分析、缩小范围，再采取合适的办法检测。

分析点评：

A评论者的逻辑和表达都较为清晰、连贯，B评论者在讲第二点“成本高”的问题时只是摆出了自己的观点，没有进行进一步的阐述。在即兴口语评论中，表达者需要对论述的不同层次同等对待，不能就某几个观点加大评论而对其他一些观点一句带过。比如，B评论者既然讲到了成本高的问题就要解释一下原因，因为很多观众可能不了解内情，认为抽血的成本不会太高，但评论者知道事实——做DNA检验要100块钱，这个成本是很高的，所以还是要向观众简单地说明一下。

（三）思维集中，小口切入

以序数词的顺序标示逻辑结构只是最基本的一个方法，即兴评论逻辑结构的确立还要确保主次分明以及思维集中。尽管“第一、第二、第三”的顺序在表面上看起来逻辑顺序通畅，但是具体到内容层面而言，评论者还需要注意主次之分，不可面面俱到，要以集中的思维来组织评论语言。

集中的思维能够帮助评论者选取合适的角度进行评论并能使评论内容围绕所选角度依次展开。在实际的即兴口语评论中，一些评论者往往“东一榔头西一棒子”，想要把所有问题都说明白，却往往抓不住重点，最终导致什么都想说，但是却什么也说不明白的结果。这一问题的产生正是由于表达者缺乏利用集中思维筛选素材、组织语言的能力。思维的集中确保了论述中心的延续，也使得语言内容有了明确的指向性。在集中思维的指导下，评论者能够分辨出哪些是核心论点，哪些观点有利于辅助核心论点，哪些论点即便成立但因与主题关系不大而应被舍去。

围绕给定的材料内容或是某一话题、现象，一些评论者会产生各类想法和观点，一时间有许多“点”在头脑中激荡是很正常的现象。但是，一些评论者往往会陷入给定材料的一些细节中而无法跳脱，更有甚者，有些评论者可能会“捡了芝麻，丢了西瓜”，结果导致整个评论内容都失去了应有的重心。此时，评论者应当具备取舍意识，选取最方便评论且具有延展性的小口切入，因为小角度切入有利于评论者有的放矢，从而可以避免面面俱到的谈论。以小口切入并结合集中思维，即兴口语评论便有了明确的中心和语言组织的方向。

二、观点鲜明、避免重复

所谓观点的重复是指，在即兴口语评论中，评论者将相同的意思在看似不同的观点层次中多次提及。观点重复的原因仍在于表达者没有形成完整明确的逻辑结构，整个评论过程过于随意，这种“走一步说一步”的论述即便看似观点多样，但往往有可能只是“车轱辘话”，到头来表达的是相近甚至完全相同的意思。

观点重复本身也会使评论缺少鲜明性，重复的观点之间缺少差异，内容相近，往往容易让人失去注意力。观点重复常常发生在评论者提出观点后的论证过程中，一些评论者能够明确提出自己对于某一话题或事件的观点和态度，但在后续论证过程中往往会因为论证能力欠佳而只能将事先提出的观点通过增添、删减或者变换词语等方式进行重复表达，这种看似全新的观点论证实际上只是对已有观点的重复叙述，并未传播任何新的观点内容。

一些评论者在即兴评论中表达的观点常常不够鲜明直接，这往往会让受众“无感”，只有那些观点鲜明、表意明确的内容才能有效传达出表达者的思想，进而引发受众的关注和思考。

尽管评论中的言语重复会削弱观点表达的鲜明性，但是比起评论中无话可说的情况，能够滔滔不绝地讲下去依旧是值得认可的。因此，对于观点重复这一问题，我们也需要辩证看待，在实际评论过程中，故意重复观点还有可能是评论者为了引起受众注意而强调自己的观点。当然，评论者在即兴评论时，如果大脑突然出现空白或者一时语塞，重复之前的观点也未尝不是一个临时救场的策略。

在下面这则案例中，两位学生对“少数学者借雷语搏出位”的现象进行了即兴评论。仔细观察可以发现，一些评论内容存在着观点重复、缺少鲜明性的问题。

案例分析

新闻材料：

《人民日报》一条消息说，少数学者借着雷言雷语来搏出位、做代言、捞好处而误导市场。

房价、养老，这些都是现如今社会上最敏感的问题，近来，许多经济学者就不时对这些问题发出一些雷人雷语。比如说，北京房价要涨到每平方米80万，房价涨到顶就没有人投机了；还有人说，在延迟发养老金期间，男的可以到养老院做园丁，女的可以给老年人洗衣服、做点编织等等。那么这些论调让人感到非常吃惊，而且也引起了网络上非常激烈的讨论。

人们不禁要问，为什么这些学者喜欢发出这种雷人之语呢？有分析就认为，第一是为了出名，所以在大家关心的公共问题上放出一些想不到的言语引起大家的关注、搏人眼球；第二是有些专家学者疏于系统深入的学术研究，只求语不惊人死不休；第三是某些专家被利益集团利用，在某些时候充当了他们的代言人。

当然学术上，百家争鸣，各种言论出现，这是一种很正常的现象，但是专家学者不是普通人，他们在专业领域具有一定的权威性，有可能会左右公众的思想或行为，如果言论不当将会误导大家，甚至会扰乱市场秩序。专家学者应该以公正严谨的学术态度和尽量符合事实的研究成果来呈现给大家，否则只能会被公众笑话，最后落得毫无权威可言。

（广东卫视《少数学者借雷语搏出位 做代言捞好处误导市场》）

即兴评论实录：

A：专家学者作为某一方面的权威应该对自己的言语负责，其次，为了搏出位而说雷语的目的是不可取的，作为专家学者，权力越大越应该对自己的受众负责。

B：最近有一些专家学者依靠雷人言语搏出位这件事，我认为这是不负责任的。首先，我国大众对掌握这些专业知识的人都有一定的信赖，所以这些专家学者在发言的时候就更应该经过调查研究，审慎地发表观点。其次，更过分的是，他们说出这样的话很有可能是接受了利益集团的好处，这个更加违背了自己作为一个严肃学者的价值观。

分析点评：

这两个课堂实例表达的框架感和逻辑感都很强，体现出了说话者有层次的表达意识。但A评论者所说的两个方面其实谈的是一个意思，第一层意思是说专家学者要对自己的言论负责，第二层意思是指其要对受众负责。仔细思考就会发现，专家观点表达的对象就是受众，那么这两层意思的落脚点都是要对言论负责，二者并没有形成鲜明的差异。

B评论者与A评论者的观点虽然相似，但其表达的两层意思仍有差异。具体来说，学者本身是被大众信赖的对象，他们应该对自己的言论负责；其次，有一些学者可能被利益集团利用而做了不负责任的事。

总而言之，即兴口语评论者需要有非常明确的观点，在表达中不要让听众误以为评论者只是把一个观点拆分成了相似的几个观点，这会让人觉得观点重复。

三、注重基本知识的储备

即兴口语评论虽然被冠以“即兴”之名，但高质量的即兴评论并非仅依靠“即兴”发挥就能完成的，它还需要评论者具有较为丰富的知识储备。即兴评论是现场说话，那么在不知道评论话题之前该如何准备？其实，日常的知识准备就能够为即兴评论提供论证的材料，能够激发评论者的灵感，也能够为评论准备丰富多样的语料。

日常的知识、素材准备能够为即兴评论提供论证的材料，这一点并不难理解，在评论过程中，不管是通过说理的方式还是举例的方式，都需要使用论据对核心观点进行论证。论据的获得无法依靠即兴发挥，而是依赖于平日的素材积累。如果评论者能够结合自己储备的事实材料或道理材料来论述，那么即兴口语评论的内容就会变得丰富而立体，论证效果也会更好。

此外，日常的知识和素材的储备还能够激发表达者的灵感。灵感的获得其实并不是偶然的，它是在对知识和素材极大占有的条件下才会被激发的。如果评论者掌握的知识足够丰富，那么他看待问题的视角就会更加多元，评论的角度也会有独到之处。有的评论者对于某些现象或话题容易产生灵感，觉得自己找到了感觉，其实所谓的“感觉”并不是偶然的，这正是由于评论者自身在此前接触到了类似的事件，并且自身已经储备了关于谈论此事件的材料，所以在面对新问题时，评论者能够找到合适的角度进行评论。

虽然话语的输出是彼时彼刻的行为，但在话语输出之前，表达者已经占有了谈论这一话题的语料资源。占有的资源越多，可供评论者调取使用的素材也就越多，评论也就更加容易和可控。

值得注意的是，日常的知识准备和积累并不需要刻意为之。看一则新闻报道、听别人讲一个故事，这些都可能成为即兴评论的知识来源。若要游刃有余地对某一问题或现象展开即兴评论，那么评论者应该对这一领域内的相关问题和现象有相应的了解及必要的知识储备，最好是能够让自己变成某个特定领域的专家。

案例分析

新闻材料：

央视动画有限责任公司等十大动画制作机构、中央电视台少儿频道等十大播出机构，近日向全行业发出倡议，希望全国同行承诺决不制作播出含有暴力、低俗、危险情节、不文明语言的动画片。

倡议书指出，我国动画产业快速发展，国产动画片生产数量大幅增长，艺术质量不断提高，但与此同时，个别动画片存在暴力失度、语言不文明等问题，个别危险情节还被未成年人效仿造成人身伤害事故引起社会舆论关注。为此倡议，要避免在动画片中出现暴力、血腥、恐怖、低俗、色情的情节和画面，避免出现容易被儿童模仿的攻击、伤害、自残、虐待、犯罪等行为，自觉维护祖国语言的规范性和纯洁性。不在动画片中使用粗话、脏话以及带有侮辱性的语言。

倡议书还提出，对含有不良内容、不文明语言的动画片一律不发行、不播出。针对最近群众反映个别动画片中存在危险情节和不文明语言的问题，《喜羊羊与灰太狼》和《熊出没》的制作单位正在进行全面修改。国家新闻出版广电总局将于年内出台国产电视动画片内容标准，对暴力、低俗、危险情节和不文明语言等方面做出严格限制。

（中央电视台《新闻联播·不制播暴力失度、语言粗鲁动画片》）

即兴评论实录：

A：首先，我非常肯定动画部门所倡议的这个提议。第一点是因为动画片的受众是小孩，他们在观看这些粗暴、色情、粗俗的片子和情节以后可能会受到一定的影响，比如前不久发生的，小朋友模仿《喜洋洋与灰太狼》情节后将同伴烧伤一事。第二点是，这些动画片依靠暴力、低俗情节博取眼球是不是从一个侧面反映出我国动画片质量不太高的这样一个现实？这也值得引起动画界的重视，提升动画质量。

B：首先我对中国政府的这个决定是比较赞同的。第一，中国的动画大多面向的是小孩子群体，小孩子正处在学习的年龄，他们对动画片会不经意地进行学习。之前也发生过一些事件，所以中国政府对此的警惕是非常重要的。第二点，如果想要改善这一现状，我觉得可以借鉴一下日本的经验，日本的动画是分为两个年龄层，一个是小孩年龄层，一个是青少年年龄层，日本小孩子年龄层的动画片避免使用暴力语言，青少年年龄层的动画片则会增添一些青少年感兴趣的要素，例如，如果青少年年龄层的动画片包含暴力内容，那么则会选择在夜间播放。所以我觉得中国的漫画可以借鉴一下日本的模式。

分析点评：

在这一即兴口语评论练习中，A、B 两位练习者都使用了自己所储备的素材或知识来对新闻事件本身进行了评论。A同学逻辑清晰，娓娓道来，在评论中引入了相关的新闻事件，这些素材的补充使得评论具有更强的说服力。B同学的亮点在于使用“他山之石”，通过介绍动漫产业较为发达的日本对动画片的分级制度，来为中国的动漫发展提出建议，这会让观众觉得其观点具有可信赖性，并且这个建议本身也是非常合理的。

实战演练

东方卫视《看东方》节目曾做过一期题为《我的命十人换不来 教授拒入普通病房》的新闻节目，节目文字实录如下。请你根据新闻内容发表自己的即兴口语评论，并就A、B两位同学的即兴口语评论进行点评。

新闻材料：

日前，有一位名为华西医院心内科杨姓的网友发布的微博引发了舆论的广泛关注。这个微博说道：“CCU来了个男病人，是某大学教授，患急性心梗积极抢救数天后病情稳定，CCU病床紧张我想把他转到普通病房以腾出床位以收治其他危重病人。不料，他坚决拒绝并说别人的命关他屁事，他教授的命是十个人的命都换不来的。不仅恶毒地骂我，还威胁要找川大校长告我。这样的人当上教授也是瞎了眼。”

这个微博发布之后引发了广泛的转发和评论，有网友就说了：“CCU那么贵，我家亲戚做完癌症手术进去一天就急着要出来了，这个人该是多有钱哪！”医学专家介绍说，CCU就是心脏重症加护病房，主要收治心肌梗塞和严重的心律紊乱的病人，而病人的收入和转出也是有非常严格的标准的。也有医生网友表示说，出不出CCU不是由病人的地位高低决定的，CCU是抢救危重病人的一个地方，只要你已经脱离了危险就该听医生的安排。

即兴评论实录：

A：我们暂且抛开他是否钱多或者是否已经康复这个情况，我们单纯从他作为大学教授这个身份来看的话，这是很不应该的。首先他是一个大学教授，我们不能否认的是，我们社会中许多问题都需要大学教授或者是权威机构帮助我们来解决，但是，他不能凭借着社会对他的一种信任或者公众对他职位的尊敬而去做这种有损他人利益的事情。当然，第二方面，我觉得医院在这方面也有责任，我们不能因为他是一名教授，他的职位受到了我们的尊敬，我们就能够容忍他的这种行为。我们应该和他进行协商，因为我们还有许多的病人需要这个病房，不能让他占着这个病房而不走。所以，我觉得大学教授除了在知识水平上需要我们去尊敬以外，他的社会责任感也是需要我们去审视的。

B：教授拒换普通病房并说“我的命十个人都换不来”，首先我认为，他作为一个教授应该有教书育人的态度，该教授表现出的行为，不禁让人怀疑他是否仅具有学术水平而忽视了自己的素质呢？这样学术和素质严重不对等，也让我们担心他教出来的学生是怎样的呢？第二点，我认为，医者面前无特权，生命价值是不可以估量的，不能因为一个人的身份、地位、学识或身份而有不同的标准。因此不管是在病房还是在医疗方面，都需遵守医疗标准，不应该以个人地位论处。

第三节　即兴口语评论的个性表现

核心提示

即兴口语评论在保证结构完整和逻辑清晰的基础上还应表现出不同的个性特征，避免千篇一律、千人一面的评论。评论者可以通过找寻新的观点和视角、使用新的材料和论据、变换不同句式以及逆向思维等途径表达新颖的观点，但同时，评论者也应注意避免个人情绪化的观点表达。

一、展现语言个性，尝试不同思维

即兴口语评论应该展现出不同的个性化特点，尽量避免模式化和僵化的话语表达。面对相同的话题或现象，评论者如何才能够展示出自己的评论个性呢？下面四条途径可供参考。

（一）找寻新的观点和视角

对于大众所熟知的一类话题或现象，评论者应该试图寻找新的角度去切入，尝试改变已有的看待此类问题的方式，通过打破旧有价值判断来对给定话题或现象发表个性化的评论。

（二）使用新的材料和论据

如果评论者难以找寻新的角度进行评论，那么还可以通过使用新颖的材料来对“老观点”进行论证。

（三）变换不同句式

在上述两点的基础上，即兴口语评论者还可以尝试使用不同的句式来表达不同的评论语气。有的评论者喜欢使用陈述句来表达自己的观点，陈述句的特点是能够以最直接的方式向受众传递自己所持的态度和观点；也有人擅长使用疑问、设问或反问句来表达自己的观点，问句的使用能够引发受众的思考，并在即兴评论中表现出与受众进行交流的对话感。而在评论中，评论者可以根据评论需要选取不同的句式，以变换的句式调动受众的注意力。

以下案例中，不同的评论者即采用了不同的方式对同一则事件展开即兴评论。

案例分析

新闻材料：

主持人：最近在安徽宁国市的民政局网站上，一位市领导看望百岁老人的照片疑似是使用修图软件编辑合成的，这在网上引起了极大的关注和争议。

解说词：在图片中可以看到，市领导形象被放大且身体悬空，百岁老人只是蜷缩在一角，相片有明显的PS痕迹。记者就此事向宁国市政府了解情况。

宁国市政府办公室副主任汤红剑：我市对该事件进行了认真的核实，重阳节慰问活动确属实情，但是在后期信息发布时，相关工作人员由于工作不够仔细，将两张单独的照片合并在了一起，也就是PS。

解说词：那么为什么要把两张相片合二为一呢？记者找到了当时拍摄并上传照片的徐某，据他说，由于当时拍摄地点位于阳台上，空间狭小，无法将所有人都包含在相片内。

宁国市民政局工作人员徐某：我自己考虑到，这个照片单上一张，不能表现这个场面，(所以)个人人为地把这两张合并了，当时我也没有考虑到会产生这么大的负面影响。

解说词：至于合成的相片中老人的形象为什么会蜷缩在一角？据徐某解释说，主要是考虑到画面的合理性。

宁国市民政局工作人员徐某：当时看到第一张照片的时候，老人是坐着的，领导是站着的，当时眼光是往下的，老奶奶的照片如果不把她放小的话，左边的眼光是往下的，老奶奶的头是在上面，这个画面很不好，我就临时决定把老奶奶照片缩小，让这个俯视的眼光对着老奶奶。

解说词：由于徐某工作中的欠考虑，其随意合成并发布的图片在网上造成了恶劣影响，这也给以后的民生工作敲响了警钟。目前宁国市委市政府也作出处理决定，要求徐某对事件做出深刻书面检讨，并在全市范围内对其进行通报批评。

（中央电视台新闻频道《朝闻天下·后期工作失当 当事人被处理》）

即兴评论实录：

A：近日，一幅照片在网上被网友热议，我认为把PS过的照片当成新闻照片是不可取的。首先，相关工作人员应以真实性为工作准则，切实履行他们的工作义务，而不应掺杂任何作秀成分。即使他们确实看望过老人，也不应该在网站上呈现任何给人以虚假疑惑的内容。第二点，拍摄人员解释的是，因为拍摄条件不佳而导致照片必须通过处理发布在网上。我认为，照片的质量并不影响相关工作人员的工作质量，如果拍摄条件不佳，可以选择将照片放在网上，外加一些文字方面的描述，这样画蛇添足的行为可能会造成一些不良影响。

B:这则新闻看上去很搞笑,但实际上带给了我们很多思考。首先,一张新闻图片何以引起社会强烈的关注呢?一位领导去看望一位老人为什么一定要放出一张图片?而且为什么非要将领导和被看望人放到一起让别人关注呢?这体现出政府有作秀的嫌疑。政府在慰问民生的方面要做一个示范和带头,但很多时候并没有真的用心去做。这样造成工作人员为了讨好自己的领导而对领导进行一种修饰或者进行美化,所以才出现了这么一种状况。另外一方面,我们也应该注意到,一张照片会引起强烈的关注,为什么工作人员会如此在乎这张照片可能带给大家一种怎么样的印象?这是不是说明我们的社会对照片关注过度了?我们的社会更应该关注这位领导具体在做什么,而不是去关注他到底出现在了一个什么样的新闻照片中。也正是因为我们民众关注面的不同,所以才导致了这种很歪曲的社会现象。

分析点评:

两位评论者的即兴评论流畅性都非常不错,观点的表达和阐述也较为清晰。B评论者提出了一个新颖的角度——是不是民众对此类事件的关注点出现了偏差?这是一个非常新颖的观点。此外,B评论者擅长在评论中使用疑问句,特别是评论开头连续抛出的三个疑问句起到了吸引受众的作用,同时也为后续的观点论证做了铺垫。

(四)逆向思维

逆向思维是对常见事物或观点的反向思考,逆向思维往往具有较强的批判性。评论者可以通过独立思考,结合真实有力的论证,来阐明一种不同于以往定论的观点。以逆向思维获得的评论观点常会带给受众耳目一新的感觉和发人深省的思考。

日常生活中,多数人习惯了沿袭既有的思考模式来看待身边的问题或现象,然而,这些被多数人普遍接受的观点看似稳妥但却极有可能遮蔽了事物的本质,尤其是对一些特殊问题,如果倒过来思考,以批判的眼光来看待,往往能够揭示事件本质。

下面这则案例中的B评论者使用了逆向思维的方式,为其即兴评论提供了新颖的视角。

案例分析

新闻材料:

清华大学、南京大学、浙江大学、上海交大、西安交大和中国科学技术大学宣布2014年自主招生共同实施自强计划,全国所有农村中学的学生可同时填报任意一所高校,统一在清华报名,获认定后高考最高可降60分录取。

(天津卫视《晚间新闻·农村学子考清华等高校可降60分录取》)

即兴评论实录：

A：首先我认为，这个政策还是比较可行的。因为首先，农村的孩子和城市的孩子在基础教育上就有差别，他们从小生长的环境和城市的孩子不一样，所以在高考的过程中，他们可能会与城市的孩子显示出差距，这时政府通过这个政策保护他们能够正常地上大学，这让我觉得是对社会公平的一种促进。第二，这个政策给他们提供了上大学的机会，因为，如果不这样的话，那些上名校的孩子永远是那些在城市里面成长起来的孩子，而农村的孩子还依旧在农村，那么这就会进一步扩大中国的贫富差距。所以我认为这一政策还是有它的可行性的。

B：农村学子考取清华等高校可以降分60分，这不禁让我们怀疑这一政策到底真实有效吗？我们知道这个政策针对的就是一个社会热点——寒门现在是否能够再出贵子？但是从大学阶段开始实行的对寒门学生降低标准是否还能如此？我们可以发现，社会上出现的问题，不论是如幼儿园校车导致孩子丧失年轻生命问题，还是说中小学生在食宿方面面临的困难，都展现出了在基础教育、在素质教育阶段就存在的城乡巨大差异。所以如果说，只在中学升大学的阶段才对农村学子采取这样的措施，是不是为时已晚了？更何况，对于农村家庭来说也是有分流的，一些农村家庭也是有特权人物，他们掌握着农村的户口。那么会不会有另外一种投机现象？农村的户口会不会又一时洛阳纸贵？因为，大家纷纷去办理农村户口可能会导致更多农村的孩子在升学中被挤出。

分析点评：

A评论者做了较为规范的论述，就事件本身提出了合理的、让受众可接受的且合乎逻辑的观点。在判断中，没有出现极端性的表达，而是以“我认为这样一个政策是基本合理的”或“基本可行的”的方式表述，这是一种比较温和的表达方式，从而避免了对这类新闻进行评论时一味歌功颂德或者彻底抨击批评的问题。

B评论者非常机智，在较短的时间内他就找到了一个逆向思维的角度进行评论。评论者没有就事论事，而是去质疑在高中升大学这个阶段实现公平是不是有点晚？之前的基础教育阶段的公平该如何去实现？这是一种逆向思维的方式，这样的切入角度使得评论非常有新意，带给受众新颖的体验，也激发了受众对农村大学生高考问题的新思考。

需要明确的是，即兴口语评论展现出个性化特点是为了表达效果的新颖，而不是为了搏出位。即兴口语评论的观点不在于一味地标新立异，评论者只要言之有理、能够自圆其说即可。一方面要尽可能提供创新的观点和视角，让观众产生眼前一亮的感觉，但同时也不可过分追求“新奇”和“怪异”，否则将很有可能走向哗众取宠、故弄玄虚的表达误区。现实生活中，一些人在公共场合为了博人眼球经常发出一些“雷语”，虽然起到了引起公众注意的效果，但这些观点不少有悖伦理道德，只不过是为了获得雷人效果的出格言论而已。因此，评论者要为自己的评论负责，特别是对于没有把握的话题，评论者最好不要故作惊人之语，不要试图建立全新的理论体系，因为一旦处理不当，就有可能产生不良影响。

二、避免个人情绪化的观点表达

评论的个人情绪化是指，评论内容过多地表现为情绪化的感情抒发。有些评论者会因对事件本身做出较强的感情判断，而使评论过于感性，缺少相对理性的逻辑分析和理论论证。

在即兴口语评论中，要摒弃过于个人情绪化的语言表达。类似于“唯一”“绝对”“最”这样的词语应该尽可能避免，因为这类词语容易表现出评论者自身绝对化、片面化的论调立场。

此外，即兴口语评论需要有稳定的精神状态，要避免情绪冲动，否则会失格。特别是对于一些“坏人坏事”，评论者可以提出批评，但是一定要注意情绪的克制，不可以落井下石，更不可以针对当事人搞人身攻击，那会导致整个评论语态的失当。对“坏人坏事”发表即兴口语评论的目的不是为了释放表达者的愤怒并引起公众进一步的负面情绪，评论应以分析利害、总结原因、引导向善作为评论的最终落脚点。对于有争议的内容，表达者在体现自身风格特点的同时，一定要把握好表达的尺度。毕竟，即兴口语评论的目的不是为了自娱自乐或者嘲笑大众，而是为了产生思想的交流和碰撞。

下面这则案例反映出一些评论者在即兴口语评论时表现出个人情绪化的特点而缺少理性论证的问题。

案例分析

新闻材料：

最近，长安大学保卫处招人了，要求很多，应届毕业生、英语过六级，并且是“211”工程大学优先，招聘人员表示这次是招聘一名保安干部，有正规的国家编制，学校规定所有的新进人员都是高学历。网友说了，学了这么多年我竟然没有资格当一个保安。《人民日报》是这样认为的：“该给编制祛魅了。”尽管保卫干部不等于保安，但此次招聘门槛之高仍令人咋舌。招聘方底气何在呢？无非手握可提供国家编制的底牌。从“死也要死在编制里”的悲情表白，到事业编淘粪工诱惑硕士生挤破头皮，伴随编制的荒诞剧不胜枚举，令人唏嘘。这再次提醒，事业单位改革刻不容缓。

（东南卫视《早安福建 · 长安大学招保卫要求“硕士学历英语六级”》）

即兴评论实录：

A：对于长安大学招保卫干部需要硕士学历及英语过六级这一事，我觉得实在是太夸张了，这一做法实在是让大家瞠目结舌。首先，我认为，虽然长安大学说所招的干部不等于保安，但这样的要求是否不太妥当？第二，我们也可以看到，这样的做法是因为保卫科的干部能够进入学校的编制才提出了这样不切实际的要求，所以是不是反映出我们国家事业单位编制的一个现象，是不是必须要对此进行改革？

B：首先，我认为这个事情不值得大惊小怪的，因为这种新闻也不是第一次听说。大家总是对硕士生抱有一种期望，硕士生就应该做一个非常体面的工作，或者说一定要是大白领，一定要坐在办公室里。但其实，随着国家总体教育程度的提高，这个硕士生做一些普通的工作也是非常正常的。我觉得，大家要以一个平常心去看待这些个现象，当然其次，这也折射出另外一个情况，就是人们现在还是非常重视"铁饭碗"，只要一有编制就挤破头，大家全部都去，这才导致了一些岗位被捧上了天。作为年轻人，要有敢闯敢拼的精神，要尝试一些更适合自己的，而不要去考量安定性，然后热衷于把这种带编制的工作作为自己的首选。

分析点评：

A 评论者的表达没有什么实质性内容，只感叹了事情令人瞠目结舌，但却没有说为什么会令人瞠目结舌。即兴口语评论者不能只做一味的情感表达，而应该把这个事情背后的原因讲清楚。

B 评论者的即兴口语评论包含正反两个方面：一方面，这个事件有反常性，但也有一定的合理性因素在其中，所以不用大惊小怪，要用平常心看待，不要把这个事情妖魔化；另一方面，评论者也对当代大学生的择业提出了一个建议——不要一味地盯着"铁饭碗"，而要有一个更宽广的视野。总体来说，B 的即兴口语评论相对 A 而言避免了个人化的情绪表达。

实战演练

请针对以下新闻事件分别展开即兴评论，注意评论的逻辑结构，尽可能展现出个性化的评论观点，同时注意避免个人情绪化问题的出现。

新闻材料 1. 近两成青少年心理素质堪忧

北京的陈女士怎么也没想到，平时乖巧的女儿竟然被同学长期"强索"零花钱，而这位母亲却没有丝毫察觉。她从女儿的同学口中得知了信息，马上问女儿为什么不与她说。六年级的女儿非但没有辩解，反而一直在哭。这让陈女士有些手足无措，她只想到一个办法——天天接送女儿。女儿自己，则想不到任何解决问题的办法。

这样的例子并不鲜见。近期发布的一项调查显示，面对不断涌现的外界压力，部分青少年的抗挫折能力却没有“同步提升”。在11至17周岁的青少年中，心理健康差与较差者的总体发生率为19.1%，比例居高不下。

（摘自2015年7月21日《中国青年报》）

新闻材料2. 父母不懂英语赴美参加婚礼 女儿手写“坐飞机攻略”

不懂英语，不熟悉路线，但内心坚定，那就是一定要搭乘国际航班去美国，参加女儿的婚礼。出发在即，重庆巴南区的曹女士和丈夫却担忧起来：语言不通，转机过程中会不会遇到麻烦？可是这份担忧，做女儿的又岂能不知？于是，从大洋彼岸的美国，传回一份长达3页的手写“坐飞机攻略”。女儿一笔一画写下的“攻略”，为父母扫去担忧的同时，还串起了远在异国的女儿与父母间浓浓的亲情。

“这个乖乖女儿写了一份‘老爸老妈坐飞机攻略’，把父母登机、转机可能面临的问题都一一罗列出来，并提出详细的解决方案，还双语标注！”昨日，网友“诺式媒女”在微博图文爆料称，“攻略”全是手写体，比键盘敲打出来的贴心太多！

记者看到，该网友发布的“攻略”总共3页，每一页A4纸上都密密麻麻写有小字，粗略统计有2000字左右，航班的时间、地点以及电话号码都用彩色笔标注。在第一页上方，作者就明确了主题，是写给老爸老妈的“坐飞机详情攻略”，该页的正中位置用中英文写明有行程表——由重庆飞广州，广州到美国洛杉矶，最后转机到达辛辛那提。除了行程表，还仔细写了注意事项，大到填写入境卡、取行李，小到带眼罩和罐装护肤品，都一一写明。而“攻略”的最后一页，还写着几个常用的交际用语，也是中英双语。

（摘自2015年7月22日华龙网）

新闻材料3. 吉祥物登上高校录取通知书

随着高招第一批次录取进入尾声，不少高校开始向新生们寄出各式各样的《录取通知书》。记者发现，往年校长爱在通知书里给考生写封信，今年升级为再“夹送”一套书。此外，为了迎合95后新生的特点，一些高校的《录取通知书》上还别出心裁地印上了吉祥物。

今年清华大学的《录取通知书》里，有一封校长邱勇特别写给新生的信：“作为校长，我送给你们的第一份礼物是《平凡的世界》这部书。”据悉，清华为每一位新生准备了一部《平凡的世界》，该书将寄到新生《录取通知书》的邮寄地址。向新生送上书的不只有清华大学。昨天下午，中国人民大学举行招生录取现场开放日，校长陈雨露亲手将《录取通知书》交给6位刚刚被人大录取的新生，并送给每人一本费孝通先生的《乡土中国》以及中国人民大学《千人百村调查手记》，鼓励他们积极探索、求真务实。

除了校长送书外，记者注意到，今年不少高校的《录取通知书》在样式上都做了很大改进。北语的《录取通知书》今年也大“换脸”，采用了更具国际化、简洁大方的设计，录取通知书的邮寄信封上印有代表北语国际大家庭特色的万国旗，通知书还加上了精致的封套，封套上印有一条可爱的卡通鱼。该校招办主任武玉洲介绍，这条卡通鱼是该校的招生吉祥物“宝贝鱼”,意在欢迎新生加入北语大家庭,封套的背面印有“德行言语 敦睦天下”的校训。

(摘自2015年7月1日《北京晚报》)

新闻材料4. 东南大学硕导网上发布“招生帖”神似“广告”

“如您报考我的硕士研究生并获学院录取,我郑重承诺:指导您在省级以上刊物上发表专业论文;每月科研和外协经费中为您支取助研费,让您生活无忧……”又到研究生招生季,东南大学法学院副教授李可在网络上为自己打起“广告”,广发“英雄帖”,言辞恳切引发了网友的广泛关注。《扬子晚报》记者昨日采访了解到,李可是法理学一名老师,他坦言法理学作为基础学科,在研究生招生中属于报考的“冷门”,发布“广告”多少有些无奈。

(摘自2015年7月23日《扬了晚报》)

新闻材料5. 幼儿园老师“铁棍”打幼童

4月份石景山幼儿园女教师针扎多名幼童的事件还未完全平息,昨日,昌平赛亚宝贝艺术幼儿园的多名孩子家长称,自己的孩子被两名老师用疑似铁棍的物体长期殴打。昨天,幼儿园负责人对家长鞠躬道歉,不过两方未在协商会上达成一致。

昨天昌平警方证实此事,称其中一名涉事女教师正在配合警方工作,其他情况仍在调查当中。最早知道孩子被打的是田女士。田女士说,此前她就多次看到孩子身上有伤痕,但当时都以为是孩子调皮磕到的,没有在意。

田女士随后把情况发到微信群,建议大家问问自己的孩子。昨天,多名家长称,最初得到孩子的答复都是没有被打。“再三追问才说被打了。”徐女士说,孩子告诉她,老师用手抓他的肉转圈,他疼又不敢叫。

(摘自2015年5月19日《新京报》)

第七章 口语表达失畅的原因与应对

本章要点

1. 大脑空白 话语骤停——卡壳
2. 言不由衷 啼笑皆非——口误
3. 脱口而出 毫无意识——口头禅

形象造型基础
教学资源

第一节 大脑空白 话语骤停——卡壳

核心提示

卡壳也叫语流缺失，是指在口语表达过程中的意外停顿。卡壳可能发生的原因包括注意力不集中、词汇积累不足以及气息控制不当等。

一、口语表达中的卡壳

在口语表达的过程中，不论是受过专业训练的主持人、播音员，还是普通的百姓，几乎都遇到过说话时头脑一片空白，突然不知道自己要说什么的卡壳情形。卡壳也叫语流缺失，是指在口语表达过程中的意外停顿。

在日常口语交际中如果出现卡壳的状况，说话者可以做出及时的修正并使对话得以继续进行下去。然而，在媒体工作中的记者如果面对镜头出现了多次的卡壳，那么其影响则是巨大的。特别是在电视节目中，记者如果卡壳，则不能精准、正确地传播信息，影响观众的收看效果和审美感受，影响节目导演、主播的正常工作推进。

卡壳同时也会影响记者的自信心。一旦出现卡壳的情况，记者往往就开始紧张，并告诫自己注意不能再卡壳，然而由于此时注意力分散，记者的口语表达行为受到干扰，思绪的不集中会使表达情况更糟。特别是在面对摄像机镜头时，记者深知自己的责任重大，因而会不断产生决不能卡壳的强迫性心理暗示，形成较重的心理负担，甚至会使卡壳的情况不断出现。

以下是一则出镜记者做现场报到时出现卡壳情形的案例。

案例分析

2010 年 9 月 22 日，中央电视台新闻频道主持人连线远在安徽的记者，请他来介绍中秋晚会的筹备情况。结果在不到 4 分钟的连线中，该记者连续多次卡壳，前后冷场共持续了近 20 秒，场面极为尴尬。下面以字母 A、B、C……的顺序标注出了记者的卡壳位置。

主持人：今天晚上 8 点，2010 年的"秋晚"将正式拉开帷幕，现在离晚会开始的时间还有 3 个多小时。那现在晚会筹备的情况怎么样了，我们请已经来到了晚会筹备现场的本台记者来给我们做一下介绍。

主持人：你好！

记者：你好主持人！

主持人：现在离晚会开始还有 3 个多小时的时间，现在晚会现场准备的情况怎么样？另外，今天晚上精彩的看点能不能给我们先介绍一下？

记者：好的。我现在就是在中央电视台"芜湖情"中华……啊，(A)中央电视台中秋晚会的现场。我们可以看到，后面的这个晚会舞台上面，演员刚才还在进行这个彩排。那么我现在所在的这个位置呢，是晚会舞台的一部分的一个小小的景区。那么今天晚上在这个位置会有一张八仙桌，然后还会有一个神秘的嘉宾在这里介绍这个中秋的历史和文化。旁边……边上呢也是一个小小的景区，今天晚上将会有主持人站在上面向大家介……这个……主持这个中秋晚会的情况。(B)那么中秋晚会呢，今天会体现的几大亮点呢，首先就是这个舞台，这是中秋晚会首次采用的叫，大型、异型的……啊……水声……啊，对不起，我再重新介绍一下……嗯……(C)

主持人：好的，请你继续给我们介绍一下关于山水景观这方面的舞台布置的情况。

记者：好的，那今天的这个晚会呢可以说是比较特殊，因为首次采用了一个，啊，这种大型的异型的……啊，一个水上舞台的设置(D)。另外，在这个晚会我们还可以看到一些景观都是真正的植物，这里我们可以看到都是活的。另外，在水里面还有一些鱼可以游动，那么这是晚会一个比较亮……大的一个特点。(E)另外呢，啊……今天的这个晚会……(F)

主持人：好的，除了有景观、舞美、造型上的一些特点之外啊，我知道今天晚上的这个"秋晚"命名为"芜湖月 中华情"，从昨天晚上开始芜湖出现了阴雨天气，那芜湖今天晚上还能够看到一轮皎洁的芜湖月吗？

记者：啊，是这样，这个雨呢从昨天下午，从昨天晚上，那个晚会的最后一次彩排结束以后就开始下了，一直到现在，那个小雨一直在淅淅沥沥地下，我现在还可以感到有那个细小的雨丝在我身上来回地飘。

……

（节选自2010年9月22日中央电视台《新闻直播间》）

我们可以发现，在A处，记者对晚会节目名称的播报出现了卡壳，这是由于记者事先并未足够熟悉新闻事件的必要背景信息而导致的刚一开口就出现失误。

B处卡壳的出现是记者词语选择不当造成的，主持人究竟应该“怎么样”晚会，是介绍还是主持？这样短暂的思维犹豫再次导致了记者的卡壳。

C处的卡壳是最为严重的一次，卡壳源于记者没有记清舞台所采用的新装置，这导致整个语流变得支离破碎。当记者意识到已经无可挽回后便请求重新开始，但在重新开始后，记者的问题依旧，甚至索性冷场。

D处，此时记者依旧没有搞清楚舞台装置的名称，因而继续语流失畅。

E处卡壳的原因是词语选择犹豫，这是晚会的一个亮点还是特点？记者在“亮点”与“特点”之间出现了选择犹豫的情况，最终竟单蹦出了“亮”字而后又修正为“特点”。

F处的卡壳是记者已经无话可说。主持人本是希望出镜记者介绍舞台现场的情况，但记者在之前并不成功的介绍后，此时似乎已经言尽词穷，一时没有什么能向观众交代的，最终继续冷场。

通过对上述案例的分析，我们对卡壳已经有了直观的印象。其实，在媒体领域，记者或主持人的卡壳现象经常出现。2007年的春节联欢晚会，在倒计时之前，主持人串词接连发生口误，抢词、忘词等不断出现，被网友们称为“春晚黑色3分钟”，这是主持人的一次集体“卡壳”和言语失畅的典型案例。

二、卡壳因何产生？

即便在高规格的舞台节目中，高水准的节目主持人也难以摆脱卡壳的魔爪。那么卡壳这种言语失畅的行为究竟是如何产生的？

我们需要明确的一点是，口语表达的语言环境是动态的，在这样的动态语境中，说话者思维的流畅程度、心理的稳定素质以及彼时彼刻头脑的清醒程度都会影响语流的正常输出。除了上述这些说话者个体的主观原因外，还有一些客观原因，比如，说话现场环境嘈杂，或是所要表达的内容本身较为复杂和拗口。

第一，卡壳可能是由注意力不集中造成的。在即兴口语表达过程中，说话者由于直面现场，眼前并无固定的如文稿一类的参考物，这样极易引发说话者的注意力分散。特别是在长时间进行口语表达后，人的精神通常会出现疲惫的情况，此时，言语的输出就极易受阻而出现卡壳。此外，由于说话者的口语表达往往受到先前文本的影响，所以说话者的话语输出其实有潜在的依赖倾向，而当说话者对先前文本的记忆没有那么清晰时就会产生不自信的情绪。例如上文案例分析中提到的记者介绍“舞台装置”时发生的卡壳，出镜记者事先应该已经向专业人士咨询过舞台装置的具体情况，专业人士的介绍就是所谓的先前文本，然而记者并未记牢，因而在实际介绍的过程中由于记忆模糊导致表达不自信，最终以卡壳尴尬收尾。

第二，卡壳可能是由词汇积累不足造成的。当口语表达者摆脱文稿进行话语输出时，他所能够调动的所有词句是在先前若干年学习经历中所储备的。在生活中，我们常说某人滔滔不绝、口若悬河，这多数情况是由于说话者储备了相对丰富的话语素材，这样在进行口语表达时才会有料可用。相反，如果一个人储备的词汇不够充分，那么他就很难在口语表达中表现自如，正所谓“巧妇难为无米之炊”。

第三，卡壳还可能是由于气息控制不当造成的。本书第二章着重讨论了口语表达的发声技巧，其中介绍了如何在说话时正确运用气息。气息对发声的重要性不言而喻，口语表达者常常会因为情绪波动而导致用气不足或用气过猛，这些随意的换气方式都极易导致卡壳情况的出现。在口语表达的过程中，有的人会因情绪激动加快呼吸速度以提高语调，但当说话者需要换气再说话时，却突然发现下一句话在上一句换气的当口卡住了，这就造成了说话卡壳。

三、卡壳的应对与规避

原本流畅的口语表达因为各种各样的原因卡壳，就会降低即兴口语的输出水平，影响表达效果。那么应该如何应对说话过程中的突然卡壳？如何在口语表达实践中有意识地规避卡壳现象？

前面已经提到了可能导致卡壳的若干原因，那么说话者可以针对卡壳的原因对症下药。

首先，必须要在口语表达的过程中稳定情绪，使之适应语境的动态变化。在稳定情绪的过程中一定要做到自信，相信自己能够掌控好情绪，不要让自己的情绪干扰口语的表达。前文提到注意力不集中是导致口语表达卡壳的一个原因，其实注意力的分散往往是说话者本身自信不够、缺乏定力造成的。那位因介绍带有专业术语名词的舞台装置而卡壳的记者所表现出的正是一种不自信。因为职业所限，记者很可能不了解舞台的新型技术手段，但受过专业训练的记者应该提前对专业信息、专业术语做好功课，确保自己能够向观众说清楚。即便发生了卡壳的情况，记者也应该充满自信，按照自己对专有名词的理解向观众做出必要的介绍，而不能在电视镜头面前失态。

其次，口语表达者应该增强常用词语的储备，学会同义或近义词语的灵活互换。有人会说，我认识的字、了解的词一点儿也不少，可为什么还是说话的时候会觉得肚子里没货，说几句就“捉襟见肘”？这是由于，能够在口语表达中脱口而出的是常用词语，那些所谓被口语表达者掌握了的词语很可能仅是视觉词语或听觉词语，即只有当看到或听到时才能够迅速反应出含义的词，然而，这些词语往往由于说话者不常用而难以在口语表达中被运用自如。口语表达者应该为自己主动创造公开表达的机会，以不断激活头脑中熟悉的词语，使之变为能够脱口而出的口语词。此外，口语表达者还应该擅长同义词、近义词的调换，当说话时有个词挂在嘴边说不出口时，不妨选用该词的其他同义词、近义词以避免卡壳现象的出现。

最后，卡壳现象的应对和规避还需要表达者加强对气息的控制。越是在现场复杂、特殊的情况下，越要保持气息的稳定，不可猛地吸一口气然后借这口气的力量说一大段话。气息的灵活处理有赖于平时的气息练习，特别要掌握好气情关系以及气息的连接与表现（可参见本书第二章“口语表达发声技巧”）。

延伸阅读

哈市亿万富翁“学说话”　大场合发言卡壳意识到口才的重要

2013 年 10 月 10 日 18 时，哈尔滨，中雨。在道里区某人际沟通艺术学校，当众讲话培训班第 118 期第六堂课准时开课，黑龙江省金泉粮油贸易集团董事长金义坐在教室里，一脸兴奋。62 岁的金义身家过亿，他在这个被校长称为教人如何“讲出前途”和“喝出生产力”的学校里，已经坚持口才学习 5 年了。“一天不学习自己知道，两天不学习同学知道，三天不学习大家都知道了。”金义说。

发言卡壳想“学说话”

在一次被金义称为“大场合”上的发言卡壳，触动了他想认真“学说话”的决心。5 年前，金义参加一次国家级农业产业化龙头企业会议。“这不够 1 个亿资产是进不去的。当年我省粮食行业有 3 家企业够资格参加，我家就是其中一个。”参加会议前，金义请人写了一篇讲稿，他在家背了很多遍，可坐在会场的长桌边，他发言却屡屡卡壳。“其他的公司老总都是侃侃而谈，我觉得自己说得‘语无伦次’。原先不知道，跟朋友吃饭也会应酬，但能站在台前风趣幽默地侃侃而谈正是我所做不到的。”

几天后，金义在一场乒乓球周年庆典上遇到了某人际沟通艺术学校的校长修伟良。当时修伟良告诉金义，这所学校就是让你从不敢说话到敢说话，从敢说话到会说话，从会说话到巧说话。

课堂上的修伟良常被学生们称为如同演二人传，他的幽默吸引了所有学员的注意。金义也是试听了一堂课，立即出钱报了当众讲话、人际沟通、主持人三个培训班。

一套讲稿背千遍

10 日的当众讲话培训班的课堂上沿袭一贯的授课模式，校长修伟良讲一小时，后一小时每名学员轮流练习当众讲话。“57 次当众讲话换来的是不紧张，16 次丢脸换来的是不害羞。在课堂上练，当着大家面前练，一点点丢脸。”校长修伟良说。

有一次，金义主动站起来演讲，他这次演讲是为几天后的一场婚礼讲话做模拟演练。两分多钟的讲话完毕，现场同学掌声一片。

金义能如此流利地讲话离不开自己的苦练。刚开始学习时，他早上 5 点就起床背诵课堂上发的套句。甚至滑雪时，滑雪服的手腕处也贴上小纸条，这样在乘缆车上山的时候也可以背一会儿。“年轻人背十遍可能就记住了，我可能就得背一百遍。”金义说，“闲聊中或者在电视上听到一句‘好句’，我就赶紧拿笔记下来，没事拿出来看看，熟了，就变成自己的。”

现在参加婚宴、生日宴等，金义的讲话都是自己准备。“自己组的词，记忆深刻，这也是个乐趣。男人嘛，就得坦诚、风趣、幽默才能有魅力。”为了保证发言流利不卡壳，金义要把自己组的词背很多遍。“前几天参加一场在香格里拉办的升学宴，我准备了20多天，一天背四五十遍，1000遍是有了。头一个礼拜，也是朋友办的升学宴，我有一套词也特别美，但不能说一样的，所以得新准备一套词。背了800遍，只多不少。”

学了5年不愿毕业

金义是某人际沟通艺术学校的老学员，已经学了5年还不愿“毕业”。作为一家大型民营企业集团的董事长，工作繁忙程度可想而知。他说：“忙里偷闲，没有时间就挤时间，到学校学习锻炼嘛。谁都忙，在于你想不想干。”

“友谊来自真诚的自我介绍”，课堂上每位学员的发言都是一样的开头。这样一番自我介绍完毕，记者惊讶地发现，现场不仅有多位像金义一样的企业家，还有公务员、商人、教师、医生、公司职员、大学生……“口才是天下第一才，三寸之舌胜过百万雄师。”校长修伟良说，“成功学大师卡耐基说过一句名言：一个人事业的成功15%是靠专业技术，85%是靠人际沟通。不是满嘴跑火车的称兄道弟，不是事事迎合的溜须拍马，人际沟通艺术的精髓，在于火候，在于细节。”

（节选自2013年10月30日《生活报》）

实战演练

1. 阅读以下关于“春晚黑色3分钟”的几则文字材料，试分析春晚主持人集体卡壳的原因。

材料1

春晚“黑色3分钟”听朱军细说原委

事情原委是这样的。那年春晚由于前面的语言类节目超时，导演组临时决定把一个零点之前的节目调到零点以后，这样一来，距离零点报时还空出3分多钟。我们的预案是上台以后，说完固定台词，我和周涛再一人念两份贺电，随后进入倒计时。只是张泽群即兴添加的对联影响了预案的实施。泽群大概对那一副对联挺满意，没舍得丢，上台等刘芳菲说完一段，他接下去就说了那副对联。因为事先没有和我们沟通过，大家瞬间就懵了，他也比较忐忑，不小心说错了，对联没对齐整，紧张的情绪顿时蔓延开来，于是，引发了“多米诺骨牌效应”。

我看看表，在边上跟周涛说："时间来不及了，这个电报可能念不了，咱们就往下吧，进入正词。"此时李咏已经接过了泽群的话头，也是过于紧张，忘记控制时间了，不紧不慢地撑场。听着听着，周涛急了："得进了，不进的话，那段正词都来不及了。"简单交流过后，我就把手里的电报揣进兜里，调高音调切入，开讲那段事先准备好的台词："亲爱的朋友们，零点的钟声就要敲响了，一个崭新的春天即将到来！"看我起了头，大家随即也进入了预设的台词轨道，每人一句走了一轮，等刘芳菲说完她自己的半句主持词，就又轮到李咏接话。可能是之前意外太多，李咏慌了一下神，台上出现了瞬间的停滞，时间很短促，但直播的时候还是比较明显的。这时候周涛又主动添加了一段台词，还未说完，李咏又接着她的话往下说，话赶话，很不幸没赶上，就这样，一下子就乱了……

随后李咏试图补救，又即兴发挥了一段，开始给爷爷奶奶叔叔阿姨哥哥姐姐拜年。这时候离零点报时还有 13 秒钟，我盯着表，眼看着秒针一格一格地跳过，感觉浑身血液都涌上了脑袋。金越当时站在观众席边上的 2 号机旁，和我面对面，他不能冲上来帮忙，只能干着急。我看了眼金越，又扫一眼表，示意他回头看时间，此刻离倒计时只剩下 11 秒钟。金越回过头，伸手一指我，那指令明确，我想再不切入，连 10 秒钟都没了。在这个十万火急的关口，我猛然提高了声调，打断了所有人的话："亲爱的观众朋友们，一个崭新的春天已经来临，在这美好的时刻让我们共同祝愿中华民族——和顺和美，国泰民安！"

赶了两秒，"十九八，七、六、五、四、三、二、一"，新年的钟声终于敲响！以上就是所谓的"黑色 3 分钟"的始末。

那桩事故在当时可算是扎在每个人心里的一根刺。时间过去那么久，现在我们也都能够坦然面对了。我之所以重述这段所谓的"黑色 3 分钟"，是想澄清一些事实，它并非如外界所言，是我们几个主持人之间互相拆台、人为抢词造成的。当时大家都在想办法补台，都怀着一份责任心和善意，但是由于应对危机的经验不足，相互没有配合好，再加上在那个关口上过度紧张，所以接连造成了口误，导致了所谓的"黑色 3 分钟"。[①]

材料 2

张泽群就"黑色 3 分钟"道歉　引发观众争议春晚"病"了

现场回放　李咏忘词引爆黑色 3 分钟

其实每年春晚零点报时前后，都是一个"事故多发时段"，典型事例就是朱军在猴年春晚零点的那句"羊年的钟声已经敲响……"，而今年的零点报时无疑是历届春晚最混乱的一次，从张泽群背错对联开始，陆续出现了朱军抢词、李咏忘词、主持人互相衔接空当等一系列错误。在张泽群念完对联之后，李咏说："在新的一年里呢，我们六位

① 朱军:《我的零点时刻》，江苏人民出版社 2011 年版，第 7 页。

主持人呢也要祝现场的还有电视机前的观众朋友们，尤其是今年啊生下宝宝的妈妈同志们……”就在此时，朱军突然用高八度的音调压着李咏的“妈妈同志们”抢白道：“亲爱的观众朋友们，零点的钟声就要敲响了，一个崭新的春天即将到来。”他的突然“抢词”让李咏一时有些发懵，在朱军说“亲爱的观众朋友们”的时候，被噎住的李咏只能下意识地附和了一句，情绪上很明显受了影响，以致紧接着，在刘芳菲说到“让我们把这新春最衷心最美好的祝愿……”时，应该由他来接的串词却没有说出口，导致台上出现了可怕的空白，直到周涛急中生智补台说出原本属于李咏的串词“……播撒在祖国的大地上”时，李咏才突然反应过来，但却画蛇添足地补了一句“播撒在中国人的心目当中”，让整个场面更显混乱……

导演解释　零点直播时间难掐准

……

金越称，当时现场电报、电话来得特别多，他们就摘了预备案的一些内容让主持人去说，但是没有计算过这些话能说多长时间。于是就安排张泽群说了一个对联，结果又说长了。

……

张泽群道歉　口误只因走神

2月19日，张泽群也在自己的博客上就直播现场零点春联出现口误郑重道歉：“零点送出春联是‘和睦和美和顺和谐户户祥和辞旧岁，兴业兴财兴国兴家人人高兴迎新春’，横批‘和兴中华’。零点时，我有一点口误，把‘祥和’说成‘和谐’，当时是边看时钟倒计时边说，脱口而出，当时就发现错误，但已经不容更正，在此郑重道歉。”

……

观众评价　出错凸显春晚痼疾

虽然主创人员对此事做了解释，也道了歉，但采访中不少观众却认为，春晚零点报时频频出错事实上恰恰凸显了春晚的不少痼疾，所以不能简单地把板子都打在主持人身上：“虽谈不上多么严重的错误，却也可谓是难堪的失误。”

……

（节选自2007年2月22日《新闻晨报》）

材料3

金导，“黑色三分钟”与你无关吗？

久泰平

……

大年初一，总导演金越在公开场合向网友解释了“事故原因”———“在时间控制上出现了一个比较大的调整，我们把一个原本该在零点之前的节目整体调到了零点之后，以致后来要求主持人临时增加了对联，主持人心里可能有点慌，加上周边的环境都很乱,在语言的衔接上、时间的控制上出了一些问题。"这样解释后,观众、网民明白了,也没太说什么。

可是,前日在参加央视内部论坛时,面对央视副台长胡恩和文艺中心主任朱彤等领导,金越又倒出了另一番苦水:"我们有严格的导播、调度、总指挥,如果主持人能严格执行指挥的话,肯定不会有这种事情。"并且对主持人的表现不客气地批评道:"如果把自己当成明星,而不是一名主持人,那肯定会出现问题。"

……

但,我不认为这事就与导演没有关系。甚至我认为如果导演导得好,恐怕不会出现这类低级的错误。

最为明显的是,导演临时调整零点前的节目的预案有问题。虽然说,导演事先准备了预案,即调整零点前的节目出现空当时,由六位主持人出来垫场。这个预案本来是为了控制时间的,但预案中却没有时间因素——"现场没算这些话能说多长时间"(2月19日《北京晚报》,总导演金越语),连时间都没算,全凭主持人现场发挥,这叫什么预案?

按理说,在正式直播前,应该从不同角度、不同时间长度专门演练几次,包括六位主持人承接话语的次序和配合,都应该充分考虑,并加以严格演练,这样才称得上预案。而正因为缺乏这样的预案,使得主持人发现出错后,六位主持人都抢着相互补救,而越是抢越出错,完全失去了控制。

……

(节选自2007年3月11日新华博客)

2.新闻复述练习。请阅读下面的新闻报道,然后脱稿并用自己的话复述新闻的主要内容,注意尽可能避免复述过程中的卡壳。

新华网武汉10月7日电(记者李伟) 丹江口水库水位不断攀升,南水北调中线工程通水在即。为确保一库清水安全,在丹江口水库大坝上,始终有一支"安全卫士",24小时全天候驻守,守坝护水,防暴除险。

为了南水北调中线工程顺利实施,丹江口大坝从162米加高至176.6米,工程去年8月通过验收。长江水利委员会水文局实时数据显示,7日8时丹江口水库水位已达159.29米,最大蓄水位可高达170米。这意味着南水北调中线工程今年可望按计划实现从丹江口水库调水的目标。(新华网)

北约新任秘书长延斯·斯托尔滕贝格5日宣称,北约可以在"任何地点"部署军力。斯托尔滕贝格当天访问北约成员国波兰时说,明年的北约部长级会议将作出关于北约快速反应部队的决定,即便在快速反应部队完成组建之前,北约也一直拥有强大军力,"我们可以在想要的任何地点部署"。一个月前的北约峰会决定建立一支快速反应部队，部署在欧洲东部的成员国。这支部队将包括陆海空等军种，由各成员国轮流出人，预先在东欧地区部署武器装备并增加演习和训练。（新华国际）

国防科工局今天对外公布了我国首批亚米级高分辨率卫星影像图，充分展示了高分 2 号卫星在国土资源监测、矿产资源开发、城市精细化管理、交通设施监测、林业资源调查、灾区恢复重建等方面的广泛应用潜力。首批高分 2 号卫星影像图综合考虑了地域分布、地物类型、目标关注度和高分 2 号卫星主要用户部门测试与示范应用需求等因素，共发布 1 米全色、4 米多光谱、1 米全色与 4 米多光谱融合 3 类 15 幅，包括北京市区、上海市区、云南省鲁甸灾区等卫星影像，图像纹理清晰、层次分明、信息丰富。（《经济日报》）

第二节　言不由衷　啼笑皆非——口误

核心提示

几乎所有的人都有过口误，这样一种“言不由衷”的话语表达通常表现为声母与韵母的发音失误、语句成分的混合与杂糅和文化语境的失调等，究其原因，口误的产生大多与专有名词或常识的缺位、大脑潜意识和词义干扰有关。

一、口语表达中口误的表现

在日常生活中，人们往往会因为各种原因说错话，其中，那些原本不是出自内心的、不由自主地偏离本应表达的意义的话语被称为“口误”。即便是播音员、主持人也常常出现口误，而专业人员出现口误往往会给观众留下较为深刻的印象，有网友还将播音员、主持人出现的口误剪辑成视频，《中国青年报》评论员曹林在个人微博中调侃说：“无差错不报纸，无口误不电视，普通话再好、直播状态再佳、再能嘚啵嘚啵的人舌头也会打卷儿。”对于“主持人口误集锦”类视频，网友们在认为“一本正经的胡说八道笑死人了”之余，也对播音员、主持人的口误表示宽容，因为“要求播音员直播无差错是不人道、更是不人性的，当然他们要尽可能地减少差错”。

（一）声母与韵母的发音失误

在形态众多的口误类型中，发音失误导致的口误最为常见，这类口误往往将某一音节的声母、韵母误发、错发、漏发或混发。声母、韵母的发音失误对语义表达产生的影响往往相对较弱，观众或听众能够通过常识来判断口语表达者本应想要输出的信息，但这样的口误还是会直接影响他人的听觉体验、损害话语的表达效果。

中央电视台某主播在播报灾难事件中的伤亡人数时这样说道，“使桑，死……使桑，使……死桑，死伤……”我们可以发现，这一口误出现的直接原因是主播对声母“s”和“sh”的突然混淆，在意识到发生了口误后，主播先后三次予以纠正。

原本正确的发音应该是“死(sǐ)伤(shāng)”，这是一个声母“s”和“sh”接连出现在音节开头的词语，主播的第一次口误将本应处于第二位的“sh”先于“s”发音，结果导致“使桑”的出现。在第一词纠正过程中，“使”已被纠正为了“死”，但由于不确定性加之出现口误后的情绪紧张，主播还是发音成了“使桑”。随后发生的第二次纠正依旧没有成功，在发出“使”音后稍作停顿，虽然纠正了“使”的发音，但“桑”字还未得到纠正，最后变成了“死桑”。终于，主播在最后一次尝试纠正后，将之正确发音为“死伤”。

除了声母“s”和“sh”，“f”和“h”也常是造成口误的声母，比如，中央电视台某主播曾误将“新闻 30 分”说成“新闻 30 婚”，这就是音节“fēn”和“hūn”的口误。与“f”和“h”有关的易发生口误的词语还有“发挥”“挥发”“话费”“花费”“化肥”等。

除了声母发音可能造成口误外，韵母的发音也常造成口误，如，有一主播曾误将“中央电视台”说成“中央但是台”，这里“电(diàn)”被误发音为了“但(dàn)”。

随着越来越多的英文词语出现在汉语表达中，一些发音相似的英文字母也极易导致口误的出现。2007 年世界夏季特奥会在上海开幕，主持人在介绍姚明出场时，对“NBA”的发音不准确，使得人们误以为是“MBA”，这种不准确发音造成的口误在当时引发了观众对主持人水平的质疑。

(二)成分的混合与杂糅

口语表达者出现言不及义的口误往往还表现为句子成分的混合与杂糅。这种混合与杂糅具体表现为以下三种情况：

1. 成分提前

口语表达者有时急于完成话语输出而将后续句子成分提前，或者将下一句话要说的内容提前到了正在说的句子中，这都使得正在输出的句子表意不完整，从而导致句子成分的错误粘连。

误例：

昨天下午在安徽，有一位老子，有一位老人肚子疼痛难忍，需要送医急救。

这是某新闻主播出现的一则口误，他本想说“有一位老人肚子疼痛难忍”，结果却将“老人”和“肚子”混合在一起，将“肚子”的“子”字提前粘连在了“老”字之后，造成了语出“老子”的笑话。

误例：

要求马方提供马联失联，马航失联客机更加详细准确的信息。

2014 年 3 月 8 日，马航 MH370 客机失联，失联事件发生后，中央电视台新闻节目对外发布国内官方表态，新闻主播将“马航失联客机”连续发音，造成了“马联失联”的口误。

在日常生活中，说话者有时为了强调观点将本应置后的句子内容提前，也会造成口误，比如下面这则例子：

误例：

慢慢急，不要来。

说话者的本意应该是“不要急，慢慢来”，但可能是说话者为了强调“慢”，竟直接先说了“慢慢”二字，然而“慢慢”又与“急”字进行了错误搭配，直接导致后半句“不要来”的口误。

2. 搭配不当

口语表达者因着急或无心而将句子成分混搭，最常见的表现是动宾搭配不当、量词搭配不当等。

误例：

某老师对上课说闲话的同学呵斥道：“你给我站到黑板上去！”

“站到黑板上去”明显是不合逻辑的，这位老师其实本想命令上课说闲话的同学从座位上起来，站在教室黑板前面以示惩罚。

误例：

在教学楼走道里听到教室里非常吵闹，一位老师冲进教室说道：“请你们给把我的嘴闭上！”

“请你们给把我的嘴闭上！”其实是“请你们给我闭上嘴”和“请你们把嘴闭上”的杂糅，这其中“给我”和“把我”两套句式混合在一起造成了口误，原本的表达应是“请你们给我把嘴闭上！”

误例：

某人生气地说道：“信不信我叫一车面包人打你？”

很明显，说话者的本意应是“信不信我叫一面包车的人打你”，结果说话者却将“一面包车的人”说成了“一车面包人”，从而造成了口误。

误例：

某人去买包子时对店员说道：“给我来一包笼子！”

“一笼包子”被误说成了“一包笼子”，该错误的出现可以用量词搭配失误来解释，也可以用“笼”字前置于“包”字来解释。

误例：

某主持人在一档新闻节目中说道："现在的情况，可以用5个字可以形容，都已经准备好了。"

主持人为了说明现场情况和事件进展，想用一个数字来强调现场已准备完毕，然而，主持人计算错了字数，想当然地认为自己将要表达的内容只需用5个字，然而他实际说出来的"都已经准备好了"却共计7个字。

3.语义重复

口语表达者重复了句子中的某些成分，造成了"结巴性"口误。

误例：

心往一处想，劲往一处想，使，知识、精力、知识、财富……

某节目主持人的这段口误体现了语义重复现象，"心往一处想"没有问题，然而"劲"应是往一处"使"而不是往一处"想"。在后半部分中，语义重复再一次出现，"知识""精力"后又重复出现了"知识"一词。

误例：

今天是"五一"国际劳动节，祝所有劳动节节日快乐。

这是某一期《新闻联播》节目的开场失误，主持人本应祝愿"所有劳动者节日快乐"却因为口误说成了"劳动节节日快乐"，重复出现的"节"可能会让观众误以为主持人结巴了。

（三）文化语境的失调

尽管多数口误无伤大雅，观众也往往能够通过自身经验和常识对口误进行二次纠正，但在日常生活和电视节目中，还存在一些口误"有伤大雅"，使得口语表达所营造的文化语境失调，造成不良社会影响。

误例：

某问答节目中选手抢答，主持人说："我的'始'还没出来，你就抢了。"

尽管大部分观众会理解主持人所要表达的意思是，提醒选手要在主持人说"开始"后方能抢答，但主持人所说"我的'始'还没出来"极易引发歧义，特别是在电视节目中，这样看似打趣的话语极有可能造成不雅影响。

误例：

在《艺术人生》的一期节目中，嘉宾毛新宇刚一落座，朱军立即语气沉痛地说："不久前，毛岸青去世了，首先向家父的过世表示哀悼。"

朱军在《艺术人生》的这期节目中，将别人的父亲称为“家父”是错误的，这样的口误一出，观众一片哗然并直指主持人没文化，甚至有人直接要求朱军“下课”。作为公众人物的主持人犯此类错误不仅会使彼时彼刻的文化语境失调，往往还会导致一定的信任危机。

二、口误产生的原因

（一）专有名词与常识缺位

在口语表达的过程中，人名、地名等专有名词往往是雷区，这些雷区极易导致口误的发生。

例如，某新闻主播曾这样播报：“迈哈内德，迈哈，哈迈，艾哈，艾哈迈迪-内贾德……”，这是在人名播报过程中出现口误的情况。对于那些翻译而来的较为拗口的人名而言，表达者要特别注意表达的准确性。

“乔丹已经把火炬交给了新一代的球员，比如布莱恩特，比如科比……”某体育节目的主持人误以为布莱恩特和科比是两个人，实际情况是，布莱恩特是姓，科比是名，布莱恩特・科比其实是一个人。

某些政治术语等专有名词也往往容易产生口误。例如某主持人将“全国人民代表大会常务委员会”误说成了“第十二届全国人大代表大会”。

另一则主持人播报口误的例子与地理信息有关，“辽宁和沈阳的，额，辽宁省的辽阳，辽阳和辽宁省……”该误例是基本地理常识的缺漏，辽宁是一个省份，沈阳和辽阳是两个市。

因为欠缺基本的文化常识，口语表达者也常常会闹出一些口误的笑话。某年春节联欢晚会上，零点倒计时前，主持人张泽群念了一副对联：“上联是——和睦和美和顺和谐，户户和谐迎新春；下联是——兴业兴家人人高兴迎新春；我们的横批是——和兴中华！”细心的观众会发现，这根本不是对联，上联的“和睦和美和顺和谐”是四个以“和”字开头的词语，而主持人朗诵的下联只有两个以“兴”字开头的词，比上联少了两个。除此以外，上下联的结尾竟都是以“迎新春”为结尾，着实令人匪夷所思。

（二）“弗洛伊德口误”与潜意识

精神分析学鼻祖弗洛伊德提出过一个著名的心理学理论——“弗洛伊德口误”(Freudianslip)。他认为，口误的发生并非偶然，恰恰相反，口误的内容往往是内心深处真实想法的反映和写照。作为“正常”主体潜意识的产物，从一个人的口误中，往往可以发现对方内心深处的某些秘密。

心理学家为了让受访对象摆脱心理戒备，公开诚实地表达自己内心深处的真实想法，往往会有意创造一种氛围，这种氛围的创设能够让受访者消除心理戒备。如果让一个受访者自由地谈论自己，我们会发现不管该受访者之前有多么强烈的心理戒备，

图 7.2.1 奥地利心理学家弗洛伊德

他也必然会有释放自己潜意识的时刻，这种潜意识使得受访者的话语表达摆脱了正常语境，而将头脑中潜意识存在的东西临时调取出来，从而发生口误。

比如有一个学生正在抄黑板上老师布置的作业，恰巧有一个同学挡住了他的视线，于是该同学说："别挡我看电视了。"这句表面上的口误其实很可能映射着该同学的生活状态，在他的潜意识里，黑板其实是电视的替代，他在家里的时候经常看电视并经常对挡在电视机前的人说"别挡我看电视了"，而当他身处教室时，这种在日常生活中所形成的潜意识再次显现，最终导致了口误。

在心理学家和语言学家看来，口误具有较强的研究价值，因为貌似偶然发生的口误背后其实是受潜意识的影响，这种潜意识突然出现在正常的话语表达中并对话语产生干扰的复杂机制有待进一步研究。

（三）词义干扰

在口语表达中，意思相近或相反的词语往往会相互干扰，造成表达者"言不及义"的口误。在语言思维的运行过程中，一个词语往往和与之相关的若干词语以单元格的形式存储在人脑的语言记忆分区中。当人们试图在记忆分区中选取某一词语时常常会激活整个语义单元格，此时单元格内的其他词语就存在被误激的可能性。也就是说，相关词语产生的词义干扰会影响特定词语的正常调取，进而引发错误的言语输出。

词义干扰发生的过程十分复杂，但通常情况下，那些高频出现的词语以及先于即兴口语输出阶段反复出现在说话者头脑中的词语是最有可能产生词义干扰的。如果某人在特定的时间段内反复接受某一词语的高频刺激，或者在正常口语表达前多次受到某一词语的记忆刺激，那么这一词语因具备强势记忆效果而很有可能对与之相关的词语产生干扰。下面选取的一些误例展示了干扰现象导致的口误。

误例：

某顾客去甜品店买甜筒，对店员说："我要买个滚筒。"

在这一误例中，顾客把"甜筒"误说成了"滚筒"而造成了口误，"甜筒"和"滚筒"的相似性在于二者都有一个相同的"筒"字，尽管"甜筒"是甜品的一种类型，"滚筒"多指代洗衣机，但"甜筒"和"滚筒"仍属于语义相关联的词语。也就是说，这两个词语储存在语言记忆的同一单元格内。当这位顾客想要表达"甜筒"之意时，这样的动机和意向指向了与"筒"相关的记忆单元格，该记忆单元格内的其他词语同时被激活，而表达者却在无意中选择“滚筒”一词取代了想要说出的词语“甜筒”。

误例：

在KTV，某人对身边的朋友说道：“给我点一首周截棍的双杰伦！”

正确的表达应是“给我点一首周杰伦的《双截棍》”，这里的词义干扰存在两个层面。第一个层面的干扰发生在“周杰伦”与“双截棍”的逻辑关系中，作为歌手的“周杰伦”与作为歌曲的“双截棍”在人们的记忆分区中处在同一单元格内，歌手名与歌曲名之间存在着关联性。第二个层面的干扰发生在“杰伦”与“截棍”之间，由于“杰伦”的“杰”字与“截棍”的“截”字发音相同，因而这两个字所构成的词语也存储在同一语言记忆单元格内。综合这两个层面的词义干扰，我们便能够更好地解释为什么有人会将“周杰伦的《双截棍》”误说成“周截棍的双杰伦”了。

误例：

餐馆里，某人对店老板说：“老板，炒面不要面。”

在日常生活中，由于口味偏好的不同，人们经常会对菜品的一些配料做出要求，现在多数餐厅的服务人员也大都会在客人点完餐后附带问一句“有何忌口”。在上述误例中，要求发出者的本意可能是想说“炒面不要辣”或者是“炒面不要葱”等，但结果却说成了“炒面不要面”，闹出了笑话。

即便是受过专业训练的新闻节目主持人也同样会跳进词义干扰的陷阱，在下面这则例子中，主持人鲁健的口误就闹了笑话。

误例：

直播青藏铁路通车时，电视导播告诉主持人鲁健，本台记者赵晶已经在格尔木车站等候直播连线了，鲁健在连线时直接对记者说：“格尔木，你好！”

为什么主持人本应向记者赵晶打招呼却产生了口误，变成了对“格尔木”这一地名说“你好”？结合当时的语境和新闻事件的背景信息，我们可以做出下述分析：格尔木是新修筑的青藏铁路在青海省境内的起始站，“格尔木”一词的媒体曝光率高、影响力大，与格尔木相关的新闻在此次直播之前就进行过多次播报，因而格尔木相对于现场连线记者的姓名来说具有更强的影响力，这一影响力的形成主要与“格尔木”一词的高频出现直接相关。所以，当电视导播对主持人的预告中再次出现“格尔木”一词时，主持人对“格尔木”的印象再次被强化。更直接的是，由于这种强化刺激仅发生在主持人口语表达的前几秒内，临近性的信息输入对主持人的记忆产生更加强烈的刺激，因而本就属于高频刺激性词语的“格尔木”在迫近时刻的直接输入和记忆强化最终导致了“格尔木，你好”的口误行为。

三、口误的应对与规避

从普通百姓的日常生活对话，到专业从事口语表达工作的主持人、记者，口误就像一个魔咒困扰着每个人的口语表达。一般性的口误往往能够通过听众的主动解码而获得消解并自动修正歧义，然而有些口误因涉及话题意义重大，如果发生则后果不堪设想。《新闻联播》就对主播的口误有着严格的惩罚措施，如果主播在表达中出现了涉及重大政治问题的口误则会被就地“下课”。

在了解了口误的存在形式及口误形成原因的基础上，我们可以从以下三个方面着手，提高对口误的防范意识。

(一)保持头脑清醒，克制表达情绪

口语表达者必须保持高度的头脑清醒，特别是在较为正式的场合，一定要调整自己说话的精神状态，集中注意力，因为绝大多数口误都发生在表达者注意力涣散的时刻。除了要保持“在状态”以外，表达者还需要克制自己的情绪。不论是面对多么令人悲伤、开心、激动、愤怒的议题，成熟的口语表达者都应在克制的状态下完成语言输出，一字一句地把想要表达的观点说清楚、讲明白。如果表达者自身受到情绪波动的影响，那么语言输出的准确性在很大程度上就会受到不良影响。

白岩松在《新闻1+1》的一期节目中曾发表了对足球的一些看法，然而这段表述中口误频出，表现出逻辑的断裂与思维的混乱：

误例：

今天我们所做的一切足球，其实跟足球没有关系，就他可以不喜欢，你也可以不喜欢，但是所有所做的一切，都，都是，他们做的一切，你没有任何不喜欢……你喜欢，你不喜欢，但是为什么今天走到这一步的时候，我们所有人是共同喜欢足球啊，能不能给我们个机会，让我们所有人喜欢足球啊？这，这个足球，我们也喜欢，是啊，我们也，我们都喜欢，但是为什么不喜欢呢？假如你要是喜欢，我喜欢，我们都共同喜欢……

(二)夯实口语语音发声功底，补充文化知识和基本常识

我们注意到，一部分口误的产生是由于声母或韵母发音混淆造成的，比如上文提到的容易混淆的声母“s”和“sh”、“f”和“h”等造成的口误。人们俗称的舌头“打结”往往指的就是发音吐字的不清晰，所以，若要最大限度地避免因为吐字归音造成的口误，还需要口语表达者夯实基本的口语语音发音功底，特别是要注意易混淆的声韵母及音节搭配。

还有一部分口误的出现反映出口语表达者文化知识和基本常识的缺位，即便是主持人也时常将一些汉字的读音读错或错读某些多音字，此类“白字式”的口误提醒我们要提高自己的汉字识读水平，特别是要加强对那些易读错的字词的训练。此外，基本常识的掌握也是最大限度避免口误发生的必备条件，如果在常见的人名、地名等专有

名词上发生口误,就极易闹出笑话。

(三)出现口误不必紧张,学会自然修正

一旦出现口误,表达者也不必自乱阵脚、失了分寸,应学会对口误进行修正或者对口误导致的后果进行圆场。对于口误最常见的处理方法就是将正确的话再重复说一遍,特别是要避免在口误发生后就卡壳,卡壳的出现会进一步导致思维的断裂。口语表达者可以直接将修正后的正确话语直接说出或者加上一句“对不起刚才口误了”以示对听众的尊重。当然,对于那些语言大师来说,口误发生后如果圆场成功往往会取得意想不到的幽默效果,但是,对于普通人来说,发生口误后不可强行为自己的口误开脱,也不要刻意为了圆场去制造幽默效果而错上加错。

实战演练

阅读下面这则材料,分析解说员出现口误的原因。

韩老师再出口误　介绍孙杨“中国的朴泰……”

2014 年仁川亚运会男子 200 米自由泳决赛,孙杨遗憾输给了日本选手荻野公介,连续两届获得银牌,而东道主名将朴泰桓获得铜牌。作为央视名嘴,韩乔生老师再次爆出雷人语录,在介绍运动员时,韩老师竟然说出了“中国的朴泰”,好在“桓”字还没有说出来,就及时改口。

男子 200 米自由泳决赛是今天的焦点大战,本场比赛也是孙杨和东道主名将朴泰桓在本届亚运会的首次碰面,备受关注,现场 3000 名观众座无虚席。预赛中,两人都获得了小组第一,但均有所保留。

赛前在例行介绍选手的时候,韩乔生老师可能太过欣赏朴泰桓,在介绍孙杨时竟然说出了“来自中国的朴泰……”,还没有把“桓”字读出,发现错误的韩乔生及时改正,避免了尴尬。

……

(节选自 2014 年 9 月 21 日腾讯体育)

第三节　脱口而出　毫无意识——口头禅

核心提示

口头禅主要是指那些未经处理、脱口而出的毫无意识的词语表达。口头禅往往与个人的语言习惯及所处的社会环境相关。口头禅的呈现依据个体的社会身份不同而表现出不同的特点。在口语表达中,提高对口头禅的警觉意识,避免表达方式的固化,有助于矫治口头禅。

一、从佛教用语到话语习惯

“什么”“是不是”“反正”“然后”“这个”“那个”“是吧”“嗯”“哈”“啊”……这些词语是人们在口语表达过程中较为常见的口头禅。如果对某人的表达话语仔细进行分析和研究，我们通常会发现，一个人的口语表达结构往往有着一定的规律性，话语中出现频率最高的词语通常就是一个人的口头禅。

“口头禅”最初是作为禅宗用语在佛教中出现的，其原意是指未经心灵感悟就把一些既有的经言和公案融入个人的表达中，表现出得道的状态。时至今日，口头禅的含义发生了转变，主要是指那些未经处理、脱口而出的毫无意识的词语表达，口头禅在某种程度上是个人话语特点的最直接表现。

（一）口头禅形成的个人与环境因素

虽然口头禅的种类众多，但是作为个体的口语表达者的口头禅通常只有一到两个词语，比如有的人总爱在话语结尾处加一句“是不是”，有的人习惯于在语句衔接处增添“嗯”“啊”之类的语气过渡词，还有的人特别爱说“然后”，甚至在根本没有时间先后关联的句子中也通过“然后”一词来形成串联。

个体的口头禅往往与个人的语言习惯及所处的社会环境相关。许多口头禅都是人们从小说到大的，正是由于习惯的形成时间长，口头禅也就成了即兴口语表达失畅行为中相对较难根治的弊病。如同习惯的形成需要一个日积月累的过程一样，一种习惯的改变也是很难一蹴而就的。更为严重的是，作为习惯性口语行为出现的口头禅具有无意识性，即口语表达者有时对说出的口头禅根本毫无意识，完全是脱口而出的下意识行为。

个体因素在口头禅的形成过程中具有重要影响，但另一个不可忽视的因素则是个体所处的社会环境。一个学龄前儿童极有可能通过模仿父母的日常交谈话语而承袭来自长辈的口头禅；校园里，一名学生的语言习惯在受到周围同学影响的同时也在影响着周围的人；工作单位里，作为成年人的个体也难逃语言环境的影响，一个人的说话习惯很可能受到周围同事的影响。在更为宏观的层面上，不同城市、不同地域的人受方言习惯的影响也会形成不同的口头禅，比如，有的地方的人习惯于在说话结尾加一个“嘞”或“么”字，有的地方的人则喜欢用“特”字来形容一个对象。

（二）社会身份对口头禅的形塑

口头禅的形成主要受个人语言习惯和社会文化环境的共同影响。具体来说，口头禅的呈现依据个体的社会身份不同而表现出不同的特点。

在父母教育子女的过程中，父母的话语往往有着高度的相似性，比如，有的父母喜欢拿自己的孩子同其他孩子对比，经常以“别人家的孩子……”作为开头，以至于有人调侃，世界上有一种各方面都非常优秀的神奇生物，那就是“别人家的孩子”。当然，用

“别人家的孩子”来与自家的孩子对比，往往表现出父母望子成龙、望女成凤的美好心理，这样的口头禅也是父母教育子女的良苦用心的写照。

除了父母这一身份外，社会中不同职业身份的人也会受职业习惯的影响而形成各具特点的口头禅。比如，医生通常叮嘱患者“一定要按时吃药”“一定要作息规律”“一定要定期复查”……久而久之，“一定要”便成了医生的口头禅。教师在授课过程中为了吸引学生的注意力，通常会用故意设问的句式“是什么”来完成话语表达，一名数学老师为了检验学生对圆的定义（到定点的距离等于定长的所有点的集合）掌握得如何，可能经常这样说：“圆的定义是到定点的什么？等于什么？等于定长的什么？所有点的什么？”老师每一次抛出的设问其实都是在等待讲台下学生的回应，通过多次“是什么”的设问来强调所讲授的概念。基于这样的职业习惯，部分教师的口头禅就是“……是什么……”。

延伸阅读

话说教子“口头禅”

望子成龙，这是做父母的共同心愿。但是，子女们怎样才能成龙？应当说，这和父母之“望”极有关系。父母们总是把自己之“望”当作“口头禅”在子女耳边叨来念去，使之成为他们的动力和方向。讲好自己的“口头禅”，别让孩子迷失方向，这是父母教育孩子从一开始就必须注意的。

有的父母说，我们学历不高，不会教育孩子。据一位儿童教育专家说，其实不然，许多优秀人才、国家栋梁之才的父母都没有什么学历，甚至连字也识不上几个。但融化在他们血液中的中华传统义理和文化让他们自然而然地常给孩子说三句话：“孩子，爸妈没本事，全靠自己闯”，让孩子知自强、懂责任；“在外不能害人，要不别回这个家”，让子女知道做人要有道德底线；“出去闯吧，闯不成回家还有你的饭吃”，给子女以温馨的真爱。

现在父母的学历已今非昔比。但不少父母教子的三句“口头禅”却是：“好好学习就行，别的不用你管”；“出去不欺负别人，但也不能吃亏”（专家说，一切优秀的人才都是能够主动吃亏的人）；“考不上大学，别回这个家”。这样的教育导向和结果是：让孩子缺乏责任意识、自立能力，自私狭隘、与人斤斤计较，也感受不到父母的真情、真爱。

父母好好学习，孩子天天向上。学做智慧的父母，注意自己的教子“口头禅”，切莫误导了孩子。

（节选自2014年9月30日《青岛日报》）

二、口头禅的消解与话语的丰盈

尽管在日常即兴口语表达中完全避免口头禅是一件较为困难的事情，但对于口头禅这种弊病，我们还是尽可能通过丰富自身的话语表达方式，而努力尝试在一定程度上实现口头禅的消解。

(一)提高对口头禅的警觉意识

如果口语表达者可以清楚地意识到自己有说口头禅的习惯，并能够在日常言语交流行为中有意识地避免，那么口头禅这一弊病的消除则指日可待。然而问题是，由于长期的习惯使然，多数人意识不到自己的口头禅，毕竟口头禅是说话者“毫无意识”的行为。

而要提高对口头禅的警觉意识，一方面，口语表达者应让自己的神经紧绷起来，在日常表达行为中注意回顾和反思，可以通过录音来发现自己的口头禅，并对口头禅出现的情况进行分析，进而有意识地予以避免。另一方面，口语表达者还可以动员身边的人来对自身的口头禅进行监督，特别是那些日常生活中跟自己有较多交流的父母、师长、同学、同事等，不妨鼓励他们随时指出自己说话中的口头禅。通过他者的观察，自身不易察觉的口头禅现象往往能够获得最大限度的“曝光”。

(二)丰盈话语内容，避免表达方式固化

在提高口头禅意识的基础上，口语表达者还可以通过逐渐改变旧有话语模式、尝试新鲜表达方式来使话语内容变得丰盈，从而摆脱对口头禅的依赖。

口头禅在话语组织中往往扮演着黏合剂的角色，爱说口头禅的人倾向于利用口头禅来完成语义过渡以使话语的流畅性得以保持。但是，这种仅是为了保持话语延续的口头禅对于语言整体表达效果的提升非但没有帮助反而非常有害，这是由于听众的思维极易受到口头禅高频出现的干扰，而难以正确捕捉表达者所要陈述的观点或意见。

有口头禅习惯的人应该努力改变陈旧的话语组织方式，比如，避免用“这个”或“那个”引出谈论对象，可以有意识地直接说出自己想要表达的内容。再比如，在一句话结束时爱加一句“是吧”的人往往希望能够吸引听众的注意力，不让听众游离于自己的话语之外，那么，为了克服“是吧”这样的口头禅，说话者可以通过变换使用“您说呢”“可不是吗”“不然呢”等语句替代单调的“是吧”来吸引听众的注意力。

实战演练

1.回想一下自己的口头禅是什么，然后以小组为单位进行讨论，小组成员分别说出自己的口头禅及其形成原因，其他成员可以结合平时对该同学的观察发表评论。

2.找出下面这段话中的口头禅，结合具体语句分析口头禅出现的原因。尝试重新表达下面这段文字，尽可能避免出现口头禅。

全球化为我们勾勒出了那个，一幅，啊，那个可以说，一幅几乎没有那个国土疆界的宏大图景。全球化时代中的媒体，可以说，也是越来越没有时空的限制，嗯，可以说成为超越国界的信息传播媒介。

可以说，中西方的那个媒体文化，啊，不仅影响到全球的那个媒介市场，可以说，还影响到整个社会的政治、经济、文化，还可以说，影响到了那个，各民族社群的那个文化认同、生活方式和价值观念。

这个，正因如此，可以说，全球化这个概念不仅成为了中国政治、经济领域的那个关键词，是吧，同时也可以说，全球化成为了那个什么，中国传媒研究领域的那个关键词。嗯，全球化与中西方媒体文化的这个问题，可以说，受到中国学者的普遍关注，嗯，也可以说，受到了世界各个国家和地区的传媒学者的关注。嗯，整个世界逐渐意识到全球化既是一种什么，一种深刻的变革，也是一种什么，也是一种痛苦的蜕变。

可以说，不论是对于东方还是西方来说，那个在讨论问题时，嗯，必须有这个世界各方面的人来参与，嗯，这个才能为全球性思考提供新的出发点。

今天，我们之所以能够对这个全球化时代中的什么，西方媒体文化进行比较和讨论，可以说是因为，这个源自一种普遍的共识，这个共识指的是，那个全球化不但改变了我们的媒体，而且正在改变那个，我们的文化以及我们借助文化所形成的种种认知，包括那个，我们对自身的看法、对周遭世界的看法，嗯，以及那个对历史和未来的看法和对经验与教训的感知等等。

第八章　口语表达的个人素养与道德伦理

本章要点

1. 口语表达的个人素养
2. 口语表达的道德伦理

第一节　口语表达的个人素养

核心提示

口语表达需要在良好的精神状态下进行，口语表达者应该注意坐姿或站姿，要能够正确使用包括手势、眼神和表情等在内的非语言，同时还需要注意一些使用禁忌。表达者还要具备良好的心理素质，不可过度紧张、过度亢奋或者精神萎靡。

一、口语表达的体态要求与非语言使用

口语表达往往是在公开的场合进行的，表达者面对观众首先要有一个积极的状态，这种积极的状态最先由表达者的体态表现出来。如果一个人没精打采、弯腰驼背，这样的体态本身就是对观众的不尊重。

口语表达不是喃喃自语，而是向他人表达观点、传播思想的过程，如果身处公开场合中的口语表达者体态欠佳，那么不但会影响口语表达的效果，而且可能会使观众产生反感。特别是对于专业从事口语表达工作的出镜记者、主持人、发言人、教师等人群来说，不论是在镜头前还是在话筒前，抑或是在讲台上，都应该有一个非常积极的状态。不论是性格外向还是性格内向，只要对着镜头、打开话筒，或者走上讲台，表达者就需要调整好情绪，以积极饱满的热情和认真的态度来完成口语表达工作。

在具备良好的体态后，口语表达者还可以借用非语言来帮助提升口语表达的效果。众所周知，单一的话语输出具有局限性，观众只能通过表达者的声音来获取信息，

而与表达者之间缺少必要的身体语言的领悟。如果口语表达者能够合理地使用手势、眼神、表情等非语言，那么口语表达的表现力会更强，传播效果也会更好。关于非语言在口语表达中的重要性，有心理学家总结出了一个公式——“一条信息的表达＝7％的语言＋38％的声音＋55％的人体动作”。

在各类非语言中，手势能够“比划”出表达者的意图并使抽象的语言具备一定程度的可视性。眼神则通过眼睛、眉毛等传递出来，优秀的口语表达者擅长使用不同的眼神来与观众进行沟通和交流。此外，表情也是口语表达中非语言内容的重要组成部分，表情的展现往往是通过人类面部五官的共同配合来呈现的，表情在口语表达中主要是为了表现说话者喜怒哀乐的感情倾向。

具体来说，口语表达者应该注意自己的坐姿、站姿、手势以及眼神、表情等在口语表达中的作用，并进行有意识的训练。

(一)坐姿

如果口语表达者是坐着讲话，那么良好的坐姿非常重要。无论坐具是有靠背的还是无靠背的，口语表达者的上身都应该保持挺直，挺胸抬头，不能在无靠背的坐具上低头弯腰，也不能靠在有靠背的坐具上，否则容易出现含胸驼背等不良体态，也容易让人感觉不被尊重。

坐姿对于胳膊的状态也有要求，一般而言，说话者的前臂应该平放在桌上，或者手心向下放在双腿上。坐椅子时，说话者可以坐在椅子的一半位置，不可将椅子坐满坐实，也不能只坐在椅子的边缘位置。如果是男性，可以将双腿微分，但不宜分得过开，更不能不断地抖动双腿；对于女性来说，则应该保持双膝并拢而不宜分开。不论是男性还是女性，在坐着进行口语表达时都不应使双脚呈外八字或内八字。如果有与他人交谈的需要，口语表达者不应在交谈时表现出身体明显前倾或者用手撑下巴做思考状，也不能时而前俯时而后仰，尤其是不能往椅背上靠。

总体来说，口语表达者的坐姿应该体现出严肃专注的感觉，这样既能表示对观众的尊敬也能与观众保持合适的距离。

(二)站姿

如果是站着进行口语表达，那么站姿也应当格外注意，包括含胸、后仰、目光不平视前方在内的陋习都应该尽量避免。与坐姿的要求相似，说话者必须保持挺立的站姿，不能贴墙，不能驼背，也不能歪头晃脑。特别是不能将脖子习惯性地歪向一边，脖子必须保持直立，不能以歪脖子的方式装可爱。当站着的时候，说话者需要收腹，提臀，不能挺着肚子。站姿对于腿部的要求是，两腿不能分得过开，不能弯曲，也不能一条腿直一条腿弯，更不能将两条腿交叠站立。

(三)手势

作为非语言出现的手势在口语表达中也有相关的使用要求。有一些场合是绝对不能使用手势的，比如严肃新闻节目的主播是不能使用任何手势的，但是对于完成现场报道任务的出镜记者来说，手势就可以适当地被使用。

图 8.1.1 奥巴马演讲时对手势的使用

手势可以发挥形象模拟的功能，说话者可以通过手部动作的比划来模拟所言之物的长短、宽窄等属性。手势还可以用来传情达意，攥紧双拳、抖动手掌，这些不同的手势在具体的情境中可以用来表现不同的情绪。手势还可以发挥指示的作用，比如，伸出手臂、五指并拢是常见的新闻发言人指示某位记者提问的手势；再比如，在新闻事件现场进行报道的出镜记者，可以通过手势为观众指示新闻现场的空间布局并引导观众注意力的集中方向。

手势的使用要遵守“自然”和“适度”的原则，说话者的手势使用应该以基本的信息传递和情感表达为目的，一定要避免过度夸张、没有意义的手势动作。在使用手势时还有一些禁忌需要注意，如要避免以手碰触自己的面部或头部，不能咬指甲或者玩弄身边的物件：出镜记者不能玩弄话筒线，访谈节目中的主持人或嘉宾不能玩弄话筒、桌布、水杯等周围的物件。如果要用手势指向观众或者采访对象，那么最好用手掌指示，特别要避免使用手指；如果用手指触碰对象，则会显得非常不礼貌。

此外，与手有关的一些小动作也应该避免。比如，捋头发、弄耳环、揉眼睛，这些伴随表达的小动作可能是紧张造成的，或者是说话者想把这个事尽快说完时的一种正常反应，但是作为专业的口语表达者，这些小动作都应该避免。对于专业的出镜记者来说，这些小动作被暴露在镜头前会显得非常明显而吸引观众的注意力，因而表达者需要对自己的行为做一些约束，叮嘱自己在口语表达中不要有太多的小动作。

(四)眼神、表情

在口语表达过程中，作为非语言出现的眼神和表情具有较大的灵活性，说话者可以保持严肃的状态，眼睛保持向前看，当然也可以适当微笑。至于眼神、表情应该运用到什么程度才算自然，这与特定的节目类型和播报的内容有直接的关联。

但是，口语表达者应该特别注意要避免在不合时宜的现场露出微笑，不能在口语表达现场左顾右盼，不能表现出空洞迷茫的眼神，也不能无缘无故地不停眨眼睛或者眯着双眼。而对于一般性的上台发言来说，表达者可以先用目光环视观众，然后再开始进行口语表达。

保持良好的体态并且恰当使用非语言应该成为一名合格口语表达者的自觉行为。在使用体态以及非语言的过程中，要避免以下情况出现：由于过于在意自己的外在形象和体态，而导致口语表达的效果给人以假的感觉。体态的保持和非语言的使用应该以自然、恰当为根本原则，不可刻意为之，否则会对表达者日后的口语表达行为产生不必要的心理障碍。毕竟，口语表达的最终目的是为了传递思想，促进沟通交流。

延伸阅读

李克强总理的手势

《新京报》新媒体曾制作了一个“动新闻”节目来解读李克强总理在 2015 年“两会”记者会上回答记者提问的方式。其中有一个方式就是通过手势和表情来辅助意思的表达。“动新闻”这样说道，“强哥还爱眼神交流，闪闪亮萌萌哒！爱配合手势，控节奏助表达！”

其实在 2013 年的“两会”记者会上就有记者注意到了李克强总理擅长打手势。

2013 年 3 月 17 日上午，十二届全国人大一次会议将举行闭幕会，大会闭幕后，国务院总理李克强在人民大会堂金色大厅与中外记者见面并回答记者提问。

凤凰卫视的一位记者提问：“总理您好。刚刚我注意到一个细节，您在回答所有媒体问题的时候，您的双手打手势有 30 几次。这一幕让我印象深刻……”

对于记者发现的这个细节，李克强总理做出了回应并强调手势的使用应该适度。他对这位记者说道：“刚才记者先生提醒我，手势多了，引起人们的注意力，就会不太注意听我回答问题的内容了。”

（整合自新华网、《新京报》）

二、口语表达的心理素质

口语表达者需要具备良好的心理素质，它能够帮助口语表达者调整情绪状态。良好心理素质的培养，可以从以下几点入手。

（一）避免过度紧张

口语表达者在说话时要放松，一旦出现心理紧张的情况不可束手无策让自己处于失语的尴尬状况中。表达者可以通过一些积极的心理暗示来帮助自己找回正常的说话思路，比如可以不断暗示自己肯定可以把事情说明白，也可以不断在心中强化即兴口语表达的主题意识，明确表达的主要目的，帮助自己将紧张的思维聚焦在所要表达的问题上。口语表达者特别要避免消极的心理暗示，不能总是怀疑自己到底能不能说得好，或者一味地渴求表达过程早些结束。

（二）避免过度亢奋

在口语表达中不应该紧张，但也不能过度亢奋，日常生活中，有的人在说话时总是一副盛气凌人的样子，说话声调高、精神亢奋，这会让人产生他在和别人吵架的感觉。有的人在说话时过于强势，咄咄逼人，这种过于亢奋的精神状态会影响表达和接受的效果，毕竟，听众并不愿意耐心去倾听一个像是"吃了炸药"的人的滔滔不绝的吼叫。

（三）避免精神萎靡

有的口语表达者会出现精神萎靡的情况，表现出消极的状态，这给人的印象是精神不昂扬、态度不积极。对于事件内容缺少表达的欲望，想说又不想说，准备说又停止，这一系列状态都会让口语表达的受众感受欠佳，同时也直接有碍于口语表达信息沟通功能的实现。避免口语表达中的精神萎靡状态，说话者要有稳健的姿态，首先应该保证自己以良好的体态进行口语表达。在开口前，不妨做一下深呼吸，在说话过程中要挺胸抬头，目视观众，表情自然，精神昂扬。

（四）做好必要的心理准备

在绝大多数口语表达的场合，说话者需要克服的主要是紧张、萎靡或者亢奋等不良心理状态。但是对于从事新闻报道的记者来说，有时还要做好必要的心理准备或者心理防护。

特别是在做灾难报道时，有的记者或者主播可能会因为控制不住悲伤的情绪而无法进行正常的言语表达。例如，在地震、海啸、火灾等灾难事故报道中，一些记者因为缺少心理防护，在采访时始终处于悲痛中，情绪焦躁，多日无法睡眠。有人甚至在灾难现场直接崩溃，根本无法继续完成新闻报道任务。在国外，也有记者因为控制不住情绪而无法完成正常的新闻报道。2014 年，龙卷风"Moore"袭击俄克拉荷马州时，有一位记者搭乘直升机进行报道，然而在直升机上看到受灾地区的伤亡情况后，该记者突然失声痛哭，最终终止了此次现场报道。

新闻的专业性要求现场的记者必须要有足够强大的心理准备。如果出镜记者自身不能以镇定的心态面对灾难事实，那么之后对于现场情况的描述、叙述和评论等工作则很难顺利完成。

总之，不论是描述、叙述还是评论，口语表达者都不能抱着无所谓的态度，以散漫的精神状态对待。口语表达者也不能以表演的姿态来完成表达过程，口语表达必须源于真情实感、源于表达者内心的真诚态度。

案例分析

在 2015 年的全国“两会”新闻发布会上，有一位记者由于精神过度紧张在提问时忘词。随后，中央电视台新闻频道《两会 1＋1》节目做了一期名为《我叫不紧张》的专题节目，著名主持人白岩松应邀为紧张的记者“支招”。

在第十二届全国人大三次会议的新闻发布会上，一位记者起身开始了自己的提问：

谢谢主持人把第一个提问机会留给我，我是《传媒》记者。我们知道文化强国的建设离不开法治作保障，我有一个问题请问一下柳斌杰主任委员。全国人大文化……（记者忘词）在文化领域立法方面有何考虑？另外据悉全国人大……（记者忘词）教科文卫委员会……（记者忘词）另外据悉全国人大教科文卫委员会正在起草……（记者忘词）正在起草……（记者忘词）不好意思有点紧张。教科文卫正在起草公共服务保障法，请问目前进展如何？谢谢！

《两会 1＋1》节目主持人欧阳夏丹在节目中表示，这位记者的忘词的确是一个小小的尴尬。出于保护，节目还给这位记者的脸上打上了马赛克。欧阳夏丹坦言自己在主持节目时也有过类似的瞬间，突然间脑子一片空白，什么都想不起来，为了解决这个问题，她会在一个小本子上记上一些关键词和要点，如果实在想不起来就低下头来看看提示。欧阳夏丹将这种方法形象地称为“手中有粮，心中不慌”。

白岩松在接受欧阳夏丹的连线采访时说：

我觉得第一点应该同情这个小妹妹（忘词的记者），然后，接下来比同情更重要的是羡慕。为什么这么说呢？因为这么年轻的时候就会有这样的机会在这样的场合去进行提问。我自己也经常有过“走麦城”的时候，突然脑海中一片空白，突然不知道说什么。也可能自己后来对付过去了，但是身上一身冷汗。

还有一个细节可以提醒这位同行，出现忘词的原因是因为有些机构的名字是必须记牢不能说错的，但这些机构由于不常打交道可能说不全。有两种办法可以解决，第一个干脆不用说这个机构，直接说“人大的相关机构正在起草……”，这样就很安全了，而不要自己给自己挖一个坑。第二个，如果这个名字不能说错而必须要说，可以写一个提问卡，就把这个名字写下来，说到这个名字的时候念一下，然后接下来正常问该问的问题。

因此，经验就是在一次又一次的跌倒过程中（不断总结经验），因为我跌倒过很多次，所以在这里和这位小妹妹交流一下。

实战演练

1. 你是如何理解口语表达中的非语言内容的？你认为非语言对于口语表达有什么作用？

2. 照镜子练习口语表达，可以就近期发生的热点事件进行即兴评论，注意自己在镜子中的仪表仪态，发现自己存在的问题并及时纠正。

3. 观察其他人的口语表达状态，分析评价并指出他们在非语言使用过程中存在的问题。

第二节　口语表达的道德伦理

核心提示

口语表达的道德伦理要求表达者要审慎地遣词造句，避免出现带有攻击性或歧视性的言论。在表达的过程中特别要注意自己的身份以及所处的社会场合，避免由于不分身份场合地“信口开河”而导致表达失态。

一、避免使用侮辱性、歧视性等语汇

在第六章中曾提到，避免个人情绪化、克制地表达自己的观点是即兴口语评论对表达者提出的语言要求。除了要避免个人情绪化外，口语表达的道德伦理还要求表达者审慎地遣词造句，避免出现带有攻击性、侮辱性或歧视性的言论。例如，一些人曾用“这个女的”来指代事件中的主要人物，这种称呼事件中女性主体的方式是不可取的，正确的说法应该是“这位女性”。

为了避免歧视性、侮辱性等语言的出现，口语表达者可以为自己列出一个语言使用的“负面清单”，即应该避免使用哪些词语。新华社曾公布了“第一批 45 个禁用词”(详见本书附录部分)，例如，对有身体伤疾的人士不应使用“残废人”“独眼龙”“瞎子”“聋子”“傻子”“呆子”“弱智”等蔑称，而应使用“残疾人”“盲人”“聋人”“智力障碍者”等词语；又如，对刑事案件当事人，在法院宣判有罪之前，不使用“罪犯”，而应使用“犯罪嫌疑人”。

虽然这些禁用词是针对新闻报道的词语使用提出的，但是这类禁用词同样也适用于公开场合的即兴口语表达，表达者可以以之作为参照，在日常口语表达中杜绝使用这些歧视性、侮辱性的词语。

节目主持人李咏就曾因为在节目主持中使用带有侮辱性的语言而遭到公众炮轰。在一期《幸运 52》节目中，李咏用自己改编的一句“八百里秦川尘土飞扬，三千万懒汉高唱秦腔”，开起了陕西人的“玩笑”。虽然李咏的这句“玩笑话”占用的时间很短，但由于《幸运 52》是黄金时段播出的节目，这句“玩笑话”产生了较大的影响。有观众强烈

要求李咏道歉，并指出，作为一个节目主持人，在特定的场合一定要注意自己的言谈举止，因为在那一刻他代表的不仅仅是自己，说出的话如果有失公允，“杀伤力”会很大。当然也有观众对此事持较为宽容的态度。李咏随后还是进行了公开道歉，“此时此刻，我再说什么临场发挥、即兴调动等等的解释都是很苍白的，都无法表达我此时此刻的不安。我现在唯一能做的就是要向那些因为我说的话而受到伤害的观众朋友，表示深深的深深的歉意。”

延伸阅读

美政治评论家马克·霍尔珀林侮辱奥巴马事件

美国著名政治评论家马克·霍尔珀林上周在电视节目中，因使用粗俗语言评述总统奥巴马遭无限期停职。此事件引起美国媒体的一片哗然和热议。

当地时间6月30日上午，霍尔珀林在参加NBC一档名为《早安，乔》早间直播节目时，准备对奥巴马的新闻发布会发表评论，但他误以为节目播出会有7秒延迟，所以说：“我想先对总统昨天的表现做个评价。我觉得他昨天像××”。当时，节目主持人非常惊讶地回应：“你在干什么？真不敢相信。”当霍尔珀林发现自己的话被直播出去后，立即在电视上表达了“绝对真诚的歉意”。电视台方面则认为他的言论是“完全不恰当和不可接受的”，并将其无限期停职。

事发当晚，CNN访谈类节目《竞技场》主持人、资深媒体专家艾布拉姆斯表示，支持NBC对霍尔珀林的停职决定。

7月1日《华盛顿邮报》以《在这一周谁是在华盛顿最惨的人？〈时代周刊〉的马克·霍尔珀林》为题做了报道，该报道这样评述霍尔珀林的行为：“霍尔珀林忘记了一点，其实最好的屏蔽按钮就在自己的大脑中，这一周你是华盛顿最惨的人。”

《洛杉矶时报》在2日的报道中指出，发生类似事件，说明现在有线电视新闻频道的目的就是把政治新闻娱乐化。

（节选自2011年7月5日《北京青年报》）

二、注意说话场合和表达者的身份

对于专业从事新闻报道的出镜记者或是直播主持人来说，要十分注意说话的场合以及自我的专业身份。如果因为个人疏忽而导致现场播报失态，那么极易引发社会舆论的普遍关注，还有可能造成社会的负面影响。

2008年汶川地震时，主持人赵普在直播中流泪的事件引发了较大争议。当时，赵普正在与身处地震现场的前方记者进行连线报道，当得知一位护士长正在一线抢救伤员而她的孩子仍被埋在倒塌的校舍内时，赵普最终没能控制住自己的情绪。《中国青年报》对这一事件进行了评论，评论写道，“正是在他的脸上，我们看到了与以往迥然不同的表情。他语调低沉，几度哽咽。不过，他还是眼含泪水，长长地吸了一口气，才勉强把话说完。”

《中国青年报》对赵普在直播中流泪一事总体持肯定态度，这一论断主要是从人性角度出发的。然而，也有人从专业角度批评赵普的直播失态。“作为一个国家电视台的主持人，赵普有些失态，或者说有失新闻人的职业风度。这是因为，新闻节目主播毕竟是一个要求尽量保持客观中立，控制个人情感的职业，然而赵普过于情绪化的播报方式不利于新闻客观性的呈现。”

除了在新闻节目中主持人或记者要注意身份外，在娱乐节目中主持人或嘉宾的口语表达也必须注意场合。尽管娱乐节目不必像新闻节目那样严格遵守真实、客观的原则，但是作为出现在荧屏上的公众人物，主持人或嘉宾仍旧应该注意遵守基本的伦理道德，不能出格。

倪萍在2007年金鸡百花电影节颁奖典礼上的主持曾引发争议。据《成都商报》报道，主持人倪萍在台上不断地张冠李戴，还说了一些“不得体的笑话”，让观众和媒体都惊得不行：这，还是倪萍吗？更有甚者说她完全是“冯巩附体”。在给第一个奖项“最佳女配角”颁奖时，倪萍对获奖者小香玉说：“你应该感谢其他3位提名者，是她们把奖让给了你。”在李少红的丈夫曾念平获得最佳摄影奖时，倪萍说：“感谢词第一句肯定是感谢李少红，有本事你不说。”这句话让曾念平一时不知道该说什么。

面对公众的质疑，倪萍承认自己忽略了这次颁奖典礼是一场直播，她自己把它当成了一场电影人的内部联欢。她也坦诚地对媒体记者表示：“这次我可能有点儿没把握好分寸，既然观众意见提出来了，我也会改正。只要不是人身攻击，我接受观众的批评。”

在政治领域，国家领导人在公开场合演讲时更应注意自己的身份和所处的场合，演讲中更不能失态。

中新网曾报道过2010年美国总统奥巴马在一次公共演讲中的失态行为。奥巴马当时在演讲中表示威斯康辛州宣布计划斥资至少500亿美元，于未来6年力推基建，增加就业机会，并以此为契机批评政治对手。他这样表示：“那些有财有势的既得利益者，长久以来占据华盛顿的议程，他们一直不满意我。他们一直当我是狗一般地谈论我。”他更明言这段话没有写在讲稿内，但所言“千真万确”。

奥巴马的此番失态行为引发了舆论的批评，一些批评声音认为这是奥巴马失去耐心、沉不住气的表现，他的潜台词是：“我快要发疯了，我不能再忍受这一切。”还有人从种族主义的角度对奥巴马的失态言论进行抨击。此类批评认为，在美国历史上只有过往的黑奴才“被人当成狗”，因而奥巴马的失态言论其实是触碰了种族禁忌，这样的行为显得十分“愚蠢”。

案例分析

2015 年 5 月,《新京报》报道了山西官员称"国家规定就是狗屁"被停职一事,下面是该报道的部分节选内容。

"国家规定就是狗屁,我就不执行""我是搞法律出身的,我知道法律是干啥的,我就不讲法"……以上"惊人语录",出自山西太原古交市交通运输部门干部任长春的嘴里。连日来,这段视频在网上热传,任长春被网友戏称为"任我行"。

相关视频长 2 分 39 秒,标题为"任性的领导讲话"。简介称,讲话者是"古交市交通运输部门正科级干部任长春",发言是在"全体干部职工大会上"。视频偷拍于一会议室内,一穿黑色外套的中年男子在高声训话。在其身后,宣传板上写着:向人民汇报,请人民监督。

发言者端坐并高声讲道:"我们这个单位,任何一个同志,不要说什么按我们国家规定。""你录音就录音,记就记。"紧接着,发言者情绪激动,重复了两遍"国家规定是个狗屁,你们把我这个话记着",还扬言道:"国家规定?我就不执行他国家规定,我任长春就不执行他国家规定。"同时对在场者说,"如果哪个人再给我说什么发不了工资,迟早给我滚得远远的。"

视频中,发言者还称"我说谁是腐败谁就是腐败……古交的一些领导,我就不鸟他"。视频末尾,发言者自称是搞法律出身的,连称"我知道法律是干啥的,我就不讲法,你们把我这个话记住"。其还对着在场人说:"闹什么东西,你们在这指手画脚的。我就不尿你,这就是我的个性。"

……

古交市客运办一工作人员对记者证实视频属实,并称有关部门已介入调查。客运办工作人员称,古交市领导正召开紧急会议,"任长春也参加了"。古交市委宣传部一负责人还表示,对于网曝的任长春克扣员工工资因而呵斥员工一说,上述负责人称,"事件还在调查","太原市委要求对此事依纪依规严肃处理"。

(节选自 2015 年 5 月 14 日《新京报》)

据了解,该事件的起因是单位职工福利被克扣,这段视频的发帖人称:"由于我们全体职工的权益长时间受到侵害,被迫向他提出职工的福利待遇及长时间克扣职工工资等问题,就受到他严厉的呵斥。"作为国家公职人员在正式会议场合发表如此言论实属不该。一方面,公开讲"国家规定就是狗屁",这是对国家法律制度的公然蔑视,同时是对说话者背后所悬挂标语"向人民汇报,请人民监督"的莫大讽刺。另一方面,这位干部的发言脏话连篇,"狗屁""滚""尿"等词语低俗不堪,表现出说话者缺少最基本的素质。

这一案例警示我们,说话一定要分清场合,特别是当说话者以国家公职人员、公众人物等特殊身份发言时，务必要尊重自己的身份，不能如此任性地说出“雷人雷语”。更为重要的是，作为公开场合发言人，必须提高自身的政治素养和道德素质，无论在何种场合都不能有侮辱国家和法律的言论。

实战演练

1. 请阅读下面的新闻材料，分析评价 BBC 记者的做法。你认为遇到材料中的现场情况时，作为出镜记者应该如何应对？

BBC 记者直播失态　镜头前发飙

据外电报道，英国广播公司(BBC)政治评论员尼克·罗宾逊 21 日在进行电视直播时突然失态，与身后的抗议者发生推搡。

报道称，罗宾逊是 BBC 时事政治记者，当天，他在威斯敏斯特做电视直播节目。画面中，一些反战抗议者举着标牌站在罗宾逊的身后并高喊口号。而正在做直播的主播似乎瞬间失去了理智，他转身朝身后的抗议者走去，强行抢下他们手中的标牌并用力撕扯，期间，罗宾逊还与抗议者发生了推搡。

事件发生时，罗宾逊还对抗议者表现出不可一世的态度。但事后，他在自己的博客中做出道歉，并称对自己的失态表示遗憾。

(节选自 2010 年 10 月 22 日中新网)

2. 请阅读下面的材料，你认为材料中人物的言论是否妥当？为什么？

材料 1

一位顾客来到手机店维修手机，并称“手机是前不久在该手机店里买来的，能否免费维修？”店主告诉他，手机在这里买的可以免费维修，但要提供发票或保修卡以证明确实是在这里买的。这位顾客因丢失了发票和保修卡，便觉得没话可说，转身准备离开。这时店主当着其他顾客的面突然说了一句：“没有发票也拿东西来保修啊，我这个店是自负盈亏的，又不是慈善机构。”

材料 2

甘肃省清水县秦亭镇百家村一村民找村委会干部解决有关问题，和村书记发生争吵。驻村干部秦亭镇某所长怒吼：“我是所长，你不要牛逼，于公于私我都把你能治了！”

材料 3

养老金问题一直是全社会关注的焦点问题之一。在令人敏感的养老金问题上，一位教授在回应“50 岁退休，65 岁领取养老金，那这 15 年怎么办”时答道：“让他们从生产企业退出来，经过培训参加社会服务，男的去养老院做园丁，女的给老人洗衣服，多好！”

材料 4

某市开始对闯红灯的行为进行处罚，一位闯红灯的市民对交警说：“不闯红灯也有被车撞到的危险，为什么不闯？”另一位市民说道：“不就 20 块钱吗？我再闯一次！”

材料 5

韩国某电视新闻节目主持人在播报韩亚航空坠机事件时说：“最新的消息是，是 2 名中国人而不是韩国人在事故中死亡，从我们的立场看，真是万幸啊。”

材料 6

据凤凰娱乐报道，一向以毒舌著称的周立波，又因为嘴巴惹了祸，这次是因为汉服。在某节目中，他对一群在舞台上穿着汉服表演的年轻人大泼冷水，还调侃称这些年轻人“哪个洗浴中心的”，该发言引发网友的批评。随后，有媒体记者致电周立波本人，周立波表示没看新闻，不知道这是怎么回事，他也表示自己不会对这种事情作回应，不会接受采访。谈到网上说自己炮轰汉服这事，周立波表示：“我怎么可能批汉服？我没有批，只有无知的人才会这么认为。可能节目剪辑的问题。看不懂节目就可以不用看的，我不会去回应这种事情的。”

据悉，在浙江卫视 6 月 23 日播出的《中国梦想秀》中，一组表演者在舞台上穿着汉服进行了表演，并做了中国传统礼仪方面的展示介绍。身为梦想大使的周立波，在他们表演结束后，一方面问表演者：“（穿上汉服）晚上 9 点半以后走出去，会不会吓到人？肯定走得是像援场一样。”随后调侃道，“你们是哪个洗浴中心的？”

3. 除了本节所提到的口语表达应该遵循的伦理道德规范外，你认为口语表达者还应注意哪些方面的问题？

附录

附录一：普通话水平测试

一、普通话水平测试简介

普通话水平测试（PSC：PUTONGHUA SHUIPING CESHI）是为评测应试人运用普通话的规范程度而进行的口语考试。普通话水平等级分为三级六等，即一、二、三级，每个级别再分出甲乙两个等次；一级甲等为最高，三级乙等为最低。普通话水平测试不是口才的评定，而是对应试人掌握和运用普通话所达到的规范程度的测查和评定，是应试人的汉语标准语测试。应试人在运用普通话口语进行表达过程中所表现的语音、词汇、语法规范程度，是评定其所达到的水平等级的重要依据。

二、普通话水平的分级

一级（标准的普通话）

一级甲等（测试得分：97分—100分之间）：朗读和自由交谈时，语音标准，词语、语法正确无误，语调自然，表达流畅。

一级乙等（测试得分：92分—96.99分之间）：朗读和自由交谈时，语音标准，词语、语法正确无误，语调自然，表达流畅。偶然有字音、字调失误。

二级（比较标准的普通话）

二级甲等（测试得分：87分—91.99分之间）：朗读和自由交谈时，声韵调发音基本标准，语调自然，表达流畅。少数难点音有时出现失误。词语、语法极少有误。

二级乙等（测试得分：80分—86.99分之间）：朗读和自由交谈时，个别调值不准，声韵母发音有不到位现象。难点音失误较多。方言语调不明显。有使用方言词、方言语法的情况。

三级（一般水平的普通话）

三级甲等（测试得分：70分—79.99分之间）：朗读和自由交谈时，声韵母发音失误较多，难点音超出常见范围，声调调值多不准。方言语调较明显。词语、语法有失误。

三级乙等（测试得分：60分—69.99分之间）：朗读和自由交谈时，声韵调发音失误多，方音特征突出。方言语调明显。词语、语法失误较多。外地人听其谈话有听不懂的情况。

三、不同职业岗位对普通话水平的要求

1. 中小学及幼儿园、校外教育单位的教师，普通话水平不低于二级，其中语文教师

不低于二级甲等，普通话语音教师不低于一级；高等学校的教师，普通话水平不低于三级甲等，其中现代汉语教师不低于二级甲等，普通话语音教师不低于一级；对外汉语教学教师，普通话水平不低于二级甲等。

2.报考中小学、幼儿园教师资格的人员，普通话水平不低于二级。

3.师范类专业以及各级职业学校的与口语表达密切相关专业的学生，普通话水平不低于二级。

4.国家公务员，普通话水平不低于三级甲等。

5.国家级和省级广播电台、电视台的播音员、节目主持人，普通话水平应达到一级甲等，其他广播电台、电视台的播音员、节目主持人的普通话达标要求按国家广播电影电视总局的规定执行。

6.话剧、电影、电视剧、广播剧等表演、配音演员，播音、主持专业和影视表演专业的教师、学生，普通话水平不低于一级。

7.公共服务行业的特定岗位人员（如广播员、解说员、话务员等），普通话水平不低于二级甲等。

四、普通话水平测试内容

普通话水平测试试卷由四个测试项构成，总分为100分。

1.读单音节字词100个（排除轻声、儿化音节）

目的：考查应试人声母、韵母、声调的发音。

要求：100个音节里，每个声母出现一般不少于3次，方言里缺少的或容易混淆的酌量增加1—2次；每个韵母的出现一般不少于2次，方言里缺少的或容易混淆的韵母酌量增加1—2次。字音声母或韵母相同的要隔开排列。不使相邻的音节出现双声或叠韵的情况。

评分：此项成绩占总分的10%，即10分。读错一个字的声母、韵母或声调扣0.1分。读音有缺陷每个字扣0.05分。一个字允许读两遍，即应试人发觉第一次读音有口误时可以改读，按第二次读音评判。

限时：3分钟。超时扣分（3—4分钟扣0.5分，4分钟以上扣0.8分）。

读音有缺陷指读1单音节字词和2读双音节词语两项记评。读音有缺陷在1项内主要是指声母的发音部位不准确，但还不是把普通话里的某一类声母读成另一类声母，比如舌面前音j、q、x读得太接近z、c、s；或者是把普通话里的某一类声母的正确发音部位用较接近的部位代替，比如把舌面前音j、q、x读成舌叶音；或者读翘舌音声母时舌尖接触或接近上腭的位置过于靠后或靠前，但还没有完全错读为舌尖前音等；韵母读音的缺陷多表现为合口呼、撮口呼的韵母圆唇度明显不够，语感差；或者开口呼的韵母开口度明显不够，听感性质明显不符；或者复韵母舌位动程明显不够等；声调调形、调势基本正确，但调值明显偏低或偏高，特别是四声的相对高点或低点明显不一致的，判为声调读音缺陷；这类缺陷一般是成系统的，每个声调按5个单音错误扣分。1和2两项里都有同样问题的，两项分别都扣分。

2.读双音节词语50个

目的：除考查应试人声母、韵母和声调的发音外，还要考查上声变调、儿化韵和轻声的读音。

要求：50个双音节可视为100个单音节，声母、韵母的出现次数大体与单音节字词相同。此外，上声和上声相连的词语不少于2次，上声和其他声调相连不少于4次；轻声不少于3次；儿化韵不少于4次，词语的排列要避免同一测试项的集中出现。

评分：此项成绩占总分的20%，即20分。读错一个音节的声母、韵母或声调扣0.2分。读音有明显缺陷每次扣0.1分。

限时：3分钟。超时扣分（3—4分钟扣1分，4分钟以上扣1.6分）。

读音有缺陷所指的除跟1项内所述相同的以外，儿化韵读音明显不合要求的应列入。

1和2两项测试，其中有一项或两项分别失分在10%的，即1题失分1分，或2题失分2分即判定应试人的普通话水平不能进入一级。

应试人有较为明显的语音缺陷的，即使总分达到一级甲等也要降等，评定为一级乙等。

3.朗读从《测试大纲》第五部分朗读材料（1-60号）中任选。

目的：考查应试人用普通话朗读书面材料的水平，重点考查语音、连读音变（上声、“一”“不”）、语调（语气）等项目。

计分：此项成绩占总分的30%，即30分。对每篇材料的前400字（不包括标点）做累积计算，每次语音错误扣0.1分，漏读一个字扣0.1分，不同程度地存在方言语调一次性扣分（问题突出扣3分；比较明显，扣2分；略有反映，扣1.5分。停顿、断句不当每次扣1分；语速过快或过慢一次性扣2分。）

限时：4分钟。超过4分30秒以上扣1分。

说明：朗读材料（1—50）各篇的字数略有出入，为了做到评分标准一致，测试中对应试人选读材料的前400个字（每篇400字之后均有标志）的失误做累积计算；但语调、语速的考查应贯穿全篇。从测试的要求来看，应把提供应试人做练习的50篇作品作为一个整体，应试前通过练习全面掌握。

4.说话

目的：考查应试人在没有文字凭借的情况下，说普通话的能力和所能达到的规范程度。以单向说话为主，必要时辅以主试人和应试人的双向对话。单向对话：应试人根据抽签确定的话题，说4分钟（不得少于3分钟，说满4分钟主试人应请应试人停止）。

评分：此项成绩占总分的30%，即30分。其中包括：

(1)语音面貌占20%,即20分。其中档次为:

一档20分语音标准;

二档18分语音失误在10次以下,有方音不明显;

三档16分语音失误在10次以下,但方音比较明显;或方音不明显,但语音失误大致在10次—15次之间;

四档14分语音失误在10次—15次之间,方音比较明显;

五档10分语音失误超过15次,方音明显;

六档8分语音失误多,方音重。

语音面貌确定为二档(或二档以下)即使总积分在96以上,也不能入一级甲等;语音面貌确定为五档的,即使总积分在87分以上,也不能入二级甲等;有以上情况的,都应在等内降等评定。

(2)词汇语法规范程度占5%。计分档次为:

一档5分词汇、语法合乎规范;

二档4分偶有词汇或语法不符合规范的情况;

三档3分词汇、语法屡有不符合规范的情况;

(3)自然流畅程度占5%,即5分。计分档次为:

一档5分自然流畅;

二档4分基本流畅,口语化较差(有类似背稿子的表现);

三档3分语速不当,话语不连贯;说话时间不足,必须主试人用双向谈话加以弥补。试行阶段采用以上评分办法,随着情况的变化应适当增加说话评分的比例。

附录二:新华社规定45个禁用词(第一批)

一、社会生活类的禁用词

1.对有身体伤疾的人士不使用“残废人”“独眼龙”“瞎子”“聋子”“傻子”“呆子”“弱智”等蔑称,而应使用“残疾人”“盲人”“聋人”“智力障碍者”等词语。

2.报道各种事实特别是产品、商品时不使用“最佳”“最好”“最著名”等具有强烈评价色彩的词语。

3.医药报道中不得含有“疗效最佳”“根治”“安全预防”“安全无副作用”等词语,药品报道中不得含有“药到病除”“无效退款”“保险公司保险”“最新技术”“最高技术”“最先进制法”“药之王”“国家级新药”等词语。

4.对文艺界人士,不使用“影帝”“影后”“巨星”“天王”等词语,一般可使用“文艺界人士”或“著名演员”“著名艺术家”等。

5.对各级领导同志的各种活动报道,不使用“亲自”等形容词。

6.作为国家通讯社,新华社通稿中不应使用“哇噻”“妈的”等俚语、脏话、黑话等。如果在引语中不能不使用这类词语,均应用括号加注,表明其内涵。近年来网络用语中对脏语进行缩略后新造的“SB”“TMD”“NB”等,也不得在报道中使用。

二、法律类的禁用词

7.在新闻稿件中涉及如下对象时不宜公开报道其真实姓名:

(1)犯罪嫌疑人家属;

(2)涉及案件的未成年人;

(3)涉及案件的妇女和儿童;

(4)采用人工授精等辅助生育手段的孕、产妇;

(5)严重传染病患者;

(6)精神病患者;

(7)被暴力胁迫卖淫的妇女;

(8)艾滋病患者;

(9)有吸毒史或被强制戒毒的人员。

涉及这些人时,稿件可使用其真实姓氏加“某”字的指代,如“张某”“李某”,不宜使用化名。

8.对刑事案件当事人,在法院宣判有罪之前,不使用“罪犯”,而应使用“犯罪嫌疑人”。

9.在民事和行政案件中,原告和被告法律地位是平等的,原告可以起诉,被告也可以反诉。不要使用原告“将某某推上被告席”这样带有主观色彩的句子。

10.不得使用“某某党委决定给某政府干部行政上撤职、开除等处分”,可使用“某某党委建议给予某某撤职、开除等处分”

11.不要将“全国人大常委会副委员长”称作“全国人大副委员长”,也不要将“省人大常委会副主任”称作“省人大副主任”。各级人大常委会的委员,不要称作“人大常委”。

12.“村民委员会主任”简称“村主任”,不得称“村长”。村干部不要称作“村官”。

13.在案件报道中指称“小偷”“强奸犯”等时,不要使用其社会身份作前缀。如:一个曾经是工人的小偷,不要写成“工人小偷”;一名教授作了案,不要写成“教授罪犯”。

14.国务院机构中的审计署的正副行政首长称“审计长”“副审计长”,不要称作“署长”“副署长”。

15.各级检察院的“检察长”不要写成“检察院院长”。

三、民族宗教类的禁用词

16.对各民族,不得使用旧社会流传的带有污辱性的称呼。不能使用“回回”“蛮子”等,而应使用“回族”等。也不能随意简称,如“蒙古族”不能简称为“蒙族”,“维吾尔族”不能简称为“维族”,“哈萨克族”不能简称为“哈萨”等。

17.禁用口头语言或专业用语中含有民族名称的污辱性说法,不得使用“蒙古大夫”来指代“庸医”,不得使用“蒙古人”来指代“先天愚型”等。

18.少数民族支系、部落不能称为民族,只能称为“XX人”。如“摩梭人”“撒尼人”“穿(川)青人”“人”,不能称为“摩梭族”“撒尼族”“穿(川)青族”“族”等。

19.不要把古代民族名称与后世民族名称混淆,如不能将“高句丽”称为“高丽”,不能将“哈萨克族”“乌孜别克族”等泛称为“突厥族”或“突厥人”。

20.“穆斯林”是伊斯兰教信徒的通称,不能把宗教和民族混为一谈。不能说“回族就是伊斯兰教”“伊斯兰教就是回族”。报道中遇到“阿拉伯人”等提法,不要改称“穆斯林”。

21.涉及信仰伊斯兰教的民族的报道,不要提“猪肉”。

22.穆斯林宰牛羊及家禽,只说“宰”,不能写作“杀”。

四、涉及我领土、主权和港澳台的禁用词

23.香港、澳门是中国的特别行政区,台湾是中国的一个省。在任何文字、地图、图表中都要特别注意不要将其称作“国家”。尤其是多个国家和地区名称连用时,应格外注意不要漏写“(国家)和地区”字样。

24.对台湾当局“政权”系统和其他机构的名称,无法回避时应加引号,如台湾“立法院”“行政院”“监察院”“选委会”“行政院主计处”等。不得出现“中央”“国立”“中华台北”等字样,如不得不出现时应加引号,如台湾“中央银行”等。台湾“行政院长”“立法委员”等均应加引号表述。台湾“清华大学”“故宫博物院”等也应加引号。严禁用“中华民国总统(副总统)”称呼台湾地区领导人,即使加注引号也不得使用。

25.对台湾地区施行的所谓“法律”,应表述为“台湾地区的有关规定”。涉及对台法律事务，一律不使用“文书验证”“司法协助”“引渡”等国际法上的用语。

26.不得将海峡两岸和香港并称为“两岸三地”。

27.不得说“港澳台游客来华旅游”，而应称“港澳台游客来大陆(或:内地)旅游”。

28.“台湾”与“祖国大陆(或‘大陆’)”为对应概念，“香港、澳门”与“内地”为对应概念，不得弄混。

29.不得将台湾、香港、澳门与中国并列提及，如“中港”“中台”“中澳”等。可以使用“内地与香港”“大陆与台湾”或“京港”“沪港”“闽台”等。

30.“台湾独立”或“台独”必须加引号使用。

31.台湾的一些社会团体如“中华道教文化团体联合会”“中华两岸婚姻协调促进会”等有“中国”“中华”字样者，应加引号表述。

32.不得将台湾称为“福摩萨”。如报道中需要转述时，一定要加引号。

33.南沙群岛不得称为“斯普拉特利群岛”。

34.钓鱼岛不得称为“尖阁群岛”。

35.严禁将新疆称为“东突厥斯坦”。

五、国际关系类禁用词

36.不得使用“北朝鲜(英文 North Korea)”来称呼“朝鲜民主主义人民共和国”，可直接使用简称“朝鲜”。英文应使用“the Democratic People’s Republic of Korea”或使用缩写“DPRK”。

37.有的国际组织的成员中，既包括一些既有国家，也包括一些地区。在涉及此类国际组织时，不得使用“成员国”，而应使用“成员”或“成员方”，如不能使用“世界贸易组织成员国”“亚太经合组织成员国”，而应使用“世界贸易组织成员”“世界贸易组织成员方”“亚太经合组织成员”“亚太经合组织成员方”(英文用 members)。

38.不使用“穆斯林国家”或“穆斯林世界”，而要用“伊斯兰国家”或“伊斯兰世界”。

39.在达尔富尔报道中不使用“阿拉伯民兵”，而应使用“武装民兵”或“部族武装”。

40.在报道社会犯罪和武装冲突时，一般不要刻意突出犯罪嫌疑人和冲突参与者的肤色、种族和性别特征。比如，在报道中应回避“黑人歹徒”的提法，可直接使用“歹徒”。

41.公开报道不要使用“伊斯兰原教旨主义”“伊斯兰原教旨主义者”等说法。可用“宗教激进主义(激进派、激进组织)”替代。如回避不了而必须使用时，可使用“伊斯兰激进组织(分子)”，但不要用“激进伊斯兰组织(分子)”。

42.不要使用“十字军”等说法。

43.人质报道中不使用“斩首”，可用中性词语为“人质被砍头杀害”。

44.对国际战争中双方的战斗人员死亡的报道，不要使用“击毙”等词语，可使用“打死”等词语。

45.不要将撒哈拉沙漠以南的地区称“黑非洲”，而应称为“撒哈拉沙漠以南的非洲”。

后 记

"表达"是最为复杂和细密的人类活动，涵盖了从物质生活到精神交流的方方面面。它是现代社会赋予个体最可贵的自由，进行规范而有效的表达本身也是对自由的尊重。

这本书的创作源于我常年参与一线视听节目策划与评论的行业经验。书中采用的大量案例来自我在大学开设的"口语表达基础"课程的教案与课堂练习实录。感谢选修过这门课程的学生对本书创作的大力支持。

在体例设计上，本书奉行简明清晰的原则，规避了佶屈聱牙的理论铺垫和事无巨细的类型划分。在"听辨""描述""叙述"和"评论"四个模块构成的训练体系中，以大量的案例演示和实战分析组织行文。由于受专业和经验所限，本书内容侧重于视听媒介的口语传播实践，未必能涵盖口语表达的其他范畴。

本书适用于有兴趣、有志向从事广播电视行业的青年学子，以及渴望进行更规范、更有效表达的人士。

最后，感谢中国传媒大学出版社的邀约以及本书责任编辑李水仙女士付出的辛劳。

常江

2016 年 12 月

图书在版编目(CIP)数据

口语表达基础/常江，杨奇光著. --北京：中国传媒大学出版社，2017.5（2023.12重印）
ISBN 978-7-5657-1569-3

Ⅰ.①口… Ⅱ.①常… ②杨… Ⅲ.①汉语—口语—语言表达
Ⅳ.①H193.2

中国版本图书馆 CIP 数据核字（2016）第 316652 号

口语表达基础

KOUYU BIAODA JICHU

著　　者　常　江　杨奇光
策划编辑　程　平
责任编辑　李水仙
责任印制　李志鹏
封扉设计　拓美设计

出版发行　中国传媒大学出版社
社　　址　北京市朝阳区定福庄东街 1 号　　**邮　　编**　100024
电　　话　86-10-65450528　65450532　　**传　　真**　65779405
网　　址　http：//cucp. cuc. edu. cn
经　　销　全国新华书店

印　　刷　唐山玺诚印务有限公司
开　　本　787mm×1092mm　1/16
印　　张　13.5
字　　数　264 千字
版　　次　2017 年 5 月第 1 版
印　　次　2023 年 12 月第 4 次印刷

书　　号　ISBN 978-7-5657-1569-3/H・1569　　**定　　价**　39.00 元

本社法律顾问：北京嘉润律师事务所　郭建平